Uta Neumann

Das Marktphasenschema

D1856999

Uta Neumann

Das Marktphasenschema

Eine empirische Überprüfung am Markt für Elektrische Haushaltsgeräte

Mit einem Geleitwort von Prof. Dr. Hartmut Berg

Herrn Knaup
mit bestem Dank für die freundliche
Unterstützung und in der Hoffnung
auf eine gute Zusammenarbeit!

Uta Neumann

DUV DeutscherUniversitätsVerlag
GABLER · VIEWEG · WESTDEUTSCHER VERLAG

Die Deutsche Bibliothek – CIP-Einheitsaufnahme

Neumann, Uta:
Das Marktphasenschema : eine empirische Überprüfung am Markt für elektrische Haushaltsgeräte / Uta Neumann. Mit einem Geleitw. von Hartmut Berg. –
Wiesbaden : Dt. Univ.-Verl., 1997
(DUV : Wirtschaftswissenschaft)
Zugl.: Dortmund, Univ., Diss., 1997
ISBN 3-8244-0351-X

Der Deutsche Universitäts-Verlag ist ein Unternehmen der Bertelsmann Fachinformation.

© Deutscher Universitäts-Verlag GmbH, Wiesbaden 1997

Lektorat: Monika Mülhausen

Das Werk einschließlich aller seiner Teile ist urheberrechtlich geschützt. Jede Verwertung außerhalb der engen Grenzen des Urheberrechtsgesetzes ist ohne Zustimmung des Verlags unzulässig und strafbar. Das gilt insbesondere für Vervielfältigungen, Übersetzungen, Mikroverfilmungen und die Einspeicherung und Verarbeitung in elektronischen Systemen.

Druck und Buchbinder: Rosch-Buch, Scheßlitz
Gedruckt auf chlorarm gebleichtem und säurefreiem Papier
Printed in Germany

ISBN 3-8244-0351-X

GELEITWORT

Die 1965 von Ernst Heuß vorgelegte "Allgemeine Markttheorie" gilt als ein bedeutender Beitrag zur Fortentwicklung der Wettbewerbstheorie. Heuß entwickelt in diesem Werk ein Marktphasenschema, gemäß dem ein Markt analog etwa zum Produktlebenszyklus typische Phasen durchmißt. Mit der Marktphase variieren nach Heuß wichtige Strukturelemente und Verhaltensweisen, so etwa der Konzentrationsgrad, das Ausmaß an Produktdifferenzierung, die Relevanz von economies of scale, die Höhe der Markteintrittsbarrieren, die Bedeutung des Aktionsparameters Preis u.a.m.

Das Heuß'sche Konzept hat mittlerweile weitgehende Akzeptanz erfahren. Die jeweilige Marktphase wird als ein bedeutsames Strukturmerkmal anerkannt. Sie wird folglich im Rahmen wettbewerbspolitischer Analysen ausführlich gewürdigt. Auch in den einschlägigen Lehrbüchern zur Wettbewerbspolitik und Industrieökonomik nimmt die Darstellung des Marktphasenschemas zumeist breiten Raum ein.

Nun gibt es jedoch bislang nur wenige Versuche, das Marktphasenschema empirisch zu überprüfen. Die dazu vorliegende Literatur ist mittlerweile arg in die Jahre gekommen. Sie ist zudem in ihren Befunden nicht allzu ergiebig. Hier war somit Forschungsbedarf zu konstatieren. Die von Frau Neumann vorgelegte Dissertation will dazu beitragen, diesem Mangel an empirischen Belegen abzuhelfen. Sie wählt den Markt für Elektrische Haushaltsgeräte, um am Beispiel des hier angebotenen Sortiments das Marktphasenschema in seinen wesentlichen Aussagen empirisch zu überprüfen. Der ausgewählte Markt kann für diesen Versuch als tauglich angesehen werden, weil er die von Heuß unterschiedenen Phasen mittlerweile nahezu komplett durchlaufen hat. Es ist dieser Markt zudem gesamtwirtschaftlich von nicht unerheblicher Bedeutung; auch ist er statistisch recht gut dokumentiert.

Würdigt man die Arbeit von Frau Neumann, so ist zunächst der Mut der Autorin anzuerkennen, sich mit den bescheidenen Möglichkeiten eines einzelnen Doktoranden, empirisch originär zu forschen, an ein Thema heranzuwagen, von dem von Anfang an klar sein mußte, daß man sich hier eine Menge von Schwierigkeiten bei der Informationsbeschaffung und bei der Informationsauswertung einhandeln werden würde. Wie groß diese Schwierigkeiten tatsächlich waren, mag deutlich werden, wenn man sich vergegenwärtigt, daß Frau Neumann vielfach um Angaben für die ersten Nachkriegsjahre und auch für die Vorkriegsära bemüht sein mußte. Hier kann man weder Augenzeugen fragen noch darauf hoffen, daß Verbandsstatistiken verfügbar oder hinreichend tauglich sind, so wie auch Geschäftsberichte von Unternehmen aus diesen Jahren nur selten vorliegen. Viele Unternehmen, die in dieser Phase als Anbieter durchaus von Bedeutung waren, sind seit langem aus dem Markt ausgeschieden oder sie haben ihre Selbständigkeit eingebüßt. Aussagen zur Performance dieser Unternehmen sind Jahrzehnte später kaum noch möglich, sie sind zugleich aber vielfach erforderlich, um die Heuß'schen Hypothesen überprüfen zu können. Die Autorin hat mit viel Engagement und Fleiß und durchaus auch erfolgreich versucht, mit diesen mannigfachen Schwierigkeiten, vor allem auch im Detail, klarzukommen. Sie hat sich nicht entmutigen lassen. Sie hat vielmehr konsequent Aspekt für Aspekt des Heuß'schen Schemas und des Katalogs der von ihm formulierten Aussagen empirisch überprüft. Dabei hat sich ergeben, daß dieses Konzept Beziehungen und Zusammenhänge postuliert, die so streng, wie es Heuß geltend macht, für diesen Markt nicht bestehen dürften oder doch zumindest nicht überzeugend nachweisbar sind.

Prof. Dr. Hartmut Berg

Vorwort

“Mit einem Produktionsrückgang um mehr als 10% gegenüber 1991 und dem Verlust von fast 150.000 Arbeitsplätzen befindet sich die Elektroindustrie am Ende des Jahres 1993 in der längsten und tiefsten Rezession seit der Währungsreform.” (WISSING (1993), S. 620.) So oder ähnlich lauten im Jahre 1993 dutzende von Presseberichten. Bei der Lektüre solcher Meldungen stellt sich der interessierte Leser automatisch die Frage, ob sich die Elektroindustrie von dieser Rezession wieder erholen wird oder nicht: Ist die Rezession also Folge der konjunkturellen Entwicklung, oder liegt die naturgegebene Entwicklung einer Industrie vor, die sich in der Rückbildungsphase ihres Lebenszyklusses befindet? Ein guter Beispielmarkt für die Untersuchung dieser Fragestellung ist der Markt für Elektrische Haushaltsgeräte, da dieser Markt einerseits überproportional zum Wachstum der Elektroindustrie beigetragen hat (vgl. Abb. 2.3.) und andererseits davon ausgegangen werden kann, daß gerade Hausgeräte den idealtypischen Phasenverlauf aufweisen. Deshalb heißt das Thema dieser Arbeit “Das Marktphasenschema: Eine empirische Überprüfung am Markt für Elektrische Haushaltsgeräte”.

Das Thema war eine Herausforderung, weil abzusehen war, daß die benötigten Informationen nur unter großen Schwierigkeiten zu ermitteln sein würden. Glücklicherweise sind die auf dem Markt für Elektrische Haushaltsgeräte tätigen Unternehmen Mitgliedsfirmen des Zentralverbandes Elektrotechnik- und Elektronikindustrie, der die entsprechenden Daten erhebt und aufbereitet. Deshalb gebührt mein besonderer Dank dem ZVEI, ohne den ich meine Aussagen nicht hätte empirisch belegen können. Ich danke vor allem Herrn Knaup als Leiter der Fachverbände Elektro-Haushalt-Groß- und -Kleingeräte und im besonderen Herrn Rethmann, Referent des Fachverbandes Elektro-Haushalt-Großgeräte, der mir das benötigte Datenmaterial zur Verfügung gestellt hat. Herrn Polzin von der Abteilung Konjunktur und Statistik bin ich für die Akteneinsicht zu außerordentlichem Dank verpflichtet.

Für die Möglichkeit, am Lehrstuhl für Wirtschaftspolitik der Universität Dortmund meine Dissertation schreiben zu können, danke ich meinem Doktorvater Prof. Dr. Hartmut Berg. Meinem Zweitgutachter Prof. Dr. Egon Jehle und dem dritten Mitglied der Promotionskommission Prof. Dr. Ulrich Teichmann gebührt für die fachliche und persönliche Unterstützung ebenso mein Dank.

Meinen Kollegen Dr. Eva-Maria Peters und Dr. Jens Müller danke ich vor allem für den seelischen Beistand an weniger guten Tagen. Ihr Beispiel hat mich häufig ermutigt, meine Dissertation voranzutreiben.

Vergessen möchte ich auch nicht die studentischen Hilfskräfte des Lehrstuhls für Wirtschaftspolitik und des Fachgebiets Geld und Kredit, die mich sehr bei der Literatursuche und -beschaffung unterstützt haben.

Uta Neumann

INHALTSVERZEICHNIS

ABBILDUNGSVERZEICHNIS

TABELLENVERZEICHNIS

1. Problemstellung und Zielsetzung

Das von ERNST HEUß entwickelte Marktphasenschema[1] ist ein Ansatz der Wettbewerbstheorie, der auf die Vorstellung zurückgreift, daß ein Markt - wie ein Produkt - typische Phasen durchläuft, von denen ein wesentlicher Einfluß auf die Marktstruktur und das Marktverhalten ausgeübt wird.[2] HEUß´ Verdienst ist es, durch die Phasenbetrachtung ein dynamisches Element in die Markttheorie eingeführt zu haben.[3]

Das Marktphasenschema besagt, daß der erfolgreichen Produktinnovation eines Pionierunternehmers eine Expansionsphase mit überdurchschnittlichen Zuwachsraten der Nachfrage folgt. In der Ausreifungsphase verringern sich die Zuwachsraten, bevor der Markt in die Stagnations- bzw. Rückbildungsphase eintritt, je nachdem ob noch Ersatzbedarf existiert oder ob ein neues das alte Produkt vom Markt verdrängt.[4]

Das Marktphasenschema ist für die Wettbewerbstheorie von Interesse, weil hier ein dynamisches Element Berücksichtigung findet: die Zeit.

Auch für Unternehmen ist die Zeit häufig ein entscheidender Parameter, denn ein Zeitvorsprung kann für ein Unternehmen den ausschlaggebenden Wettbewerbsvorteil bringen:[5]

- Häufig entscheidet die Lieferfrist über die Vergabe eines Auftrags.
- Wer als Pionier ein Produkt anbietet,
    * genießt am längsten Schutz vor Imitatoren.
    * kann Pioniergewinne erzielen.
    * hat mehr Zeit, seine Investitionen zu amortisieren.
    * kann früher Erfahrungskurveneffekte und die damit verbundenen Kostenvorteile nutzen.
- Durch die Verkürzung der Produktlebenszyklen ist ein Anbieter gezwungen, immer rascher neue Produkte auf den Markt zu bringen.[6]

---

1 Vgl. HEUß (1965).

2 Vgl. BERG (1985), S. 59 f. und BERG (1993c), S. 1406.

3 Vgl. SCHMIDT / RITTALER (1987), S. 597 und KORTMANN (1995a), S. 211.

4 Vgl. zu diesen Ausführungen HEUß (1965), S. 16 f..

5 Vgl. im folgenden DICHTL (1995), S. 33. Etwas anders auch bei SCHULER (1970), S. 190 ff.. Auch BENTZ betont, daß die Geschwindigkeit zählt, mit der Produkte, Prozesse, Verfahren, Dienstleistungen und Organisationen erneuert werden. Vgl. BENTZ (1995), S. 13.

6 Vgl. hierzu auch SIMON (1976), S. 5; HOFFMANN (1972), S. 9 f. und SEITZ (1989), S. 38.

Die hier aufgeführten Vorteile des Pionierunternehmers sind auch der Theorie des Marktphasenschemas inhärent. HEUß verbindet im Marktphasenkonzept beide Seiten des Wettbewerbs: einerseits die leistungswirtschaftliche Wettbewerbsfähigkeit aus Unternehmenssicht und andererseits das ordnungspolitische Wettbewerbsprinzip. Das Marktphasenschema ist also der von BRAUN geforderte Kompromiß zwischen Wettbewerbsprinzip und Wettbewerbsfähigkeit, "mit dem einerseits die ´Wirksamkeit´ des Wettbewerbs gewährleistet bleibt, und der andererseits den ordnungspolitischen Rahmen für innovative Unternehmensentscheidungen erweitert."[7]

Diese entscheidenden Vorzüge haben zur Anerkennung des Marktphasenschemas als Analyseinstrument für die Entwicklung von Märkten beigetragen. "Empirische Studien zahlreicher Branchen und Märkte haben zu wesentlichen Einsichten darüber geführt, wie sich Wettbewerbsprozesse in der Realität vollziehen, welche Voraussetzungen sie erfordern und zu welchen Ergebnissen sie führen."[8] Auch diese Arbeit soll zusätzliche Erkenntnisse zu diesem Themenbereich liefern. Dazu werden die theoretischen Aussagen des Marktphasenkonzeptes am Markt für Elektrische Haushaltsgeräte empirisch überprüft. Hausgeräte werden dabei als Beispielmarkt gewählt, da anzunehmen ist, daß der Absatz dieser Produkte weitgehend dem idealisierten Phasenverlauf entspricht.

Dazu werden zunächst im zweiten Kapitel die theoretischen Grundlagen zum "Marktphasenschema" und zum "Markt für Elektrische Haushaltsgeräte" erläutert. Die wichtigsten Aussagen des Marktphasenkonzeptes werden dabei tabellarisch zusammengefaßt. Sie betreffen den Unternehmertypus, die Marktform, die Produktionskosten sowie die Produktivität, die Absatzentwicklung, den Preis sowie die Preiselastizität der Nachfrage und das Produkt selbst, wobei hier zwischen Qualitätsverbesserungen und Produktdifferenzierungen zu unterscheiden ist. Nach diesen Punkten gliedern sich sowohl das dritte als auch das vierte Kapitel.

Das dritte Kapitel beschäftigt sich mit dem theoretischen Hintergrund und der Operationalisierung der wesentlichen Aussagen des Marktphasenschemas, während im vierten Kapitel darauf aufbauend die empirische Überprüfung dieser Aussagen am Beispiel des Marktes für Elektrohausgeräte im Vordergrund steht.

Das fünfte Kapitel schließt mit einer Zusammenfassung und kritischen Würdigung der im vierten Kapitel erzielten Ergebnisse.

---

7 BRAUN (1987), S. 18.

8 BERG (1993a), S. 746.

2. Theoretische Grundlagen

2.1. Das Marktphasenschema: Ein Konzept der Wettbewerbstheorie

2.1.1. Einordnung in einen übergeordneten Bezugsrahmen

Seit ADAM SMITH im Wettbewerb die dominante Triebkraft zur Lösung ökonomischer Probleme sah, wird Wettbewerb als Koordinationsinstrument verstanden, das individuelle Pläne, wie von einer unsichtbaren Hand ("invisible hand") gelenkt, in Übereinstimmung bringt und damit eine gute Marktversorgung gewährleistet.[1] Das von SMITH in der Konzeption des KLASSISCHEN LIBERALISMUS vertretene Leitbild ist ein *freier Leistungswettbewerb*, der sich seiner Meinung nach nur dann einstellt, wenn auf den Einsatz staatlicher Hoheitsgewalt verzichtet wird.

Die Vertreter der FREIBURGER SCHULE hingegen weisen dem Staat die Aufgabe zu, die Voraussetzungen für einen freien Leistungswettbewerb zu schaffen. Dazu propagieren sie als Leitbild die *Marktform der vollständigen Konkurrenz*, die auch dem 1958 in Kraft getretenen Gesetz gegen Wettbewerbsbeschränkungen (GWB) als Grundlage diente.[2] An diesem Leitbild kann jedoch so vielfältige Kritik geübt werden, daß es weder möglich noch sinnvoll erscheint, "die hier geforderten Bedingungen durch wettbewerbspolitisches Handeln herzustellen."[3]

Statt dessen bietet sich das *Konzept des funktionsfähigen Wettbewerbs* als Leitbild an. Die darin implizit enthaltene Verbindung der Betrachtung von Marktstruktur, Marktverhalten und Marktergebnis kennzeichnet auch die Praxis der Wettbewerbspolitik.[4] Die Marktstruktur wird als gegeben hingenommen; daraufhin werden ihre Auswirkungen auf das Marktverhalten untersucht, welches seinerseits das Marktergebnis beeinflußt, wobei auch entsprechende Rückwirkungseffekte nicht zu vernachlässigen sind. Die Determinanten häufig genannter Struktur-, Verhaltens- und Ergebnismerkmale und ihre Wirkungen untereinander sind in Abbildung 2.1. dargestellt.

---

1 Vgl. BÖBEL (1984), S. 1.

2 Vgl. BERG (1995), S. 246 und SIMONIS (1971), S. 44.

3 BERG (1995), S. 248. Ähnlich äußert sich auch SIMONIS (1971), S. 47.

4 Vgl. BERG (1993b), S. 1399 f..

Abb. 2.1.: Marktstruktur-, Marktverhaltens- und Marktergebnisdeterminanten

Kriterien (Marktstruktur):

- Zahl der Anbieter und Nachfrager
- Marktanteile
- Produktdifferenzierung
- Markttransparenz
- Produktionstechnologie
- Marktzutrittschranken
- Marktphase
- Diversifikationsgrad
- Kostenfunktion
- Preiselastizität
- etc.

Kriterien (Marktverhalten):

- Preis- und Produktpolitik
- Marketingstrategie
- Wettbewerbsbeschränkung
- Innovationsaktivität
- Käuferverhalten
- Konkurrentenverhalten
- etc.

Kriterien (Marktergebnis):

- Produktpreis
- Produktqualität
- Innovationsleistung
- Anpassungsflexibilität
- Produktivität
- Gewinn
- Werbeaufwand
- Umweltbelastung
- technischer Fortschritt
- etc.

Quelle: Kombiniert aus BARTLING (1980), S. 21; BÖBEL (1984), S. 10 und BERG (1995), S. 249.

Viele dieser Kriterien spielen auch im Marktphasenschema von HEUß eine wichtige Rolle. Dieser Zusammenhang wird noch deutlicher, wenn man die Definition von funktionsfähigem Wettbewerb heranzieht: "Funktionsfähiger Wettbewerb ist dadurch gekennzeichnet, daß das temporäre Monopol des Pioniers dadurch verloren geht, daß die Innovation des Pioniers von anderen Unternehmen (den Imitatoren) übernommen wird."[5] Diese ursprünglich auf SCHUMPETER zurückgehende Vorstellung von Wettbewerb als "Prozeß der schöpferischen Zerstörung"[6] liegt auch der Theorie von HEUß zugrunde. Zudem ist die Marktphase selbst ein wichtiges Strukturmerkmal, so daß das Thema dieser Arbeit geeignet erscheint, den Studien über den Ablauf von Wettbewerbsprozessen neue Erkenntnisse hinzuzufügen.

2.1.2. Theoretische Grundlagen des Marktphasenschemas

In den 30er Jahren dieses Jahrhunderts hat sich aufgrund empirischer Untersuchungen die Vorstellung durchgesetzt, daß verschiedene Märkte ähnliche Entwicklungsstadien durchlaufen.[7] KUZNETS schrieb diesem Entwicklungsschema bereits 1930 die Form einer einfachen logarithmischen Funktion zu. Die empirische Überprüfung des tatsächlichen Produktionsverlaufs mehrerer Branchen zeigte dabei eine große Übereinstimmung mit dem prognostizierten logarithmischen Verlauf.[8] Im deutschsprachigen Raum war HOFFMANN der erste, der typische Wachstumsstrukturen von Industrien beobachtete, wobei er drei typische Phasen unterschied: "die Stadien des industriellen Wachstums mit steigender und mit sinkender Zuwachsrate und das Stadium des absoluten Produktionsrückgangs".[9]

HEUß fundierte diese bis dahin empirisch beobachteten Entwicklungen im Jahre 1965 theoretisch. Er teilte den Markt in vier charakteristische Phasen ein, die sich wie folgt beschreiben lassen:

(1) Zu Beginn der EXPERIMENTIERUNGSPHASE gibt es weder einen Markt noch ein Produkt.[10] Wird ein neues Produkt eingeführt, ist es mindestens ebenso wichtig, ein Herstellungsverfahren zu entwickeln, das eine ökonomische Verwertung in Aussicht stellt. Der technische Werdegang eines Produktes umfaßt also den Weg von der Laboratoriumsfertigung zur fabrikmäßigen Herstellung. Erst wenn dieser technische Vorgang abgeschlossen ist, beginnt das ökonomische Stadium, die Schaffung eines Marktes für

---

5 BERG (1993d), S. 2355.

6 Vgl. SCHUMPETER (1972).

7 Vgl. beispielsweise BURNS (1934) oder FABRICANT (1940).

8 Vgl. hierzu KUZNETS (1967) (Nachdruck der Ausgabe von 1930), S. 324 f..

9 HOFFMANN (1940), S. 172.

10 Vgl. zur Experimentierungsphase HEUß (1965), S. 25 ff..

das neue Produkt. Da sowohl technische als auch ökonomische Entwicklung des Marktes Risiken bergen, ist die Experimentierungsphase die Phase des Pionierunternehmers.

(2) Die EXPANSIONSPHASE ist durch die "Selbstentzündung der Nachfrage" gekennzeichnet, wenn es dem Pionierunternehmer und den Imitatoren gelingt, die potentielle Nachfrage zu mobilisieren.[11] Durch die hohen Wachstumsraten der Nachfrage werden immer mehr Unternehmer aufmerksam gemacht, so daß das zeitlich befristete Monopol des Pionierunternehmers von einem weiten Oligopol oder Polypol abgelöst wird. Durch die Ausnutzung von Massenproduktionsvorteilen steigt die Produktivität, durch Rationalisierungen und Lerneffekte sinken die Kosten, so daß sich große Preissenkungsspielräume ergeben. Preissenkungen bieten sich auch von der Nachfrageseite her an, damit das Produkt auch für niedrigere Einkommensklassen erschwinglich wird und so die Marktgrenzen immer wieder hinausgeschoben werden. Eine Verbesserung der Konsumentenversorgung erfolgt außerdem über Qualitätsverbesserungen, Produktdifferenzierungen und die Erschließung neuer Verwendungsmöglichkeiten.

(3) Der Übergang von der Expansions- zur AUSREIFUNGSPHASE geschieht fast unbemerkt, da in der Ausreifungsphase die Nachfrage absolut noch zunimmt, während sie jedoch relativ sinkt.[12] Sowohl Angebots- als auch Nachfragedeterminanten werden weniger flexibel: Der Spielraum für Kostensenkungen und Produktverbesserungen auf der Angebotsseite ist ebenso ausgeschöpft wie der Spielraum für die Gewinnung von Käufern durch Werbung oder Preissenkungen. Angebot, Nachfrage und Produkt degenerieren zu gegebenen Größen. Die Folge ist ein Oligopol, in dem unter Druck reagierende Unternehmer die Mehrheit stellen. Der Wettbewerb beschränkt sich auf den Parameter "Produktdifferenzierung".

(4) In der STAGNATIONS- UND RÜCKBILDUNGSPHASE sinkt das Nachfragewachstum unter das Niveau der durchschnittlichen Wachstumsrate der Volkswirtschaft, was zwangsläufig eine Abnahme der volkswirtschaftlichen Bedeutung des Marktes nach sich zieht.[13] Sowohl von der Angebots- als auch von der Nachfrageseite her werden Preisauftriebstendenzen wirksam, einerseits durch Kostenauftrieb und nachlassende Produktivitätsfortschritte, andererseits durch geringe Preiselastizitäten und nachlassende Werbewirkung. Es bildet sich ein enges Oligopol oder Monopol mit ausschließlich konservativen Unternehmern heraus.

---

11 Vgl. zur Expansionsphase HEUß (1965), S. 41 ff..

12 Vgl. zur Ausreifungsphase HEUß (1965), S. 62 ff..

13 Vgl. zur Stagnations- bzw. Rückbildungsphase HEUß (1965), S. 85 ff..

Tab. 2.1.: Zusammenfassung der wesentlichen Aussagen des Konzeptes von HEUß

	Experimentierungsphase	Expansionsphase	Ausreifungsphase	Sättigungsphase
Umfeldfaktoren - Unternehmertyp	Pionierunternehmer	Pionier + spontan imitierende Unternehmer	kreative + unter Druck reagierende Unternehmer	unter Druck reagierende + immobile Unternehmer
- Marktform	Monopol eines Innovators	weites Oligopol oder Polypol	Oligopol	enges Oligopol oder Monopol
Angebotsfaktoren - Kosten	sehr hoch	große Kostensenkungen	Kostensenkungen die Ausnahme	Kostenauftriebstendenzen
- Produktivität	noch nicht sehr hoch	Produktivität steigt durch Ausnutzung von Massenproduktionsvorteilen	Produktivität noch hoch durch Erfahrungskurveneffekte	Produktivitätsfortschritte bleiben hinter dem volkswirtschaftlichen Durchschnitt zurück
- Preis	hoch	große Preissenkungen (Elastizitätsoptimismus diktiert die Preise)	Preissenkungsspielräume weitgehend ausgenutzt	Preisauftriebstendenzen von der Angebots- und Nachfrageseite her
Nachfragefaktoren -Absatzentwicklung	Nachfragekreation	Selbstentzündung und Wachstum der Nachfrage (jährl. Wachstumsraten von 10, 20 und mehr Prozent)	weitgehend Datum (Zunahme in absoluten Zahlen muß nicht abnehmen, aber die relative Zunahme sinkt)	Schrumpfung, Substitution durch neue Produkte
- Preiselastizität	niedrig	noch nicht bekannt, wird aber als hoch angenommen	nimmt ab	sehr gering
Produkt	im Entstehen	Verbesserung der Konsumentenversorgung	Verbesserungen treten immer weiter in den Hintergrund	Verbesserungen weitgehend ausgeschöpft
wettbewerbspolitische Maßnahmen	Offenhaltung der Märkte	Offenhaltung der Märkte, Fusionskontrolle	Kontrolle der Konzentrations- und Behinderungsstrategie	Kontrolle der Konzentrations-, Behinderungs- und Verhandlungsstrategie; Preismißbrauchsaufsicht

Quelle: SCHMIDT / RITTALER (1987), S. 602; OBERENDER (1988), S. 14 f.; eigene Aspekte.

Die wesentlichen Aussagen des Konzeptes von HEUß sind in Tabelle 2.1. zusammengestellt.

Idealtypisch folgt die Entwicklung eines Marktes, gemessen am Produktionsvolumen, einer einfachen Parabel oder, kumuliert in einer logarithmischen Skala dargestellt, einem S-förmigen Verlauf. HEUß selbst kritisiert die Beschränkung auf das Produktionsvolumen, da hierdurch andere Aspekte wie Preisentwicklung oder Qualitätsverbesserungen vernachlässigt würden, doch weist er darauf hin, daß sich diese Probleme immer ergeben, "wenn ein Index als pars pro toto zu fungieren hat".[14] Der idealtypische Verlauf ist in Abbildung 2.2. graphisch dargestellt.

Abb. 2.2.: Idealtypische Marktphasenentwicklung

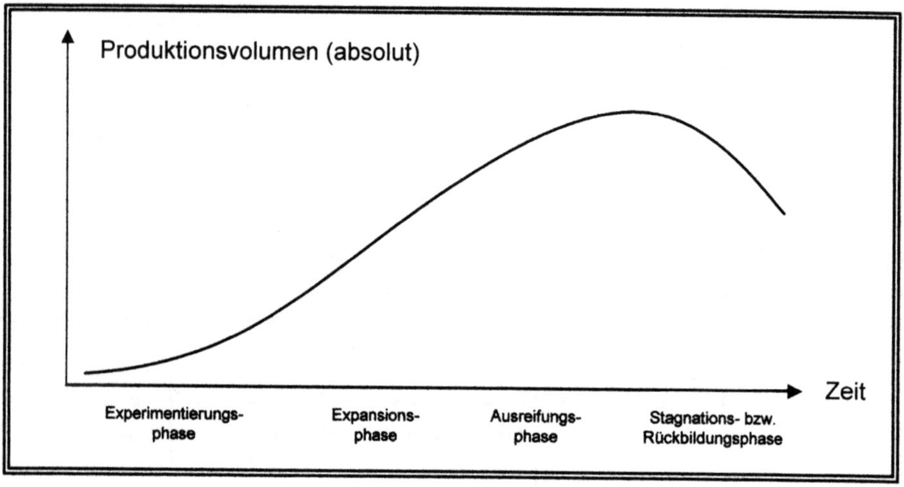

Quelle: Eigene Darstellung anhand der HEUß'schen Vorgaben.

Für den Marktphasenverlauf gibt es mehrere Erklärungsmuster, wobei zwischen angebots- und nachfrageorientierten Ansätzen zu unterscheiden ist. Auf der Angebotsseite lassen sich die Ausschöpfungs- und die Motivationshypothese differenzieren, auf der Nachfrageseite handelt es sich um die Einkommenshypothese und die Hypothese über die Veränderung der Bedürfnisstruktur. Diese Ansätze werden im folgenden dargestellt:[15]

(1) Die AUSSCHÖPFUNGSHYPOTHESE beinhaltet die Annahme, daß die Fortschrittsraten von Forschung und Entwicklung mit zunehmendem Alter einer Produktionsrichtung abneh-

---

14 HEUß (1965), S. 15.

15 Vgl. zu diesen Hypothesen HERDZINA (1981), S. 155 ff..

men, weil Verbesserungen nur noch mit hohem Kapital- und Zeiteinsatz erzielt werden können.

(2) Die MOTIVATIONSHYPOTHESE besagt, daß die Innovations- und Imitationsbereitschaft der Unternehmer für den Phasenverlauf verantwortlich ist. Diese Hypothese entspricht der Vorstellung von HEUß, der Markt sei das Spiegelbild des in ihm wirkenden Unternehmers.[16]

(3) Die EINKOMMENSHYPOTHESE unterstellt, daß sich bei steigendem Einkommen automatisch Sättigungstendenzen bei bestimmten Gütern einstellen.

(4) Die HYPOTHESE ÜBER DIE VERÄNDERUNG DER BEDÜRFNISSTRUKTUR beinhaltet, daß das Bekanntwerden eines neuen Produktes einen Wandel der Bedürfnisse und somit der Nachfrage erzeugt. Die Folge ist eine Expansion der Nachfrage nach dem neuen und eine Stagnation der Nachfrage nach dem alten Produkt. Diese Vorstellung geht wie die Motivationshypothese unter anderem auf HEUß zurück.

Die schematische Phasenabfolge ist in der Realität noch anderen Einflüssen unterworfen, die einen beträchtlichen Einfluß auf den Verlauf ausüben können. Doch nach HEUß stören sie den Produktions**trend** nur zeitweise, heben ihn aber keinesfalls auf, wobei jedoch ein beträchtlicher Spielraum für die individuelle Entwicklung einer Industrie besteht.[17]

In dieser Arbeit soll überprüft werden, ob der Markt für Elektrische Haushaltsgeräte der von HEUß prognostizierten idealtypischen Entwicklung folgt und inwieweit wesentliche Aussagen des Marktphasenkonzeptes für diesen Markt zutreffen.

2.1.3. Kritische Würdigung des Marktphasenschemas

Grundlegende Kritik am Marktphasenschema äußert vor allem SCHWARTAU. Er wirft HEUß vor, die volkswirtschaftliche Sektorenentwicklung mit Aussagen über die Produktentwicklung unter Voraussetzungen der statischen Oligopolpreistheorie vermischt zu haben, was nur unter der Bedingung möglich ist, daß sich Produkt- und Branchenentwicklung entsprechen.[18] In die gleiche

---

16 Vgl. HEUß (1965), S. 14.

17 Vgl. HEUß (1965), S. 18 f..

18 Vgl. SCHWARTAU (1977), S. 97 f..

Richtung zielt KAUFERS Kritik, der dem Marktphasenschema größere Relevanz für einzelne Produkte als für Industrien zuschreibt.[19]

Durch die Beschränkung auf einzelne Produktmärkte treten zwei weitere Probleme auf: Einerseits können dadurch differenzierte Unternehmen, die auf verschiedenen Märkten miteinander konkurrieren, nicht berücksichtigt werden, andererseits leidet die Erklärung von Wettbewerbsprozessen unter dieser Beschränkung, da Wettbewerb gerade durch das Ausweichen auf andere Märkte gekennzeichnet ist.[20] Das Problem der Marktabgrenzung behindert dabei die Analyse zusätzlich.

Weitere Kritik wird an den modellhaften Annahmen des Marktphasenschemas geübt, die wichtige Aspekte außer acht lassen.[21] Vor allem die Beschränkung auf die Angebotsseite zur Erklärung der Marktentwicklung stellt einen wesentlichen Mangel dar.[22]

Hauptsächlich bezieht sich die Kritik jedoch auf den idealtypischen Phasenablauf: "Es gibt Märkte, für die sich das Bestehen einer derartigen Phasenfolge nicht nachweisen läßt, andere, für die die einzelnen Entwicklungsstufen nicht sauber voneinander abgegrenzt werden können, und schließlich solche, die in dem Sinne inkomplett sind, daß sie in ihrer Entwicklung nicht alle Phasen durchlaufen."[23] Das Problem der Abgrenzung der einzelnen Marktphasen aufgrund fließender Phasenübergänge wird in der Literatur ebenso häufig diskutiert wie die deterministisch vorgegebene Phasenabfolge.[24]

Trotz der vielfältigen und zum Teil harschen Kritik am Marktphasenschema muß berücksichtigt werden, daß es sich um ein dynamisches Wettbewerbskonzept handelt, das bedeutende Vorteile besitzt:

1.) Elemente der Marktstruktur müssen nicht als exogene Größen betrachtet werden, sondern können aus dem Wettbewerbsgeschehen heraus erklärt werden.[25]

---

19 Vgl. KAUFER (1980), S. 31.

20 Vgl. zu beiden Problemen jeweils KORTMANN (1995a), S. 217 und MÜLLER (1975), S. 12. Zum Problem differenzierter Unternehmungen vgl. auch KAUFER (1980), S. 369 oder ausführlicher KAUFER (1967), S. 103 ff..

21 Vgl. zu diesen Aspekten SCHWARTAU (1977), S. 98.

22 Vgl. hierzu KORTMANN (1995a), S. 216 f. und WITT (1987), S. 69. In abgeschwächter Form kritisiert diesen Umstand auch SCHMIDT (1972), S. 103, Fn 188.

23 BERG (1985), S. 60.

24 Vgl. beispielsweise KORTMANN (1995a), S. 217 und LAMPE (1979), S. 274.

25 Vgl. BERG (1985), S. 60.

2.) Mit Hilfe des Marktphasenschemas läßt sich zeigen, daß hohe Konzentrationsraten auf einem Markt nicht unweigerlich geringe Wettbewerbsintensität bedeuten.[26] Durch das Einbeziehen der Marktphase können wirtschaftspolitische Entscheidungen abgeleitet werden, die die tatsächliche Marktstruktur angemessen berücksichtigen.[27]

HEUẞ räumt zudem - wie bereits erwähnt - der individuellen Entwicklung einer Industrie einen beträchtlichen Spielraum ein, so daß nicht von einer deterministischen Phasenabfolge die Rede sein kann, sondern von einem Verlaufs**muster** gesprochen werden muß. Ohne zusätzliche Informationen kann man selbstverständlich nicht vom Produktionsverlauf eines Marktes auf den Marktprozeß schließen.[28] Die Aufgabe dieser Arbeit ist folglich die Beschaffung dieser zusätzlichen Informationen, um mit ihrer Hilfe den Marktprozeß zu analysieren, denn: "Zur Erklärung von Marktstruktur und Marktverhalten hat sich das Marktphasenschema als grundsätzlich sehr leistungsfähig erwiesen."[29]

2.1.4. Theoretische Weiterentwicklungen

Aus der im vorigen Kapitel diskutierten Kritik heraus haben sich Ergänzungen der Theorie des Marktphasenschemas entwickelt, von denen im folgenden einige beispielhaft dargestellt werden.

Die Kritik an der Beschränkung auf die Angebotsseite zur Erklärung der Marktentwicklung hat SCHMIDT aufgegriffen und als Ergänzung zur Angebotsseite sehr ausführlich "die von der Nachfrageseite ausgehenden Impulse auf die Dynamik der Marktstruktur behandelt."[30] Auch NEUMANN berücksichtigt diesen Kritikpunkt und analysiert deshalb für jede Marktphase die wettbewerblichen Interaktionen zwischen Anbietern und Nachfragern.[31]

Die Vernachlässigung der Betrachtung differenzierter Unternehmungen versucht SCHLÖGL zu beseitigen. Dazu betrachtet er die Produktdifferenzierung in der Ausreifungsphase als einen ersten Schritt zur Berücksichtigung von Mehrproduktunternehmungen.[32]

---

26 Beispielhaft sei hier das zeitlich befristete Monopol eines Pionierunternehmers genannt. Vgl. LAMPE (1979), S. 274.

27 Vgl. KORTMANN (1995a), S. 218 und HOPPMANN (1966), S. 381.

28 Vgl. SCHWARTAU (1977), S. 99.

29 BERG (1993c), S. 1407.

30 SCHMIDT (1972), S. 107.

31 Vgl. NEUMANN (1983), S. 35 ff..

32 Vgl. SCHLÖGL (1972), S. 75 ff..

Auf der Grundlage der Kritik am Geltungsbereich des Marktphasenschemas (Geltungsbereich eher für einzelne Produkte als für Industrien) hat sich die Theorie entwickelt, daß sich ein Marktzyklus aus der Addition seiner Produktlebenszyklen zusammensetzt.[33] Dieser Zusammenhang zwischen Markt- und Produktzyklus wird allerdings speziell für elektrotechnische Gebrauchsgüter bestritten: "Diese individuellen Absatz- und Ausbreitungsabläufe der einzelnen Gerätearten vereinigen sich auch nicht zu einem ungefähr gleichmäßigen - konstant wachsenden oder beharrenden oder in bestimmter Kurve verlaufenden - Gesamtbild aller Elektrogeräte."[34]

Die grundlegende Kritik, die SCHWARTAU an der HEUß'schen Theorie äußert, veranlaßt ihn dazu, selbst ein Marktphasenkonzept mit fünf Phasen zu entwickeln.[35] Auch GORT und KLEPPER entwickeln ein Konzept zur Erklärung der Entwicklung von Industrien bzw. Märkten.[36] Diese Autoren sind selbstkritisch genug, um ihre Ergebnisse als erste Schritte zu einer solchen Erklärung zu bezeichnen.[37]

Es gibt mit Sicherheit noch viele andere Entgegnungen, Ergänzungen und Weiterentwicklungen zum Marktphasenschema, deren Aufzählung jedoch keinen Fortschritt für diese Arbeit bringt. An der Vielzahl derer, die sich mit den HEUß'schen Aussagen beschäftigt haben, wird jedoch deutlich, daß dieses Konzept allgemein anerkannt ist, auch wenn es häufig kritisiert wird. Das Marktphasenschema kommt "der Forderung nach einer dynamischen Wettbewerbstheorie näher als wohl alle anderen Ansätze"[38].

---

33 Vgl. hierzu KAUFER (1976), S. 208; LAMPE (1979), S. 274 f. und OBERENDER (1988), S. 20.

34 ZVEI (1962), S. 42.

35 Vgl. SCHWARTAU (1977), S. 97 ff..

36 Vgl. GORT / KLEPPER (1982), S. 630 - 653.

37 Vgl. GORT / KLEPPER (1982), S. 651.

38 BERG (1985), S. 60.

2.2. Der Markt für Elektrische Haushaltsgeräte

2.2.1. Elektrische Haushaltsgeräte als Erzeugnisbereich der Elektroindustrie

Die Elektroindustrie produziert alle Erzeugnisse und Anlagen, die der Stromerzeugung, -übertragung, -verteilung und -anwendung dienen.[39] Als Naturphänomen war die Elektrizität seit dem Altertum bekannt, doch erst im 18. Jahrhundert gab es mit dem Blitzableiter und der Voltaischen Säule die ersten Nutzanwendungen.[40] Der wirtschaftliche Durchbruch gelang Ende des 19. Jahrhunderts mit der Entdeckung des dynamoelektrischen Prinzips durch Werner von Siemens im Jahre 1866 und mit der von AEG und der Schweizer Maschinenfabrik Oerlikon im Jahre 1891 entwickelten Möglichkeit, hochgespannten Drehstrom über weite Strecken wirtschaftlich zu übertragen. Unseren heutigen Lebensstandard verdanken wir unter anderem diesen Pionierleistungen.

Beide Erfindungen sind deutschen Ursprungs, so daß man mit Recht behaupten kann, daß Deutschland zu den Geburtsländern der Elektrotechnik gehört. Auch heute noch hat die Elektroindustrie der Bundesrepublik Deutschland weltweit eine wichtige Bedeutung: Hinter Japan und den USA rangiert sie innerhalb der Weltelektroindustrie an dritter Stelle.[41] Sie ist mit großem Abstand führend in ganz Westeuropa[42] - gleich, ob ihre Bedeutung am Produktionsvolumen, am Export oder an den Beschäftigten gemessen wird.

Auch binnenwirtschaftlich spielt die Elektroindustrie eine wichtige Rolle: 1995 hat die Elektroindustrie in Gesamtdeutschland 916.650 Beschäftigte und einen Umsatz von fast 222 Mrd. DM. Gemessen an den Beschäftigten ist sie damit zweitwichtigste Industriegruppe mit einem Anteil von 13,8% am Verarbeitenden Gewerbe insgesamt - nur übertroffen vom Maschinenbau mit 15%; hinsichtlich des Umsatzes rangiert die Elektroindustrie an dritter Position mit einem Anteil von 12,3% - vor ihr nur der Maschinen- und der Straßenfahrzeugbau.[43] Lange Zeit war die Elektroindustrie sogar die wichtigste Industriegruppe sowohl hinsichtlich der Beschäftigten als auch gemessen am Umsatz.[44] In den Jahren 1994 und 1995 hat die Produktion der Elektroindustrie wieder stärker zugenommen als die Produktion im Verarbeitenden Gewerbe insgesamt. Damit hat sich die Elektroindustrie von ihrem Einbruch 1993 erholt.

---

39 Vgl. HUPPERT (1961), S. 189.

40 Vgl. zur historischen Entwicklung u.a. THÖRNER (1959); BERGER (1993), S. 5 f..

41 Vgl. hierzu BERGER (1993), S. 5.

42 Vgl. IG-METALL (1990), S. 6.

43 Vgl. zu diesen Daten ZVEI: Statistischer Bericht '96, S. 5.

44 Vgl. hierzu ZVEI: Statistischer Bericht '94, S. 7.

Auch die Entwicklung der Elektroindustrie nach dem Krieg unterstreicht ihre bedeutende Stellung in der Gesamtwirtschaft: 1950 - zu Beginn des hier gewählten Untersuchungszeitraums - erreicht der reale Inlandsabsatz elektrotechnischer Erzeugnisse erstmals wieder das Vorkriegsniveau von 1938. Von 1950 bis 1960 steigt die Elektroproduktion mit jährlich durchschnittlich 17,3% mehr als doppelt so schnell wie die Produktion in der Gesamtwirtschaft.[45] In den 60er Jahren verlangsamt sich das Wachstumstempo deutlich, liegt aber mit 8% immer noch über dem Jahresdurchschnitt der gesamten Industrie von 5,6%.[46] Von 1970 bis 1980 sinkt das jährliche Wachstum der Elektroindustrie abermals, übertrifft jedoch mit durchschnittlich 3% pro Jahr immer noch das Verarbeitende Gewerbe mit 1,7%.[47] In den 80er Jahren steigt der Produktionszuwachs wieder auf durchschnittlich 5,1% pro Jahr und ist damit höher als im Verarbeitenden Gewerbe insgesamt mit 3,3%.[48] In den Jahren 1992 und 1993 ist ein Einbruch der Elektroindustrie zu verzeichnen, die Produktion sinkt sowohl real als auch nominal. Seit 1994 liegen die Wachstumsraten jedoch wieder über dem Durchschnitt des Verarbeitenden Gewerbes.[49]

"Die volkswirtschaftliche Bedeutung einer Industrie hängt jedoch nicht allein oder in erster Linie von der Höhe ihrer Umsätze oder der Zahl ihrer Beschäftigten ab. Wichtiger als diese quantitativen Größen ist der qualitative Beitrag, den ein Industriezweig im Rahmen des wirtschaftlichen Fortschritts leistet."[50] Doch auch was den technischen Fortschritt angeht, kann die Elektroindustrie Bedeutung geltend machen. Eine Studie des IFO-INSTITUTS, die die Produktentwicklung in der britischen, irischen und deutschen Industrie vergleicht, hat beispielsweise ergeben, daß im Zeitraum von 1991 bis 1993 die deutschen Unternehmen am häufigsten Produktinnovationen durchgeführt haben (ca. 71%). Dabei waren sie den britischen und irischen Unternehmen unter anderem im Bereich Elektrotechnik überlegen.[51] BERGER stellt in einer anderen Studie im Auftrag des IFO-INSTITUTS fest, daß die deutsche Elektroindustrie im Zeitraum von 1984 bis 1993 ihre Wettbewerbsposition insgesamt halten konnte.[52]

Innerhalb der Elektroindustrie differieren die Erzeugnisbereiche erheblich voneinander. Ein Bereich mit stark überdurchschnittlicher Wettbewerbsposition im internationalen Vergleich sind Elektrische Haushaltsgeräte.[53] Deren überragender Beitrag zum technischen Fortschritt zeigt sich

---

45 Vgl. zu diesen Daten ZVEI (1962), S. 16 f..

46 Vgl. BREITENACHER / KNÖRDEL / SCHEDL / SCHOLZ (1974), S. 21.

47 Vgl. zu diesen Daten BERGER (1984), S. 17.

48 Vgl. BERGER (1993), S. 18 f..

49 Errechnet aus den Daten des ZVEI: Statistischer Bericht ′96, S. 5.

50 THÖRNER (1959), S. 4.

51 Vgl. HOFMANN (1996), S. 12.

52 Vgl. BERGER (1995a).

53 Vgl. BERGER (1995a), S. 20.

unter anderem daran, daß die deutschen Hersteller insgesamt mit fast 25% der im Hausgerätesektor angemeldeten Patente weltweit führend sind.[54] Beispielsweise hat die Bosch-Siemens Hausgeräte GmbH sowohl im Zeitraum 1983 bis 1987 als auch im Zeitraum 1988 bis 1992 die meisten Erfindungen in mindestens zwei Ländern zum Patent angemeldet.[55] Wenn man davon ausgeht, daß Erfindungen nur dann zum Patent angemeldet werden, wenn man sich einen finanziellen Vorteil davon verspricht, scheint der zukünftige Erfolg von Bosch-Siemens gesichert zu sein. Aufgrund der führenden technologischen Position der deutschen Unternehmen kann man davon ausgehen, daß sich die deutsche Hausgeräteindustrie auch in Zukunft im internationalen Wettbewerb behaupten wird.

Elektrische Haushaltsgeräte haben zwar nur einen Anteil von 9,6% an der Produktion der gesamten Elektroindustrie[56], doch Abbildung 2.3. zeigt eindrucksvoll, daß Hausgeräte im Untersuchungszeitraum einen überdurchschnittlichen Beitrag zum Wachstum der Elektroindustrie geleistet haben. In dieser Abbildung ist die Entwicklung der Elektroindustrie im Vergleich zur Gesamtwirtschaft und zu Elektrischen Haushaltsgeräten dargestellt. Man kann deutlich das überproportionale Wachstum der Elektroindustrie sowie die eindrucksvolle Entwicklung von Hausgeräten beobachten.

Diese Ausführungen zeigen, warum gerade der Markt für Elektrische Haushaltsgeräte als Untersuchungsobjekt gewählt wurde: Die Elektroindustrie leistet einen überdurchschnittlichen Beitrag zum Wachstum der Gesamtwirtschaft, und Elektrohausgeräte wiederum haben einen überdurchschnittlichen Anteil am Wachstum der Elektroindustrie. Zudem entwickeln sich Elektrohausgeräte und Elektroindustrie sehr ähnlich, so daß Elektrohaushaltsgeräte als "pars pro toto" für die gesamte Elektroindustrie angesehen werden können.

---

54 Vgl. BERGER (1995b), S. 19.

55 Vgl. BERGER (1995b), S. 18. Auch in der Elektroindustrie insgesamt nimmt Siemens eine dominierende Rolle bezüglich der Forschung und Entwicklung ein. Vgl. hierzu IG-METALL (1990), S. 58 ff..

56 Vgl. ZVEI: Statistischer Bericht '94, S. 3.

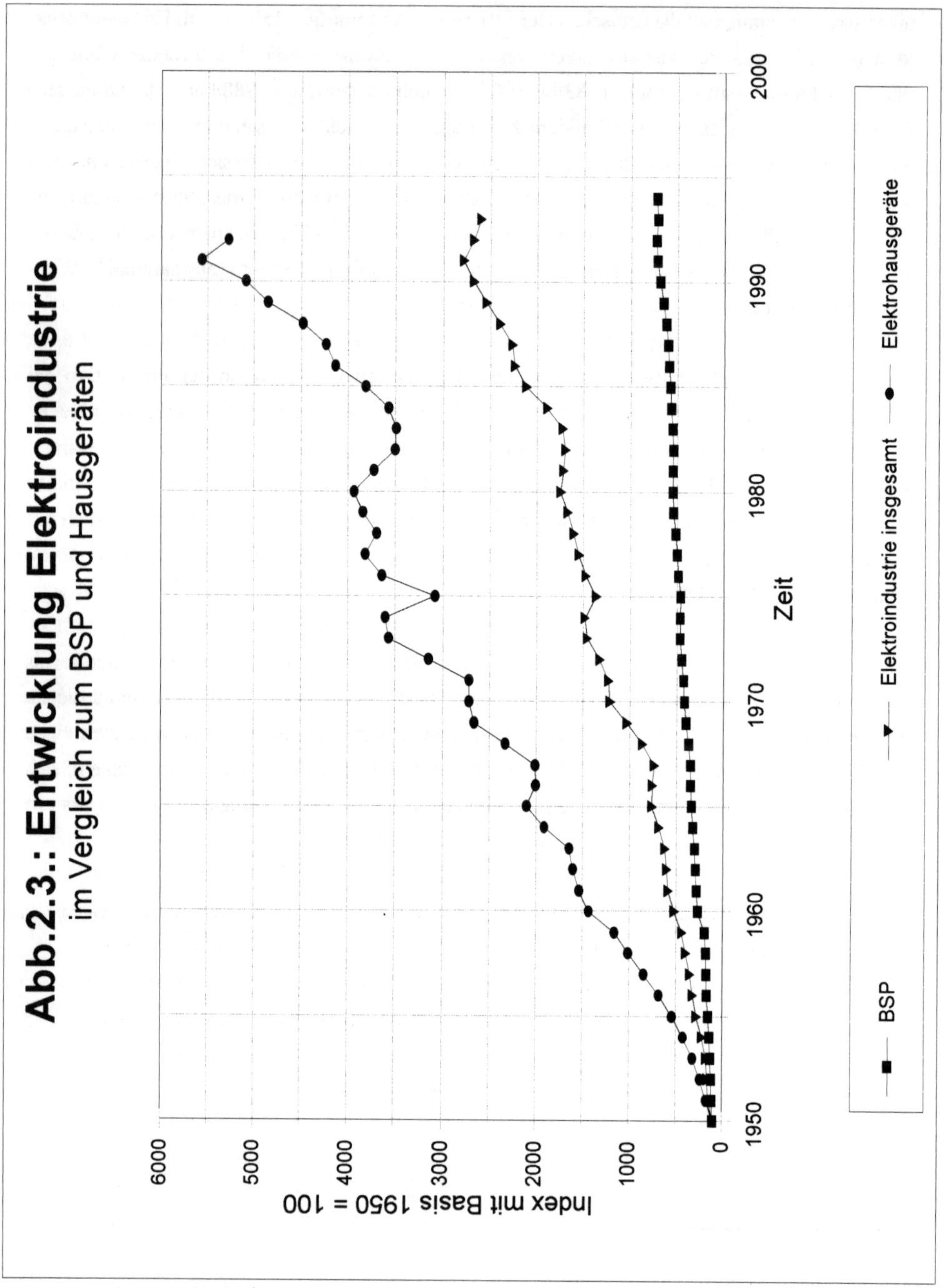

Abb.2.3.: Entwicklung Elektroindustrie
im Vergleich zum BSP und Hausgeräten

2.2.2. Abgrenzung des relevanten Marktes

Der relevante Markt wird üblicherweise nach räumlichen, zeitlichen und sachlichen Kriterien abgegrenzt:[57]

- Die *räumliche Abgrenzung* wird durch Entfernungen und damit verbundene Transportkosten determiniert. Zweck ist die Festlegung des geographischen Raumes, in dem sich Angebot und Nachfrage austauschbarer Güter gegenübertreten.[58]

- Die *zeitliche Abgrenzung* ist unumgänglich, da Märkte im Zeitablauf Veränderungen unterliegen. Je nachdem, welcher Zeitraum herangezogen wird, kann der betrachtete Markt eine andere Struktur aufweisen.

- Die *sachliche Abgrenzung* besitzt zweifellos die größte Bedeutung, bringt jedoch auch die größten Schwierigkeiten mit sich.[59] Aus diesem Grund haben sich hierfür verschiedene Konzepte etabliert.[60]

Das "*Industriekonzept*" von MARSHALL legt bei der Abgrenzung die technisch-physikalische Äquivalenz von Gutseigenschaften zugrunde. Dieser Ansatz wird für die Branchenklassifikation in amtlichen Statistiken benutzt.

Die "*Substitutionskonzepte*" hingegen beziehen sich auf die ökonomische Substitutionalität der Produkte aus Sicht der Nachfrager. Hierunter sind das "*Substitutionslückenkonzept"* von JOAN ROBINSON, das "*Konzept der Elementarmärkte*" von HEINRICH VON STACKELBERG, das "*Konzept der Kreuzelastizitäten*" von ROBERT TRIFFIN und das "*Bedarfsmarktkonzept*" u.a. von ABBOTT und ARNDT zu subsumieren.[61]

Das "*Konzept der Produktionsflexibilität*" berücksichtigt die Produktionsumstellungsmöglichkeiten der potentiellen Konkurrenz und somit alle potentiellen Substitutionsmöglichkeiten aus Sicht der Nachfrager.

---

57 Vgl. im folgenden BAUM (1980), S. 401 ff..

58 Vgl. PFEFFER (1986), S. 858.

59 Vgl. zu den Problemen der Marktabgrenzung LADEMANN (1988).

60 Vgl. zu den verschiedenen Konzepten der sachlichen Marktabgrenzung LOO, VAN DE (1993), S. 44 ff..

61 Vgl. zur Verbindung dieser Konzepte WIED-NEBBELING (1993), S. 10 ff..

In der Kartellrechtspraxis hat sich das *Konzept der subjektiv empfundenen Äquivalenz* durchgesetzt, welches den Bedarfsmarktkonzepten zuzurechnen ist. Die Abgrenzung des sachlich relevanten Marktes erfolgt hierbei auf Basis der vom verständigen Verbraucher empfundenen funktionellen Austauschbarkeit. Mit dieser Abgrenzung werden allerdings sämtliche Probleme des interpersonellen Nutzenvergleichs aufgeworfen.[62]

Als Ausweg aus diesem Dilemma stellt BAUM mehrere Lösungsmöglichkeiten vor:[63]

1.) Die *pragmatische Lösung* empfiehlt, das Konzept der subjektiv empfundenen Äquivalenz so weiterzuverfolgen wie bisher. Die Folge wäre jedoch eine wachsende Rechtsunsicherheit.

2.) Die *radikale Lösung* folgt der Argumentationskette, daß der relevante Markt nicht objektiv abgrenzbar ist, Marktbeherrschung folglich nicht nachgewiesen werden kann, die Kartellbehörde also nicht eingreifen sollte. Dieser Ansatz erweist sich als inkonsequent und ist deshalb ebenfalls nicht praktikabel.

3.) Die dritte Alternative schlägt vor, vom Marktergebnis auf die Marktbeherrschung zurückzuschließen, *Interventionen* also auch *ohne Marktbeherrschungsnachweis* durchzuführen. Die Folge eines solchen Vorgehens wäre allerdings ein Verstoß gegen die im GWB genannten Eingreifbedingungen und -grenzen.

4.) Die vierte Lösung schlägt vor, das *faktische Verhalten als Abgrenzungskriterium* zu verwenden, entweder aus Anbieter- oder aus Nachfragersicht. Doch auch dieser Weg wirft Probleme auf.

"Ein letztlich objektives Verfahren, das den relevanten Markt aus Nachfragersicht oder erst recht aus Anbietersicht abgrenzbar macht und unumstößlich Gültigkeit besitzt, gibt es zu dem derzeitigen Stand der Diskussion nicht."[64] Auch GÜTH geht davon aus, daß es keine allgemeingültigen Kriterien zur Marktabgrenzung gibt, es jedoch vom Untersuchungszweck abhängen kann, wie man den relevanten Markt definieren sollte.[65]

---

62 Vgl. LOO, VAN DE (1993), S. 47.

63 Vgl. BAUM (1980), S. 403 ff..

64 LINK (1988), S. 57.

65 Vgl. GÜTH (1994), S. 6.

Deshalb wird im folgenden die dem Untersuchungszweck dieser Arbeit dienliche Abgrenzung des relevanten Marktes nach zeitlichen, räumlichen und sachlichen Aspekten vorgenommen:

Die Untersuchung beginnt 1950, weil erst ab diesem Jahr eine zuverlässige Statistik der Elektroindustrie vorliegt.[66] Eine differenzierte Auswertung nach Güterklassen und Erzeugnissen ist folglich erst ab diesem Zeitpunkt möglich. Damit ist die *zeitliche Abgrenzung des relevanten Marktes* grundsätzlich auf den Zeitraum 1950 bis 1995 festgelegt. Hierbei treten insofern Probleme auf, als zu Beginn des Berichtsjahres 1995 eine umfassende Umstellung des Klassifikationsschemas stattgefunden hat. Die Daten für 1994 und 1995 liegen deshalb nur in komprimierter Form vor und können für die Auswertung nicht verwendet werden. Dazu kommt, daß seit 1993 nur gesamtdeutsche Daten ausgewiesen werden, die Vergleichbarkeit von 1992 auf 1993 also nicht gegeben ist. Von einigen Ausnahmen abgesehen, geht der Untersuchungszeitraum also datentechnisch bedingt nur bis 1992.

Räumlich beschränkt sich die Analyse auf den Inlandsmarkt Deutschland. Da es jedoch unmöglich ist, eine offene Volkswirtschaft statistisch ganz von Auslandseinflüssen abzuschirmen, werden teilweise auch ausländische Unternehmen in die Analyse einbezogen. Dies ist nicht nur dann der Fall, wenn es sich um in Deutschland ansässige Tochtergesellschaften ausländischer Unternehmen handelt, die im Inland produzieren, sondern auch dann, wenn beispielsweise zur Ermittlung der Inlandsnachfrage Importe berücksichtigt werden. Die Beschränkung auf den Inlandsmarkt bringt noch zwei weitere Probleme mit sich: Erstens wurde erst 1960 das Saarland wieder an das Bundesgebiet angegliedert, zweitens führt die Wiedervereinigung Deutschlands zu großen Verzerrungen auf der Nachfrageseite. Durch die räumliche Erweiterung des Bundesgebietes wird jeweils ein Knick im Verlauf der Daten entstehen. Doch da der Ursprung dieser Entwicklungen bekannt ist, können sie bei der Analyse vernachlässigt werden.[67]

Trotz dieser Probleme wird die räumliche Abgrenzung auf den Inlandsmarkt beschränkt, da sich auch die Entscheidungen des Bundeskartellamtes auf den nationalen Markt beziehen.[68]

Die *sachliche Abgrenzung des relevanten Marktes* erfolgt nach dem Güterverzeichnis für Produktionsstatistiken, wie es seit dem 1. Januar 1990 in Kraft ist, obwohl die amtliche Produktionsstatistik nur eine sehr grobe Annäherung an konsistente und zweckmäßige Marktabgrenzun-

---

66 Vgl. HUPPERT (1961), S. 191.

67 Vgl. SAWALL (1963), S. 11 und WELZEL (1974), S. 12.

68 Vgl. PFEFFER (1986).

gen darstellt.[69] Von Interesse ist die Gütergruppe 36 für Elektrotechnische Erzeugnisse mit den Güterklassen

* 3635	Elektrowärmegeräte und -einrichtungen für den Haushalt,
* 3636	Gewerbliche Elektrowärmegeräte und -einrichtungen,
* 3637	Elektromotorische Wirtschaftsgeräte für Gewerbe und Haushalt,
* 3638	Elektrische Haushaltskühlmöbel und
* 3639	Elektrische Haushaltswaschmaschinen und -geräte.

Diese Güterklassen bilden den Markt für Elektrische Haushaltsgeräte. Gewerbliche Elektrowärmegeräte werden deshalb in die Untersuchung einbezogen, da sie bis 1974 zusammen mit Elektrowärmegeräten für den Haushalt in der Güterklasse 3636 erfaßt wurden und somit bis 1975 keine Trennung möglich ist. Wie man einem Aufsatz von BERGER entnehmen kann, der die Güterklasse 3636 ebenfalls in seine Analyse einschließt, machen Gewerbliche Elektrowärmegeräte lediglich einen Wertanteil von ca. 2% an Elektrischen Haushaltsgeräten aus.[70] Dieser Anteil ist so gering, daß durch ihre Berücksichtigung die Analyse nicht verzerrt wird.

Für die meisten Untersuchungen reicht diese grobe Einteilung aus, einige Thesen machen jedoch eine differenziertere Analyse unumgänglich. Ist dies der Fall, werden folgende Produkte betrachtet:

Elektrovollherde,
Mikrowellengeräte,
Toaster,
Kaffeemaschinen,
Hand- und Bodenstaubsauger,
Geschirrspülmaschinen,
Dunstabzugshauben,
Kühlschränke,
Waschvollautomaten und
Wäschetrockner.

Damit sind die grundlegenden Begriffe dieser Arbeit geklärt, so daß mit der Operationalisierung der in Tabelle 2.1. enthaltenen Aussagen begonnen werden kann.

---

69 Vgl. KANTZENBACH / KRÜGER (1990), S. 474.

70 Vgl. BERGER (1995b), S. 16.

3. Das Marktphasenschema: Operationalisierung wesentlicher Aussagen

Bei den wesentlichen Aussagen des Marktphasenschemas handelt es sich teilweise um nicht direkt meßbare Merkmale. Operationalisierung ist der Prozeß der Meßbarmachung solcher Merkmale. Dazu bedient man sich direkt meßbarer Ersatzgrößen für das Phänomen, auch Indikatoren genannt. "Ziel einer Operationalisierung ist, den Begriffen einer Wissenschaft größere Präzision zu geben, sie somit empirisch gehaltvoller zu machen."[1]

Die Operationalisierung kann ein mehrstufiger Prozeß sein, falls die Indikatoren im ersten Schritt noch nicht meßbar sind. Es gibt dementsprechend Indikatoren verschiedener Ordnung. Je eher man direkt meßbare Indikatoren findet, desto operationaler ist ein Phänomen.

Das Meßniveau der Indikatoren kann nominal-, ordinal-, intervall- oder verhältnisskaliert sein[2], wobei mit steigendem Skalenniveau ein steigender Informationsgehalt verbunden ist:

Mit *Nominalskalen* kann festgestellt werden, ob ein Sachverhalt zutrifft oder nicht. Es besteht nicht die Möglichkeit, eine Rangfolge zu bilden oder Vergleiche zu ziehen.

Ordinalskalen hingegen drücken eine Rangordnung aus, wobei jedoch die Abstände zwischen den Merkmalsausprägungen nicht interpretierbar sind.

Das *intervallskalierte* Meßniveau ermöglicht sowohl Aussagen über die Rangfolge als auch die Interpretation der Abstände zwischen den Objekten. Der Nullpunkt kann dabei beliebig festgelegt werden.

Verhältnisskalen bzw. *Ratioskalen* verfügen zusätzlich noch über einen eindeutig definierten Nullpunkt mit empirischer Bedeutung. In dieser Arbeit werden hauptsächlich verhältnisskalierte Daten benutzt.

An der Meßbarkeit von Phänomenen kann grundsätzliche Kritik geübt werden:

1.) Gefühle und Einstellungen sind nicht meßbar.
Messen ist eine logische Operation, so daß diese Kritik nicht an der Meßbarkeit zu üben ist, sondern an der Operationalisierung selbst.

---

1 FRIEDRICHS (1973), S. 78.

2 Vgl. zu folgenden Ausführungen LINK (1988), S. 82 f. und SCHNELL / HILL / ESSER (1989), S. 137 ff..

2.) Phänomene sind zu komplex.
Für jedes Phänomen ist jedoch eine Klasse von Merkmalsausprägungen erfaßbar, so daß die wichtigsten ausgewählt werden können (Prozeß der stufenweisen Operationalisierung).

3.) Qualitative Phänomene sind nicht meßbar.
Diese Aussage ist so allgemein nicht zutreffend. Qualitative Phänomene sind über Nominalskalen erfaßbar, so daß es sich um eine Frage des Meßniveaus handelt.

Wie die Widerlegung dieser Kritik zeigt, treten die Probleme nicht bei der Messung von Phänomenen auf, sondern bei ihrer Operationalisierung:

Das ERSTE HAUPTPROBLEM DER OPERATIONALISIERUNG ist das der *Validität*, d.h. das Problem der Genauigkeit, mit dem das, was gemessen werden soll, auch tatsächlich gemessen wird.[3]

VALIDITÄT kann über folgende Prüfkriterien erfaßt werden:[4] [5]

- *Inhaltsvalidität* beschäftigt sich mit der Auswahl der relevanten Indikatoren. Dazu kann man sich des **Expertenratings** oder des **face-validity-Verfahrens** bedienen.
  Beim Expertenrating werden Experten befragt, welche Indikatoren sie für sinnvoll halten; beim face-validity-Verfahren werden Indikatoren aufgrund von Plausibilitätsüberlegungen und eigenen Anschauungen des Versuchsleiters ausgewählt. Obwohl bei diesem zweiten Verfahren die Validität gering ist, wird es am häufigsten angewendet.

- *Kriteriumsvalidität*[6] bedeutet, daß die Meßwerte an einem Außenkriterium überprüfbar sein sollten. Voraussetzung für dieses Verfahren ist eine bereits existierende Hypothese. Bestätigt sich diese Hypothese bei der Überprüfung anhand eines Außenkriteriums, so ist die Validität hoch.

---

3 Vgl. MÜLLER-HAGEDORN / SEWING / TOPOROWSKI (1993), S. 125. Siehe auch ZELLER / CARMINES (1980), S. 78.

4 Vgl. zu folgenden Ausführungen MÜLLER-HAGEDORN / SEWING / TOPOROWSKI (1993), S. 126 ff. und MOSER / DONAT / SCHULER / FUNKE (1989), S. 68 ff.. Im angelsächsischen Sprachgebrauch werden die Begriffe content validity, criterion-related validity und construct validity benutzt. Vgl. hierzu ZELLER / CARMINES (1980), S. 78 ff..

5 Eine weitere Untergliederung der Validitäts-Prüfkriterien findet sich bei HILDEBRANDT (1984), S. 42.

6 Kriteriumsvalidität wird häufig in Vorhersagevalidität (predictive validity) und Übereinstimmungsvalidität (concurrent validity) unterschieden. Vgl. MÜLLER-HAGEDORN / SEWING / TOPOROWSKI (1993), S. 127 und ZELLER / CARMINES (1980), S. 80.

- *Konstruktvalidität*[7] befaßt sich mit der Frage, ob Hypothese und Meßinstrumente zusammenpassen. Wurde eine Hypothese falsifiziert, so kann einerseits die Hypothese tatsächlich falsch sein, andererseits kann sich aber auch das Meßinstrumentarium als ungeeignet erweisen (vgl. hierzu die Ergebnisse zur Preiselastizität). Umgekehrt kann bei einer bestätigten Hypothese tatsächlich die Hypothese richtig sein, es kann aber auch ein ungeeignetes Meßinstrumentarium eine falsche Hypothese bestätigt haben.

In bezug auf Validität existiert keine Sicherheit[8]; es gibt keine Beweise, nur Hinweise.

Man benötigt neben Indikatoren auch Meß- und Auswertungsvorschriften. Dies sind Hinweise, wie die Indikatoren gemessen und ausgewertet werden sollen. Meßvorschriften beinhalten Anweisungen zur Erfassung von Indikatoren. Hierbei ergibt sich das ZWEITE HAUPTPROBLEM DER OPERATIONALISIERUNG: das Problem der *Reliabilität*. Die Reliabilität ist der Grad der Genauigkeit, mit dem gemessen wird, gleichgültig, ob das beabsichtigte Merkmal auch tatsächlich gemessen wird.[9] Reliabilität wird häufig auch als Ausmaß der Streuung bei wiederholtem Messen bezeichnet.[10]

RELIABILITÄT kann durch folgende Prüfkriterien getestet werden:[11]

- *Retestreliabilität* bedeutet, daß mit dem gleichen Instrumentarium zu verschiedenen Zeitpunkten das gleiche gemessen wird. Je geringer die Abweichung bei einer Messung zu verschiedenen Zeitpunkten ist, desto höher ist die Reliabilität.

  Voraussetzung ist die Konstanz des Meßobjektes. Da jedoch Veränderungen durch externe Einflüsse oder Lerneffekte auftreten können, ist eine Konstanz der Meßergebnisse eher zweifelhaft, selbst wenn das Meßinstrumentarium verläßlich ist.

- *Paralleltestreliabilität* befaßt sich mit der Frage, ob zwei verschiedene Instrumente zum gleichen Zeitpunkt am gleichen Ort das gleiche messen. Je geringer die Meßabweichungen sind, desto höher ist die Reliabilität des getesteten Instrumentes.

---

7 Vgl. speziell zu Konstruktvalidität die Aufsätze von CRONBACH UND MEEHL und von PETER. CRONBACH / MEEHL (1955), S. 281 - 302 und PETER (1981), S. 133 - 145.

8 HILDEBRANDT weist darauf hin, daß ein grundlegendes Problem das Fehlen verbindlicher Kriterien ist, welche Anteile von Fehlervarianz tolerierbar sind. Vgl. HILDEBRANDT (1984), S. 44.

9 Vgl. MOSER / DONAT / SCHULER / FUNKE (1989), S. 66.

10 ZELLER UND CARMINES sehen Reliabilität bei Wiederholbarkeit und Konsistenz empirischer Messungen als erfüllt an. Vgl. ZELLER / CARMINES (1980), S. 52.

11 Vgl. zu folgenden Ausführungen MOSER / DONAT / SCHULER / FUNKE (1989), S. 66 f.. Siehe auch FRIEDRICHS (1973), S. 102. Im angelsächsischen Sprachgebrauch werden die Begriffe test-retest reliability, alternative forms und internal consistency herangezogen. Vgl. PETER (1979), S. 8 ff..

Voraussetzung ist die Existenz zweier Meßinstrumente, von denen eines bereits auf Reliabilität getestet sein muß. Diese Bedingung ist jedoch nicht immer erfüllt. Zudem muß die Reaktanz berücksichtigt werden, d.h. die Reaktion des Meßobjektes von einem Instrument auf das andere.

- Bei der *inneren Konsistenz* vergleicht man zwei Hälften der Meßreihen. Auch hier gilt: Je geringer die Abweichungen sind, desto höher ist die Reliabilität.

  Voraussetzung ist die Teilbarkeit der Meßreihe. Je weniger Items zur Verfügung stehen, desto problematischer wird dieses Verfahren. Zudem muß die Studie für diesen Test eindimensional sein, so daß eigentlich nur die Homogenität der Stichprobe überprüft wird.

Reliabilität ist nicht meßbar, sondern nur abschätzbar. Bei einem Korrelationskoeffizienten von 0,7 aufwärts ist die Reliabilität des Meßinstrumentariums zu tolerieren. Dies ist jedoch eine theoretische Forderung, die in der Praxis oft vernachlässigt wird, da die Anwendung der Prüfkriterien zu aufwendig ist.

Eine notwendige, jedoch nicht hinreichende Bedingung für Validität ist Reliabilität[12]. Damit also Validität vorliegt, muß Reliabilität gegeben sein; umgekehrt muß für Reliabilität nicht Validität vorliegen. Für eine erfolgreiche Operationalisierung hingegen muß beides vorhanden sein.

Indikatoren und Meßinstrumentarium müssen neben Validität und Reliabilität auch folgende Anforderungen erfüllen:[13]

- *Objektivität* ist die Unabhängigkeit der erzielten Ergebnisse vom Anwender. Sie sollte sowohl bei der Durchführung als auch bei der Auswertung und Interpretation gegeben sein.

- *Verständlichkeit* sollte sowohl bei den Indikatoren als auch bei den Meß- und Auswertungsvorschriften vorliegen.

- *Relevanz* ist die Eigenschaft eines Instrumentes, die für die Zielsetzung wesentlichen Merkmale eines Untersuchungsobjektes zu erfassen. Sie setzt sich aus Diskriminierungsfähigkeit, Erklärungsfähigkeit, Spezifität und Entscheidungsrelevanz zusammen.

---

12 Vgl. PETER (1979), S. 6 und HILDEBRANDT (1984), S. 42.

13 Vgl. zu folgenden Ausführungen FÜRTJES (1982), S. 97 ff.. Eine Übersichtsabbildung zu diesem Themenbereich findet sich ebenda, S. 148.

Die **Diskriminierungsfähigkeit** umfaßt die Differenzierung und Detaillierung der Messung, wobei die Relevanz mit zunehmender Differenzierung steigt.

Die **Erklärungsfähigkeit** umfaßt die Bedeutung einer Variablen bei Erklärungen und Prognosen. Je höher der Korrelationskoeffizient zwischen zwei Variablen ist, desto höher ist deren Erklärungsfähigkeit.

Spezifität mißt den Grad der Allgemeingültigkeit. Je allgemeingültiger ein Meßinstrumentarium ist, desto relevanter ist es.

Die **Entscheidungsrelevanz** betrachtet die Aufgabe einer Variablen; je nach Fragestellung kann diese unterschiedlich sein.

- Der *Aufwand* umfaßt den mit der Anwendung des Instrumentariums verbundenen Ressourceneinsatz. Er bezieht sich auf Handhabbarkeit, Anwendungszeit und Hilfsmittel. Der Aufwand sollte nicht zu groß sein, um nicht "abschreckend" zu wirken.

Im folgenden wird versucht, bei der Operationalisierung der wesentlichen Aussagen des Marktphasenschemas die genannten Anforderungen zu erfüllen. Die wesentlichen Aussagen betreffen den Unternehmertyp, die Marktform, die Produktionskosten sowie die Produktivität, den Absatzverlauf, den Preis sowie die Preiselastizität und das Produkt, wobei zwischen Qualitätsverbesserungen und Produktdifferenzierungen zu unterscheiden ist. Jedes dieser Phänomene wird im folgenden nicht nur operationalisiert, sondern auch einer Literaturanalyse unterzogen, um die HEUß'schen Aussagen mit den in der Literatur vorherrschenden Meinungen zu vergleichen. Stimmen HEUß'sches Konzept und vorherrschende Meinung überein, so soll dies als eine erste theoretische Bestätigung des Marktphasenschemas für die untersuchte Aussage interpretiert werden.

3.1. Operationalisierung von Unternehmertypen

Diesem Kapitel liegt die von HEUß entwickelte Hypothese zugrunde, daß es vier verschiedene Typen von Unternehmern gibt, die der jeweiligen Marktphase ihren Stempel aufdrücken[14]: Der Pionierunternehmer bringt in der Experimentierungsphase das neue Produkt auf den Markt, spontan imitierende Unternehmer dominieren die Expansionsphase, die Ausreifungsphase wird von unter Druck reagierenden Unternehmern bestimmt und in der Stagnations- bzw. Rückbildungsphase sind immobile Unternehmer vorherrschend.

Bevor die Analyse dieser Unternehmertypen erfolgt, soll zunächst die Frage geklärt werden: Was ist überhaupt ein Unternehmer?

OBERENDER definiert den Unternehmer über seine Aufgaben: Der "Unternehmer kombiniert aus Eigeninitiative Produktionsfaktoren, um Güter und Dienste zu produzieren, die er mit Gewinn am Markt absetzen will."[15]

SCHNEIDER verwendet ebenfalls eine funktionale Definition: "'Unternehmer' ist lediglich der Name für bestimmte Eigenschaften (Merkmale, Aufgaben), die Personen innerhalb einer Theorie über menschliches Zusammenleben zugeschrieben werden."[16] "Als Unternehmer (also unternehmerisch) zu handeln heißt dabei: bestimmte Aufgaben (Unternehmerfunktionen) zu erfüllen."[17]

Will man sich also näher mit dem Unternehmer beschäftigen, ist eine differenzierte Betrachtung der Unternehmerfunktionen unumgänglich.

WIEANDT weist dem Unternehmer die Innovations-, die Arbitrage- und die Koordinationsfunktion zu:[18]

---

14 Vgl. HEUß (1965), S. 105.

15 OBERENDER (1993c), S. 2172.

16 SCHNEIDER (1987), S. 6.

17 SCHNEIDER (1987), S. 5.

18 Vgl. hierzu WIEANDT (1994a), S. 20 - 24.
Auch WINDSPERGER betrachtet diese drei Unternehmerfunktionen, wobei er die Innovationsfunktion ebenfalls auf SCHUMPETER zurückführt sowie die Arbitragefunktion auf KIRZNER. Lediglich die Koordinationsfunktion wird nicht CASSON zugeschrieben, sondern durch einen eigenen Ansatz erklärt. Vgl. WINDSPERGER (1991), S. 1413 - 1429.

Die Innovationsfunktion geht auf SCHUMPETER zurück: "Im Erkennen und Durchsetzen neuer Möglichkeiten auf wirtschaftlichem Gebiet liegt das Wesen der Unternehmerfunktion."[19] Die Durchsetzung neuer Kombinationen kann dabei auf fünf Arten erfolgen:

* Einführung neuer, vorher unbekannter Güter oder Produktqualitäten,
* Einführung neuer Produktionsmethoden,
* Durchführung einer Neuorganisation (z.B. Trusts),
* Erschließung neuer Absatzmärkte und
* Eroberung neuer Bezugsquellen.

SCHUMPETER betrachtet also nicht nur Produkt- und Prozeßinnovationen als Durchsetzung neuer Kombinationen, sondern schließt auch Organisationsstrukturen, Märkte und Bezugsquellen in die Analyse der Innovationsfunktion ein.

Die Arbitragefunktion des Unternehmers übernimmt WIEANDT von KIRZNER, der die zentrale Unternehmerfunktion in der Beschaffung von Informationen über unausgenutzte Gelegenheiten sieht.[20] "Er muß einzig und allein herausfinden, wo Käufer zuviel bezahlt und Verkäufer zu wenig erhalten haben, und diese Diskrepanz dadurch beseitigen, daß er bei letzteren kauft und an erstere etwas billiger verkauft."[21]

Die Koordinationsfunktion geht nach WIEANDT auf CASSON zurück. Das Treffen von Koordinationsentscheidungen stellt laut CASSON die herausragende Unternehmerfunktion dar. Koordination ist in diesem Fall als vorteilhafte Reallokation von Ressourcen zu definieren, über die der Unternehmer Entscheidungsbefugnis besitzt.[22]

SCHNEIDER verwendet bei der Betrachtung der Unternehmerfunktionen eine andere Terminologie:[23]

1.) Verringerung von Einkommensunsicherheiten als Institutionen-begründende Unternehmerfunktion,[24]

---

19 SCHUMPETER (1928), S. 483. Vgl. zu dieser Definition des Unternehmers auch SCHUMPETER (1912), S. 170 ff..

20 Vgl. KIRZNER (1976), S. 120.

21 KIRZNER (1978), S. 33.

22 Vgl. CASSON (1982), S. 23 ff..

23 Vgl. SCHNEIDER (1987), S. 6 ff..

24 Vgl. speziell zu dieser Unternehmerfunktion die Kritik von EHRMANN (1990), S. 837 - 849. Vgl. auch die Erwiderung von SCHNEIDER (1991), S. 371 -377.

2.) Erzielen von Arbitragegewinnen als Institutionen-erhaltende Unternehmerfunktion nach außen,

3.) Durchsetzen von Änderungen in wirtschaftlicher Führerschaft als Institutionen-erhaltende Unternehmerfunktion nach innen.

Diese Unternehmerfunktionen stimmen teilweise mit den von WIEANDT genannten überein: Die Arbitragefunktion findet sich im Erzielen von Arbitragegewinnen wieder und die Innovationsfunktion in der Durchsetzung von Änderungen in wirtschaftlicher Führerschaft. Lediglich die Koordinationsfunktion entspricht nicht der Verringerung von Einkommensunsicherheiten.

Die Verringerung von Einkommensunsicherheiten faßt KNIGHT unter dem Begriff "power to give satisfactory guarantees" zusammen.[25] Zusätzliche Unternehmereigenschaften sind nach KNIGHT die Fähigkeit und der Wille, Unternehmer zu sein. Damit sie nicht verschwendet werden, müssen diese drei Eigenschaften bei einem Unternehmer gleichzeitig anzutreffen sein.

Nach PENROSE sind die entscheidenden Unternehmereigenschaften die Vielseitigkeit, die Geschicklichkeit bei der Kapitalbeschaffung, der Ehrgeiz und das Urteilsvermögen des Unternehmers.[26] Vielseitigkeit und Urteilsvermögen entsprechen bei KNIGHT den Fähigkeiten des Unternehmers, der Ehrgeiz entspricht dem Willen und die Geschicklichkeit bei der Kapitalbeschaffung findet in der "power to give satisfactory guarantees" ihren Gegenpart, auch wenn sich diese Garantien auf die gesamten Produktionsfaktoren beziehen und nicht nur auf das Kapital.

Die Unternehmerfunktionen und damit einhergehend die Eigenschaften von Unternehmern sind ausführlich dargestellt worden, um die Voraussetzung für die Diskussion der Unternehmertypen zu schaffen, denn auch HEUß beschreibt die Unternehmertypen durch spezielle Eigenschaften und Funktionen:

HEUß betrachtet ein Spektrum von Unternehmertypen, das vom Pionierunternehmer über den spontan imitierenden Unternehmer und den unter Druck reagierenden Unternehmer bis hin zum immobilen Unternehmer reicht.[27]

Dabei werden die Unternehmertypen von HEUß folgendermaßen charakterisiert:[28]

---

25 Vgl. KNIGHT (1971), S. 283 und S. 288 ff..

26 Vgl. PENROSE (1980), S. 36 ff..

27 Vgl. HEUß (1965), S. 10.

28 Vgl. im folgenden HEUß (1965), S. 8 ff..

Pionierunternehmer

- sehen alle Größen, die in der Theorie als gegeben unterstellt werden, als Aktionsparameter an (Produkt, Kosten, Nachfrage);
- setzen neue Kombinationen durch, die ihrer Spontaneität und Intuition entspringen (Charaktereigenschaft dieser Menschen);
- erzielen nicht unbedingt die höchsten Gewinne.

Imitatoren

- rücken in die vom Pionierunternehmer geschlagene Bresche nach;
- zeichnen sich durch ein hohes Maß an Beweglichkeit aus;
- sind empfänglich für das Neue;
- wirken konkurrenzfördernd;
- sind gewillt, Risiken auf sich zu nehmen;
- zeichnen sich ebenfalls durch Initiative und Spontaneität aus.

Imitatoren weisen Eigenschaften auf, die sie mit dem **Pionierunternehmer** gemeinsam haben, so daß diese Unternehmertypen von HEUß als **"initiative Unternehmer"** bezeichnet werden.

Unter Druck reagierende Unternehmer

- agieren nicht, sondern reagieren nur;
- versuchen, sich ihrer Umwelt anzupassen, nicht, sie aktiv zu gestalten (Kosten, Nachfrage und Produkt bilden für sie Daten);
- bequemen sich erst zu "Neuerungen", wenn diese keine mehr sind,
- aber selbst dann bedarf es noch des äußeren Drucks, um sie zur Aufgabe veralteter Methoden zu veranlassen;
- akzeptieren das Neue nicht spontan, sondern defensiv, gerade noch rechtzeitig, bevor sie vom Neuen “überrannt” werden.

Immobile Unternehmer

- sind nur in einer stationären Wirtschaft lebensfähig;
- streben danach, einen solchen stationären Zustand für ihren Wirtschaftssektor zu erhalten, indem sie Interventionen des Staates fordern;
- sichern somit mit einem Minimum an eigener Anstrengung ihre ökonomische Existenz.

Unter Druck reagierende und **immobile Unternehmer** besitzen ebenfalls einige gemeinsame Eigenschaften, so daß HEUß sie unter dem Begriff **"konservative Unternehmer"** zusammenfaßt.

Der größte Unterschied zwischen initiativen und konservativen Unternehmern besteht darin, daß initiative Unternehmer Produkt, Kosten und Nachfrage als Aktionsparameter ansehen, während konservative Unternehmer sie als gegeben hinnehmen und versuchen, sich diesen Daten anzupassen.

Pionierunternehmer zeichnen sich nach HEUß dadurch aus, daß sie neue Kombinationen durchsetzen, die ihrer Intuition und ihrer Phantasie entspringen, also nicht durch einen äußeren Zwang hervorgerufen werden. Mit dieser Charakterisierung des Pionierunternehmers folgt HEUß der Definition von SCHUMPETER.[29]

Eine eher praxisbezogene Charakterisierung des Pionierunternehmers bietet WABER. Seiner Meinung nach ist das, was den Pionierunternehmer ausmacht, "seine anhaltende und ansteckende Überzeugung, sein Wille, Überdurchschnittliches zu leisten, und eben: der Mut zum Risiko und die Fähigkeit, mit Ungewißheit zu leben!"[30] Vergleicht man diese Beschreibung mit den oben genannten Unternehmereigenschaften und -funktionen, so finden sich viele von ihnen in dieser Charakterisierung wieder.

Der Pionier ist der Unternehmer, der als erster in einen neuen Markt eintritt, diesen also überhaupt erst schafft. Dadurch erlangt er ein temporäres Monopol, das ihn zum Aufbau von Markteintrittsbarrieren befähigt, die nach BAIN[31] durch Produktdifferenzierungsvorteile, absolute Kostenvorteile und "economies of scale" begründet sein können.[32] Hier soll nicht auf die Diskussion der Markteintrittsbarrieren eingegangen werden, doch sind sie insofern relevant, als eine Studie von ROBINSON und FORNELL für die Konsumgüterindustrie ergeben hat, daß die Reihenfolge des Markteintritts einer der Haupteinflußfaktoren auf den Marktanteil ist.[33] Nach dieser Studie wirkt sich ein früher Markteintritt positiv auf den Marktanteil aus. Der Pionierunternehmer hat also die besten Ausgangsbedingungen für eine Position als Marktführer.

---

29 Vgl. HEUß (1965), S. 8 f.. Zu SCHUMPETERS Charakterisierung des Pionierunternehmers siehe oben.

30 WABER (1989), S. 80.

31 Vgl. BAIN (1956).

32 Dieses Argument des Aufbaus von Markteintrittsbarrieren wird auch von SCHEWE aufgegriffen. Er weist darauf hin, daß die Imitation einer Innovation davon abhängt, inwieweit es dem Innovationsmanagement gelingt, Markteintrittsbarrieren aufzubauen. Vgl. SCHEWE (1992), S. 983.
Eine Möglichkeit zum Aufbau von Markteintrittsbarrieren bietet sich auch durch die Anmeldung der Innovation zum Patent. OPPENLÄNDER zeigt, daß beispielsweise 95% der Unternehmen aus der Branche Elektrotechnik den "Schutz vor Nachahmung und damit Sicherung des Wettbewerbsvorsprungs" als Grund für die Patentanmeldung nennen. Vgl. OPPENLÄNDER (1985), S. 197.

33 Vgl. ROBINSON / FORNELL (1985), S. 316. Zu diesem Ergebnis kommt auch CONRAD (1983), S. 353 - 364. Hier wird der höhere Marktanteil durch den Preisvorteil des Pionierunternehmers aufgrund von unvollständiger Information über die Produktqualität begründet. Eine Studie des IFO-INSTITUTS hat außerdem ergeben, daß innovative Firmen ein stärkeres Umsatzwachstum zu verzeichnen haben. Vgl. HOFMANN U.A. (1996), S. 13 f..

Es herrscht jedoch Uneinigkeit darüber, ob die erfolgreichste Strategie immer die Innovationsstrategie eines Pionierunternehmers sein muß oder ob die Imitationsstrategie eine gleichwertige oder gar überlegene Alternative darstellt.[34] Mögliche Vor- und Nachteile dieser Strategien gehen aus Tabelle 3.1. hervor.

Tab. 3.1.: Mögliche Vor- und Nachteile von Innovations- und Imitationsstrategie

	Innovationsstrategie	Imitationsstrategie
Vorteile	- Sicherung von Imagevorteilen - Wahl der Distributionskanäle - Erfahrungskurveneffekte - Aufbau von Imitationsbarrieren (z.B. Patentpolitik) - Sicherung von Pioniergewinnen	- niedrigere FuE-Aufwendungen - Nutzen von transferierbarer Erfahrung - reduzierte Unsicherheit über Nachfragevolumen und -bedürfnisse - Vermeidung von "Kinderkrankeiten"
Nachteile	- spezifische Pionieraufwendungen (z.B. für Genehmigungsverfahren oder die Einhaltung bestimmter Vorschriften) - Unsicherheit über Nachfragevolumen und -bedürfnisse - Auftreten von "Kinderkrankheiten"	- Existenz von Markteintrittsbarrieren - Innovator hat sich als Technologie- und Marktführer etabliert - geringe Image-Gewinne - Übernahme etablierter Standards

Quelle: SCHEWE (1994), S. 1001.

Die Imitationsstrategie wird zwar als risiko- und kostenreduzierende Alternative zur Innovationsstrategie angesehen[35], doch besteht hierbei die Gefahr, daß sich der Pionierunternehmer bereits als Technologieführer am Markt etabliert hat.[36] Grundsätzlich kommt es für den Erfolg eines Unternehmens darauf an, sowohl guter Innovator als auch guter Imitator zu sein.[37]

---

34 ALBACH hat in einer Untersuchung belegt, daß die erfolgreichsten Unternehmen nicht unbedingt die innovativsten sind. Vgl. ALBACH (1984), S. 129. Auch SCHNAARS führt Beispiele erfolgreicher Folger an und kommt zu dem Ergebnis, daß es nicht **die** richtige Eintrittsstrategie gibt, sondern daß die richtige Strategie von den Voraussetzungen des Unternehmens abhängt. Vgl. SCHNAARS (1986), S. 27 - 36. WIEANDT kommt zu dem Ergebnis, daß Imitatoren finanzielle Vorteile gegenüber Pionieren haben. Vgl. WIEANDT (1994b), S. 1031 ff..

35 Vgl. hierzu auch LEVITT (1966), S. 63 - 70.

36 Vgl. zum Zusammenhang zwischen Markteintrittsreihenfolge und Marktanteil ROBINSON / FORNELL (1985). Vgl. zu dieser Aussage auch SCHEWE (1994), S. 1000.

37 Vgl. ALBACH (1986), S. 48 und auch LEVITT (1966), S. 64 f..

SCHEWE hat in diesem Zusammenhang die Frage analysiert, ob die Eigenschaften eines bestimmten Innovationstyps dazu führen, daß dieser häufiger imitiert wird. In seiner Untersuchung zeigt sich jedoch, daß lediglich vom Erfolg einer Innovation ein Anreiz zu ihrer Imitation ausgeht.[38]

Dieses Ergebnis bestätigt die Aussage SCHUMPETERS, der in hohen Pioniergewinnen eine Bedingung für das vermehrte Auftreten von dynamischen Unternehmern sieht.[39]

Für SCHUMPETER existieren lediglich zwei Typen von Unternehmern: der Pionier- und der Nichtpionierunternehmer - wie ihn HEUß vereinfachend nennt. Obwohl SCHUMPETER nicht ausdrücklich darauf hinweist, macht auch er Unterschiede bei den Nichtpionierunternehmern. Die Gewinne der erfolgreichen Unternehmer und der Wettbewerbsdruck, den sie ausüben, veranlassen andere Unternehmer, ihnen nachzufolgen. Diese Imitatoren entsprechen dem HEUß´schen spontan imitierenden Unternehmer. Sobald sich die neuen Kombinationen durch diese Unternehmer verbreitet haben, verschwinden die ursprünglichen Risiken, so daß scharenweise durchschnittlich begabte Unternehmer mit eigenen Imitationen auf den Markt kommen.[40] Diese durchschnittlich begabten Unternehmer sind bei HEUß die unter Druck reagierenden Unternehmer. Die Unternehmer, die bei SCHUMPETER von den erfolgreichen Unternehmern vom Markt verdrängt werden, sind die immobilen Unternehmer bei HEUß.

Die besondere Eigenschaft der SCHUMPETER´schen Unternehmer ist, daß sie sich nicht den Märkten anpassen, sondern daß sie Märkte schaffen und wieder zerstören (Prozeß der schöpferischen Zerstörung). Diese Aussage weist darauf hin, daß auch SCHUMPETER - wie HEUß - von der Existenz eines Lebenszyklus von Märkten ausgeht.

ZUBERBÜHLER hat eine von SCHUMPETER und HEUß unabhängige Unternehmertypologie entwickelt: Sie besteht aus "Visionär", "Analytiker" und "Macher".[41] Der **Visionär** ist kreativ und innovativ. Sein Problem besteht darin, aus einer Vielzahl von Ideen die richtigen auszuwählen und umzusetzen. Durch seine rational-wirtschaftliche Denkweise ist der **Analytiker** Risikominimierer. Seine Rationalität behindert ihn dabei, neue Chancen zu erkennen und positiv zu beurteilen. Der **Macher** ist zutiefst ein Praktiker und voller Tatendrang, doch problematischerweise auch sehr emotional und ohne strategische Konzeption. ZUBERBÜHLER geht davon aus,

---

38 Vgl. SCHEWE (1992).

39 Vgl. ALBACH (1979), S. 543.

40 Vgl. RECKTENWALD / SCHERER / STOLPER (1988), S. 83 f..

41 Vgl. im folgenden ZUBERBÜHLER (1987), S. 97 - 100.

daß der geeignete Unternehmertyp von der Situation und dem Lebenszyklus eines Unternehmens abhängt.[42]

In einem späteren Aufsatz entwickelt ZUBERBÜHLER diese Idee von einem Lebenszyklus einer Unternehmung und den entsprechenden Unternehmertypen weiter. Die Unternehmung durchläuft danach einen Lebenszyklus mit den Phasen Aufbau, Wachstum, Differenzierung, Konsolidierung und Liquidation.[43] Die entsprechenden Unternehmertypen sind in Abbildung 3.1. dargestellt.

Abb. 3.1.: Die spezifischen Unternehmertypen im Unternehmenslebenszyklus

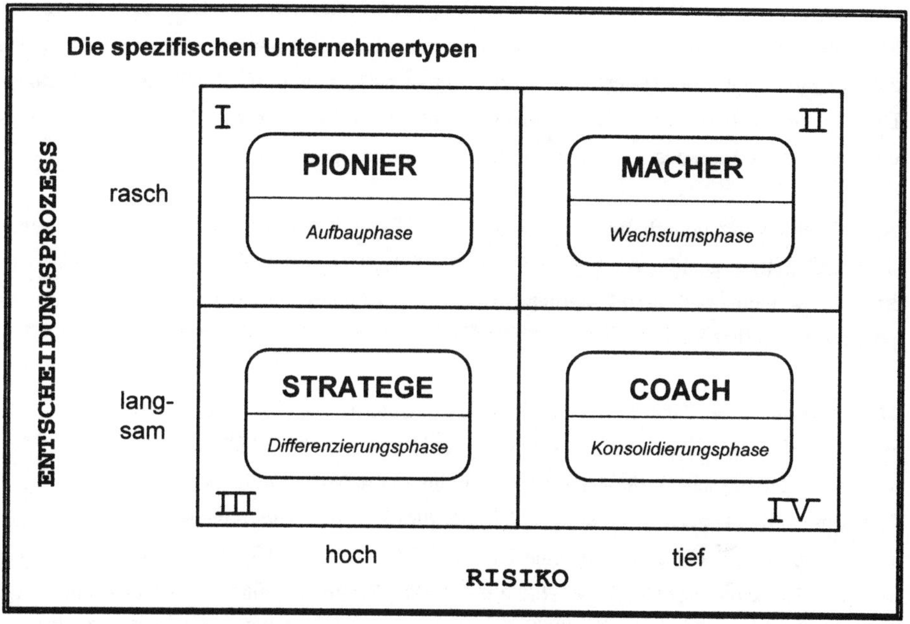

Quelle: ZUBERBÜHLER (1989), S. 32.

In dieser Abbildung fehlt der **Sanierer**, der die Unternehmung in der Liquidationsphase revitalisiert, womit ein neuer Lebenszyklus auf einer höheren Ebene beginnt. Doch der Sanierer ist nicht immer zur Stelle, so daß das Unternehmen dann tatsächlich liquidiert wird.

Ausgangspunkt der Vorstellung eines Unternehmenslebenszyklus mit korrespondierenden Unternehmertypen bildet die Annahme, "daß in jeder Lebensphase ein ganz bestimmter Unter-

---

42 Vgl. ZUBERBÜHLER (1987), S. 98.

43 Vgl. ZUBERBÜHLER (1989), S. 31.

nehmer besonders erfolgreich ist."[44] Diese Überlegung steckt auch hinter der Unternehmertypologie von HEUß, wobei dieser allerdings nicht von einem Unternehmens- sondern von einem Branchenlebenszyklus ausgeht. Betrachtet man den Branchenlebenszyklus näher, so kommt man zu dem Schluß, daß er sich aus einer Vielzahl von Unternehmenslebenszyklen zusammensetzt. Folglich lohnt es sich, einen Blick auf die Eigenschaften zu werfen, die ZUBERBÜHLER seinen Unternehmertypen zuschreibt.

Der **Pionier** besitzt Charisma, Begeisterungsfähigkeit, Vision, Entschlußkraft, Risikofreudigkeit; er ist Innovator und Initiator. Der **Macher** ist Anpacker, Realisator und Analytiker; er strahlt Überzeugungskraft, Entschlußkraft, Zielstrebigkeit und Tatkraft aus. Im Gegensatz dazu ist der **Stratege** eher ein konzeptioneller Denker und Systematiker; seine Stärken liegen in der Fähigkeit zur Delegation und in der Zukunftsorientierung; er ist risikofreudig, hat Phantasie und Weitblick. Der **Coach** ist Teamplayer, Kommunikator, Integrator, Motivator und Koordinator; er ist emotional; seine Stärke ist es, den Menschen in den Mittelpunkt zu stellen.

Alle Unternehmereigenschaften sind positiv formuliert. ZUBERBÜHLER sieht keinen Nachteil darin, daß in den späten Phasen Stratege und Coach das Unternehmen leiten. Ganz im Gegenteil ist er der Meinung, daß diese Unternehmertypen in der Differenzierungs- und Konsolidierungsphase unentbehrlich sind.

Hier ist ein deutlicher Unterschied zur HEUß'schen Unternehmertypologie zu sehen. Nach HEUß bleiben die konservativen Unternehmer übrig, nachdem sich die initiativen Unternehmer immer weiter aus der Branche zurückgezogen haben, um auf neuen Märkten ihre Chancen zu suchen. Der konservative Unternehmer ist also nicht der für die späten Marktphasen notwendige Unternehmertyp, sondern er ist durch seine Unbeweglichkeit nicht fähig, den Markt rechtzeitig zu verlassen. Gemeinsam ist HEUß und ZUBERBÜHLER die Einstellung zum Pionierunternehmer, den auch ZUBERBÜHLER als den seltensten, aber wohl wichtigsten Unternehmertyp ansieht.[45]

Auch wenn die Unternehmertypologie von ZUBERBÜHLER mehr auf den betriebswirtschaftlichen Bereich ausgerichtet ist und nur Pionier und Macher in etwa mit der HEUß'schen Typologie korrespondieren, kann doch die Tatsache, daß ZUBERBÜHLER von einem Unternehmenslebenszyklus ausgeht und entsprechende Unternehmertypen formuliert, als Beleg für die Relevanz des HEUß'schen Konzeptes angesehen werden.

---

44 ZUBERBÜHLER (1989), S. 32.

45 Vgl. ZUBERBÜHLER (1989), S. 33.

Auch das Modell von ABERNATHY und UTTERBACK[46] bestätigt die Aussage des Marktphasenschemas zu den einzelnen Unternehmertypen. Die Autoren gehen davon aus, daß revolutionäre Produktinnovationen von kleinen Newcomern getätigt werden. Falls die Innovation erfolgreich ist, entwickeln sich diese Newcomer zu großen Unternehmen und die revolutionären Produktinnovationen zu Standardprodukten. Zunächst werden in diesen wachsenden Unternehmen Produktinnovationen von Produktdifferenzierungen abgelöst, dann werden hauptsächlich Prozeßinnovationen zur Kostenminimierung vorgenommen. Da diese Entwicklung zwangsläufig stattfindet, wird damit die Veränderung vom Pionierunternehmen zum konservativen Unternehmen bestätigt, dessen Handlungen nur darauf abzielen, seine Marktposition zu verteidigen.

Die Unternehmertypen werden von HEUß durch verschiedene Eigenschaften charakterisiert. Eigenschaften sind jedoch nicht direkt meßbar, so daß die Operationalisierung über Indikatoren erfolgen muß. Dies ist ein mühsamer Prozeß. Vor allem ist die Beschaffung der entsprechenden Informationen so aufwendig, daß unmöglich alle Eigenschaften der Unternehmer erfaßt werden können.

Das herausragendste Charakteristikum der einzelnen Unternehmertypen ist ihr Markteintritt:

Der Pionierunternehmer ist derjenige, der ein Produkt kreiert und für dieses Produkt Nachfrage und somit einen Markt schafft.[47] Der erste Anbieter auf einem Markt ist also der Pionier. Diejenigen, die ihm innerhalb einer bestimmten, kurzen Zeitspanne nachfolgen, sind spontan imitierende Unternehmer. Die unter Druck reagierenden Unternehmer treten erst in den Markt ein, wenn das Produkt bereits fest etabliert ist. Immobile Unternehmer halten an einem Produkt noch immer fest, wenn bereits überlegene Substitute existieren.

Der Unternehmertyp wird hier also über den Markteintrittszeitpunkt operationalisiert. Zu erheben ist das Datum, wann ein Produkt von den entsprechenden Unternehmern auf dem Markt eingeführt wurde. Da es jedoch zu aufwendig wäre, die Einführungszeitpunkte aller Elektrischen Haushaltsgeräte zu untersuchen, werden die Unternehmertypen nur für die in Kapitel 2.2.2. ausgewählten zehn Produkte bestimmt.

HEUß selbst betont, daß der alleinige Zweck der Unternehmertypologie darin liegt, die begrifflichen Instrumente für die Analyse der Marktprozesse zu liefern.[48] Es soll nicht der Versuch einer

---

46 Vgl. im folgenden UTTERBACK / ABERNATHY (1975), S. 639 - 656 und ABERNATHY / UTTERBACK (1978), S. 40 - 47.

47 Vgl. hierzu auch die Definition des Pionierunternehmers nach ROBINSON / FORNELL (1985), S. 305.

48 Vgl. HEUß (1965), S. 10 f..

scharfen Abgrenzung unternommen werden, da die Typologie - so wie sie ist - für den gedachten Zweck tauglich und brauchbar ist. Da HEUß keinen Wert auf eine scharfe Abgrenzung legt, können die Zeitspannen zur Bestimmung der einzelnen Unternehmertypen nach Plausibilitätsgesichtspunkten festgelegt werden.

3.2. Operationalisierung der Marktform

Unternehmertypus und Marktform bedingen sich nach HEUß gegenseitig, da durch das Eintreten bzw. Ausscheiden von Unternehmertypen eine bestimmte Marktform entsteht. In der Experimentierungsphase existiert das Monopol eines Pionierunternehmers, der mit seiner Innovation einen neuen Markt kreiert.[49] [50] Die Expansionsphase mit ihren hohen Nachfragezuwächsen lockt immer mehr spontan imitierende Unternehmer an, so daß sich die Marktstruktur zu einem weiten Oligopol bis hin zu einem Polypol entwickelt. In der Ausreifungsphase sinken die Nachfragezuwächse, so daß einige innovative Unternehmer den Markt wieder verlassen, um neue Märkte mit besseren Wachstumschancen zu suchen. Zurück bleiben die unter Druck reagierenden Unternehmer, die den rechtzeitigen Eintritt in den Wachstumsmarkt versäumt haben. Der Markt entwickelt sich zum Oligopol. Die Stagnationsphase mit ihrer gleichbleibenden bzw. sinkenden Nachfrage führt zur Verfestigung der Strukturen durch immobile Unternehmer, die nicht flexibel genug sind, um neue Wachstumsmärkte zu erschließen, und folglich auf ihrem angestammten Markt zurückbleiben. Es entsteht ein enges Oligopol.

Eine ähnliche Entwicklung der Konkurrenzsituation wird auch von anderen Autoren unterstellt - allerdings gehen diese von einem Lebenszyklus von Produkten und nicht von Märkten aus. Da diese Zyklen jedoch unter bestimmten Bedingungen übereinstimmen können, sind die Ergebnisse einiger Autoren in Tab. 3.2. zusammengefaßt.

Diese Autoren gehen von einem ähnlichen Verlauf aus wie HEUß, nur daß MEFFERT und SCHEUING die meisten Marktteilnehmer in der Reifephase erwarten und nicht wie HEUß in der Wachstumsphase. Doch auch HEUß unterstellt - wie die GFK - die höchste Konkurrenzintensität in der Reifephase, da hier das Marktwachstum nachläßt und Marktanteilssteigerungen nur noch

---

49 Nach STADLER kann diese monopolistische Marktstellung durch ein zeitlich befristetes Patent abgesichert werden. Nach Ablauf des Patentschutzes treten jedoch Imitatoren in den Markt ein, die die Innovationserträge des Pionierunternehmers erodieren. Vgl. STADLER (1992), S. 189.

50 In gewisser Weise wird diese Hypothese durch eine ökonometrische Untersuchung ZIMMERMANNS bestätigt. Allerdings untersucht er das Innovationsverhalten bereits etablierter Unternehmen. ZIMMERMANN kommt zu dem Ergebnis, daß die Innovationsaktivität mit der Marktkonzentration wächst, also im Monopol am größten ist. Vgl. ZIMMERMANN (1985), S. 74 ff..

auf Kosten der Konkurrenten möglich sind. Die Aussagen des Marktphasenschemas über die Entwicklung der Marktform werden also auch von anderen Autoren bestätigt.

Tab. 3.2.: Konkurrenzsituation in verschiedenen Lebenszyklusphasen

Autor	Einführung	Wachstum	Reife	Stagnation
MEFFERT	wenige Konkurrenten	mehrere Konkurrenten	viele Konkurrenten	wenigere Konkurrenten
GFK	geringe Konkurrenz-intensität	heftige Konkurrenz-intensität	sehr heftige Konkurrenz-intensität	nachlassende Konkurrenz-intensität
SCHEUING	Quasi-Monopol	Oligopol	Polypol	Oligopol

Quelle: SIMON (1976), S. 66. Zusammengefaßt aus MEFFERT (1974), S. 113; GESELLSCHAFT FÜR KONSUMFORSCHUNG (1973), S. 398; SCHEUING (1971), S. 205.

Bevor die Marktform für die Überprüfung dieser Hypothese operationalisiert werden kann, muß sie definiert werden:

Die Marktformenlehre[51] typisiert Märkte nach ihrer äußeren Gestalt und Form. Man spricht auch von einem "morphologischen" Marktschema.[52] Als wesentliche Elemente der Marktform gelten die Anzahl der Marktteilnehmer und ihre relative Größe zum Gesamtmarkt (Marktanteile).

In der Realität kann man aus diesen Elementen sehr viele Marktformen bilden, die sich nach der Anzahl der Marktteilnehmer, deren Zielsetzung und Verhaltensweisen unterscheiden.[53] Um die Analyse zu vereinfachen, werden häufig nur neun Marktformen betrachtet (vgl. Abb. 3.2.).

51 Es soll ausdrücklich darauf hingewiesen werden, daß in diesem Kapitel nur die Marktform beschrieben werden soll. Es liegt nicht in der Absicht des Verfassers, auf die Marktstruktur einzugehen, auch wenn in der Literatur hier nicht immer sauber getrennt wird. Als Beispiel sei hier HARDES angeführt, der als Kriterien der Marktstruktur die Zahl der Anbieter und die Marktanteile nennt, die üblicherweise die Marktform konstituieren. Vgl. HARDES (1992), S. 224.
Die Marktphase, die dieser Arbeit die Grundlage gibt, ist selbst Teil der Marktstruktur, worauf sowohl ZOHLNHÖFER als auch EICKHOF hinweisen, so daß eine Untersuchung der Marktstruktur in diesem Zusammenhang tautologische Ergebnisse liefern würde. Vgl. ZOHLNHÖFER (1991), S. 76 f. und EICKHOF (1992), S. 184.

52 Vgl. OTT (1984), S. 37 ff.. Vgl. auch SIMON (1982), S. 15.

53 Vgl. OBERENDER (1993a), S. 1400.

Abb. 3.2.: Morphologisches Marktformenschema

Anbieter / Nachfrager	viele	wenige	einer
viele	**Polypol**	**Oligopol**	**Monopol**
wenige	**Oligopson**	**Bilaterales Oligopol**	**Beschränktes Monopol**
einer	**Monopson**	**Beschränktes Monopson**	**Bilaterales Monopol**

Quelle: Eigene Darstellung nach üblicher Konvention.

Die Bezeichnungen der einzelnen Marktformen sind aus dem Griechischen abgeleitet. Die Vorsilbe poly bedeutet viel, oligoi bedeutet wenige, monos heißt allein, opsonein heißt kaufen bzw. nachfragen, und polein kann mit verkaufen übersetzt werden.

Die Anzahl der Marktteilnehmer wird auf jeder Marktseite nach den Grundformen "einer", "wenige" und "viele" klassifiziert. Da in der Regel eine symmetrische Größenverteilung vorausgesetzt wird, kann "einer" nur sehr groß, "wenige" relativ groß und "viele" relativ klein sein.[54]

Für die hier relevante Untersuchung des Marktes für Elektrische Haushaltsgeräte ist lediglich die erste Zeile des obigen Marktformenschemas von Bedeutung, da den Anbietern auf der Nachfragerseite auf jeden Fall viele Marktteilnehmer - nämlich alle privaten Haushalte - gegenüberstehen. Relevant sind also Polypol, Oligopol und Monopol.

Im *Polypol* gibt es eine sehr große Anzahl von Anbietern und Nachfragern des gleichen Gutes. Der Marktanteil des einzelnen Anbieters ist somit sehr klein. Da der Preis im Polypol ein Datum ist, kann der einzelne Anbieter nur bestimmen, welche Menge er zu dem vorgegebenen Preis anbieten will. Er ist **Preisnehmer** und **Mengenanpasser**. Markteintrittsbarrieren bestehen im Polypol nicht, der Markt steht jedem offen, wenn man die Annahmen des Modells der vollkommenen Konkurrenz zugrunde legt.

---

54 Vgl. LOO, VAN DE (1993), S. 55 f..

Ein *Oligopol* liegt vor, wenn nur wenige Anbieter einer Vielzahl von Nachfragern auf einem Markt gegenüberstehen. Typisch für diese Marktform ist die **gegenseitige Reaktionsverbundenheit.**[55] Ändert ein Oligopolist z.B. den Preis, beeinflußt er damit die Nachfrage seiner Konkurrenten. Diese werden daraufhin reagieren, so daß sie wiederum Einfluß auf seine Nachfrage ausüben. Der Oligopolist hat also nicht nur mit den Reaktionen der Nachfrager zu rechnen, sondern auch mit Gegenmaßnahmen seiner Konkurrenten. Der scharfe Preiswettbewerb kann dazu führen, daß die Anbieter ihr Verhalten ändern und durch **Preisabsprachen** einen verlustreichen Preiskampf verhindern wollen. Der Wettbewerb verlagert sich dann etwa auf Qualität, Werbung und Produktdifferenzierung. Der Marktzutritt neuer Anbieter ist durch Bindungen an Patente und Lizenzen, an Abnehmer und Lieferanten und durch einen hohen finanziellen Aufwand für Werbung und Qualitätswettbewerb erschwert.

Im *Monopol* tritt ein Anbieter vielen Nachfragern gegenüber. Der Monopolist kann Preis und Menge bestimmen, ohne Rücksicht auf die Reaktion der Konkurrenten nehmen zu müssen. Er wird Preis und Menge bei bekannter Preis-Absatz-Funktion so festsetzen, daß er seinen **Gewinn maximiert**. Der Marktzutritt ist im Monopol häufig durch staatliche Eingriffe blockiert.

Kritisch anzumerken ist bei dieser Ableitung von Modellannahmen über die Konkurrenzsituation und die Verhaltensweisen einzelner Marktteilnehmer, daß hier implizit zusätzliche Verhaltensannahmen getroffen werden, die sich aus den Marktformen selbst nicht ableiten lassen.[56] Hier ist also Vorsicht vor voreiligen Schlußfolgerungen geboten: Wie HEUß zeigt, ist eine bestimmte Marktform - wie z.B. das (Pionier-)Monopol in der Experimentierungsphase - noch kein Indiz für ein unzureichendes Funktionieren des Wettbewerbsmechanismus.[57]

Wie kann nun die Marktform operationalisiert werden?

Meßbar wird die Marktform, wenn man die Konzentration als Indikator zugrunde legt.

Zu unterscheiden sind grundsätzlich horizontale, vertikale und diagonale Unternehmenskonzentration[58], wobei die *diagonale Konzentration* auch als Diversifikation bezeichnet wird. Die

---

55 Diese gegenseitige Reaktionsverbundenheit ist zugleich eine mögliche Abgrenzung zum Polypol. Ist der Marktanteil jedes Anbieters so klein, daß Preis- und Mengenvariationen eines einzelnen Anbieters keine Auswirkungen auf die Absatzsituation der Konkurrenten haben, handelt es sich um ein Polypol. Ein Oligopol liegt vor, wenn solche Aktionen eines einzelnen Anbieters für die anderen spürbar wird und sie folglich darauf reagieren. Vgl. WIED-NEBBELING (1993), S. 9. Vgl. hierzu auch HARDES (1992), S. 224.

56 Vgl. LOO, VAN DE (1993), S. 56.

57 Vgl. zu diesem Problem auch GROß / MEIER (1964), S. 25.

58 Vgl. zu dieser Unterscheidung beispielhaft GROß / MEIER (1964), S. 13; ARNDT / OLLENBURG (1971), S. 25 oder auch HAUBROCK (1994), S. 64.

horizontale Konzentration betrachtet die Entwicklung auf der gleichen Produktionsstufe, während die *vertikale Konzentration* die Vereinigung vor- oder nachgelagerter Produktionsstufen einbezieht. Im Rahmen dieser Arbeit ist nur die horizontale Konzentration von Interesse, da die Produzenten von Elektrischen Haushaltsgeräten einer Produktionsstufe zuzurechnen sind.

Außerdem muß zwischen absoluter und relativer Konzentration differenziert werden. "*Absolute Konzentration* liegt dann vor, wenn der Gesamtbetrag eines Merkmals auf eine geringe Anzahl von Merkmalsträgern entfällt. *Relative Konzentration* ist gegeben, wenn der Gesamtmerkmalsbetrag ungleichmäßig auf die vorhandenen Merkmalsträger aufgeteilt ist, ohne daß dabei deren Anzahl von vornherein von Bedeutung wäre."[59] Hier soll die absolute Konzentration gemessen werden, da die relativen Maße weder die Größe noch die Zahl der Bezugseinheiten berücksichtigen (beispielsweise Lorenzkurve, Variationskoeffizient und Gini-Koeffizient[60]).

Das gebräuchlichste Maß für die absolute Konzentration ist die Konzentrationsrate CR_i (concentration ratio). Der Index i gibt an, wieviele Unternehmen betrachtet werden. Die Konzentrationsrate erfaßt die summierten Anteile der 3, 6, 10 usw. größten Anbieter, gemessen an einem Gesamtmerkmalswert (z.B. Produktionsvolumen) der jeweiligen Güterklasse.[61] Sie stellt ein diskretes Konzentrationsmaß dar, das punktuelle Informationen über das Unternehmensgrößenspektrum liefert.

Im Gegensatz zu den diskreten gibt es auch summarische Konzentrationsmaße, zu denen unter anderem der Hirschman-Herfindahl-Index gehört. Bei dessen Berechnung wird prinzipiell versucht, sämtliche konzentrationsrelevanten Merkmalswerte heranzuziehen.

Trotz der Unvollkommenheiten der diskreten Konzentrationsmaße hat sich die Monopolkommission entschieden, diese zu verwenden. Maßgeblich für diesen Entschluß waren vor allem folgende Überlegungen:[62]

- Im Gegensatz zu summarischen Konzentrationsmaßen, in denen sämtliche Strukturmerkmale vermischt werden, erlaubt die Konzentrationsrate die gesonderte Analyse bestimmter konzentrationsrelevanter Tatbestände.

---

59 KELLERER / SCHAICH (1971), S. 42.

60 Genauer nachzulesen sind diese verschiedenen Maße bei KELLERER / SCHAICH (1971), S. 51 ff..

61 Vgl. beispielhaft POHMER / BEA (1975), Sp. 2222.

62 Vgl. hierzu MONOPOLKOMMISSION: Hauptgutachten 1973/1975, S. 69 f..

- Konzentrationsraten werden international am häufigsten zur Messung der Konzentration herangezogen, so daß sie Vergleiche auf internationalem Niveau ermöglichen.

- Zudem erfordern Konzentrationsraten wenig statistisches Datenmaterial, weisen jedoch einen vergleichsweise hohen Informationsgehalt auf und sind leicht zu handhaben.

Vor allem der letzte Punkt ist in dieser Arbeit entscheidend. Somit wird die Marktform über die "concentration ratio" meßbar gemacht. Die zur Verfügung stehenden Daten legen folgende Operationalisierung nahe:[63]

* Monopol:	$CR_1 > 90\%$,	
* enges Oligopol:	$CR_{10} > 60\%$ und	$CR_{25} \geq 85\%$,
* weites Oligopol:	$CR_{10} > 40\%$ und	$CR_{25} < 85\%$,
* Polypol:	$CR_{10} < 40\%$.	

An dieser Operationalisierung ist zu kritisieren, daß Im- und Exporte nicht berücksichtigt werden. Ist der Außenbeitrag für die betrachteten Produkte negativ, sind die Importe also größer als die Exporte, so ist die berechnete Konzentrationsrate höher als die tatsächliche Konzentration. Übersteigen umgekehrt die Exporte die Importe, so wird die tatsächliche Konzentration unterschätzt.

Einen Ausweg aus diesem Dilemma bietet DIXON, der eine um den Außenhandel bereinigte Konzentrationsrate entwickelt. Diese Konzentrationsrate nennt sich "trade-adjusted concentration ratio" und wird folgendermaßen berechnet:[64]

$$TACR_i = CR_i \quad (1 - m)$$

mit

$$m = \frac{M}{T - X + M}$$

M = Importe,
X = Exporte,
T = Umsatz,
CR_i = Concentration Ratio der i größten Unternehmen.

---

63 Angelehnt an KAYSEN (1960), S. 698.

64 Vgl. DIXON (1988), S. 3.

Diese um den Außenhandel bereinigte Konzentrationsrate gilt nur unter folgenden Bedingungen:[65]

(a) Der Anteil der i größten Unternehmen am Export ist der gleiche wie am Umsatz der Branche.
(b) Importe werden nicht re-exportiert.
(c) Die Importe sind Fertigerzeugnisse, die keinem weiteren Produktionsprozeß unterzogen werden.
(d) Die Importe sind wettbewerbsfähig in dem Sinne, daß sie nicht von heimischen Anbietern importiert werden, die sie dann wieder zurückverkaufen.
(e) Importe und heimische Produkte sind perfekte Substitute.

Diese Bedingungen sind auf dem Markt für Elektrische Haushaltsgeräte nicht erfüllt, so daß die "trade-adjusted concentration ratio" nicht berechnet werden kann. Es ist jedoch davon auszugehen, daß die Verzerrung durch Ex- und Importe nicht so groß ist, daß sich die Marktform dadurch ändert. Deshalb wird weiterhin die Konzentrationsrate als Indikator für die Marktform herangezogen.

Die Ursachen der Konzentration sind sehr vielfältig. Konzentrationsveränderungen können auf Marktzutritt, Marktaustritt, Fusion und internes Wachstum zurückgeführt werden, wobei diese "Ursachen 2. Stufe" ihrerseits wiederum nur Folgen originärer Konzentrationsursachen sind, die in Abbildung 3.3. zusammengefaßt sind.

Die STAATLICHEN RAHMENBEDINGUNGEN wirken in Form von Steuern und Subventionen auf die Konzentration. "*Steuern* sind insbesondere dann konzentrationswirksam, wenn sie den Zusammenschluß von Unternehmen prämieren oder finanziell sanktionieren und wenn sie Unternehmen verschiedener Größe unterschiedlich belasten und dadurch das größenspezifische interne Unternehmenswachstum beeinflussen."[66] *Subventionen* sind konzentrationswirksam, wenn Unternehmenszusammenschlüsse staatlich prämiert werden, wenn die Sanierung größerer Unternehmen durch Subventionen zur Regel und damit zur Entscheidungsgrundlage für diese Unternehmen wird und wenn die Mittel ungleichmäßig auf Unternehmen verschiedener Größe verteilt werden.[67] Eine empirische Untersuchung der Monopolkommission hat jedoch ergeben, daß insgesamt eine Förderpolitik betrieben wird, die nicht eindeutig eine Größenklasse von Unternehmen bevorzugt.

---

65 Vgl. DIXON (1988), S. 3.

66 MONOPOLKOMMISSION: Hauptgutachten 1980/1981, S. 205.

67 Vgl. MONOPOLKOMMISSION: Hauptgutachten 1980/1982, S. 211 f..

Abb. 3.3.: Ursachen der Konzentration

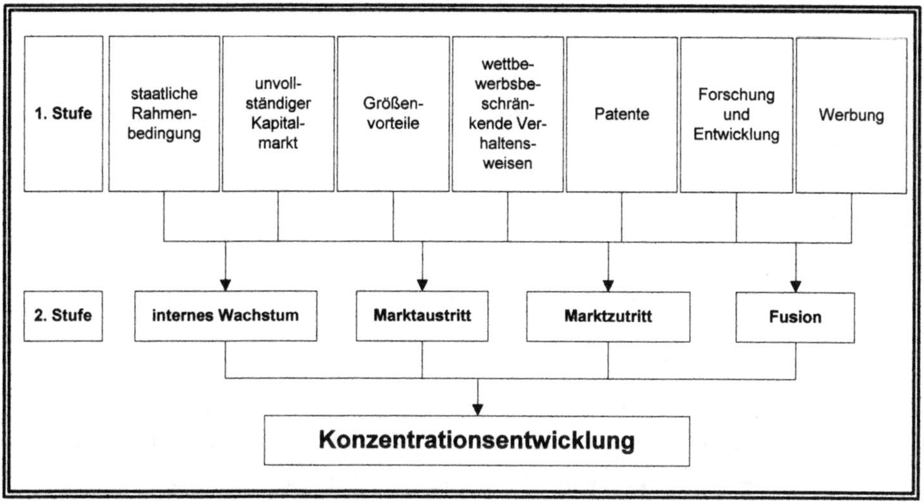

Quelle: MONOPOLKOMMISSION: Hauptgutachten 1980/1981, S. 196.

Die UNVOLLSTÄNDIGKEIT DER KAPITALMÄRKTE beinhaltet den Umstand, daß aufgrund von Informationsdefiziten der Kapitalgeber kleine und neue Unternehmen durch Fremdfinanzierungs-schwierigkeiten in ihrem internen Wachstum behindert, Marktaustritte verstärkt, der Marktzutritt beschränkt und Fusionen von kleinen mit größeren Unternehmen gefördert werden.[68]

GRÖßENVORTEILE (economies of scale) haben auf jeden Fall zur Folge, daß in einer Branche ein Trend zu wenigen großen Einheiten entsteht, der auch durch Newcomer nicht gebremst werden kann, da "economies of scale" eine effektive Markteintrittsbarriere darstellen.

Die Wirkung WETTBEWERBSBESCHRÄNKENDER VERHALTENSWEISEN auf die Konzentrations-entwicklung ist umstritten, da einerseits zulässige Kartelle Vorläufer von Zusammenschlüssen sein können, andererseits jedoch die Neigung zu Zusammenschlüssen durch sie auch abge-schwächt werden kann.

Durch das PATENTSYSTEM wird einer Unternehmung das Recht auf die exklusive Nutzung eines bestimmten Know-hows eingeräumt, wodurch anderen Unternehmungen dieses Recht genom-men wird. Einerseits wird also der Marktzutritt reduziert, wenn ein etablierter Anbieter dieses Recht besitzt; andererseits haben neue und kleine Unternehmen durch Patente evtl. die Möglich-

68 Vgl. hierzu auch die differenzierte Analyse von MEINHOLD (1971), S. 68.

keit, überdurchschnittlich zu wachsen. Die Konzentrationswirkung von Patenten ist also ebenfalls nicht eindeutig.

Im Gegensatz dazu wirken FORSCHUNG UND ENTWICKLUNG und WERBUNG durch hier anzutreffende Größenvorteile und Finanzierungsprobleme kleiner Unternehmungen konzentrationsfördernd.

All diese Konzentrationsursachen schlagen sich in Fusionen, internem Wachstum, Marktzugängen und Marktabgängen nieder. Bei MÜLLER und HOCHREITER findet sich eine formale Aufsplitterung dieser Effekte, die sich gegenseitig aufheben, so daß nur noch die Konzentrationsveränderung übrig bleibt.[69]

Der FUSIONSEFFEKT gibt an, welchen Marktanteil die am Ende der Untersuchungsperiode drei größten Anbieter durch Fusion übernommen haben. Üblicherweise wird dieser Effekt positive Werte annehmen, es sei denn, es hätte eine freiwillige Entflechtung stattgefunden.

Das INTERNE WACHSTUM wird als Differenz zwischen der von Zu- und Abgangseffekten bereinigten Konzentrationsveränderung und dem Fusionseffekt berechnet. Ist dieser Wert positiv, sind die führenden drei Unternehmen schneller gewachsen als die übrigen und umgekehrt.

Der MARKTZUGANGSEFFEKT tritt auf, wenn ein Newcomer seinen Anteil auf Kosten der Marktanteile der etablierten Anbieter - hier speziell der führenden drei Anbieter - ausweitet. Umgekehrt ist der MARKTABGANGSEFFEKT der Marktanteilsgewinn der drei größten Anbieter durch die Liquidation eines Konkurrenten.

Bei der Komponentenzerlegung der Konzentrationsveränderung entsteht noch ein zusätzlicher Effekt - der VERDRÄNGUNGSEFFEKT. Als Korrekturfaktor soll er die Unterschätzung des Fusions- und internen Wachstumseffektes verhindern. Der Verdrängungseffekt tritt auf, wenn sich die Zusammensetzung der führenden drei Unternehmen verändert.

Die Wirkung dieser Effekte ist in Tabelle 3.3. beispielhaft für Kühl- und Gefrierschränke dargestellt.

69 Vgl. MÜLLER / HOCHREITER (1975), S. 233. Kritisch muß hier angemerkt werden, daß das Vorzeichen des Verdrängungseffektes falsch ist.

Tab. 3.3.: Komponenten der Konzentrationsveränderung für Kühl- und Gefrierschränke

Branche	Periode	Anfangskonzentration	Veränderung der Konzentration						Endkonzentration
			insgesamt	Komponenten					
				Fusion	internes Wachstum	Verdrängung	Abgang	Zugang	
Kühl- und Gefrierschränke	1958 - 1965	53,4	10,2	0	12,3	0	0	-2,1	63,6
	1965 - 1970	63,6	6,1	16,2	-12,2	0	2,1	0	69,7
	1970 - 1975	69,7	12,9	4,4	5,8	0	2,7	0	82,6
	1975 - 1980	82,6	1,1	0	1,1	0	0	0	83,7
	1958 - 1980	53,4	30,3	20,6	7,0	0	4,8	-2,1	83,7

Quelle: MONOPOLKOMMISSION: Hauptgutachten 1980/1981, S. 201.

Die Annahmen, die zur Berechnung der einzelnen Komponenten der Konzentrationsveränderung getroffen werden müssen, führen zu Verzerrungen, sind jedoch trotzdem notwendig. Daneben treten bei dieser Berechnung alle Ungenauigkeiten auf, die generell mit der Konzentrationsstatistik verbunden sind.

Es sind dies die Probleme[70]

- der sachlichen Marktabgrenzung,
- der Kapitalverflechtung,
- der Marktnähe,
- der internen Umsätze,
- der Diversifizierung,
- der Außenhandelsverflechtung,
- der Erfassungsgrenzen,
- der Wirtschaftsräume,
- des Konzentrationsprozesses und
- der Strukturbrüche.

---

70 Auf diese Problematik soll hier nicht näher eingegangen werden. Nachzulesen ist sie im Hauptgutachten 1992/1993 der MONOPOLKOMMISSION, S. 65 ff.. Auch LOO übt vielfältige Kritik an dem Datenmaterial der Monopolkommission. Vgl. LOO (1993), S. 186 ff.. Allerdings kann hier nicht seinem niederschmetternden Ergebnis zugestimmt werden, daß das "Ausmaß der Unternehmenskonzentration auf den Märkten derzeit nicht näher bestimmt werden" kann (S. 191).

Folglich sind diese Daten mit Vorsicht zu behandeln. Die Tendenzaussagen, die aus Tabelle 3.3. gewonnen werden können, sind allerdings auf dem Markt für Kühl- und Gefrierschränke tatsächlich zu beobachten:

Fusionen üben eindeutig den stärksten Einfluß auf eine Zunahme der Konzentration aus. Verdrängung scheint nicht stattgefunden zu haben. Das interne Wachstum und der Marktabgangseffekt haben einen mittleren Einfluß auf die Konzentrationszunahme, während der Marktzugangseffekt eine leichte Abnahme der Konzentration bewirkt.

Die Vielfältigkeit der Konzentrationsursachen deutet bereits darauf hin, daß die Interpretation von Konzentrationstendenzen schwierig ist. Als ähnlich problematisch erweist sich die Erlangung entsprechender Daten zur Messung der Konzentration:

Zur Operationalisierung benötigt man die Marktanteile der einzelnen Unternehmen.[71] Da das Gesamtvolumen des Marktes bekannt ist, müßten die Verkaufszahlen der einzelnen Unternehmen ermittelt werden, um die Marktanteile berechnen zu können. Das Problem ist, daß diese Verkaufszahlen nicht bekannt sind. Falls sie nicht von den Unternehmen zur Verfügung gestellt werden, ist die Operationalisierung so nicht durchzuführen. Da mehrere Unternehmen betrachtet werden sollen, ist die Wahrscheinlichkeit, daß man von allen die benötigten Informationen erhält, sehr gering.

Abhilfe können hier die Hauptgutachten der Monopolkommission schaffen: Ab 1977 können die Konzentrationsraten für vierstellige Wirtschaftszweige nach dem SYPRO-Klassifikationsschema den Hauptgutachten entnommen werden.

1976 wurde das erste Hauptgutachten der Monopolkommission für die Jahre 1973/1975 veröffentlicht. In diesem Gutachten wird unter anderem der Konzentrationsstand von 1968 und 1973 verglichen. Das Problem der ersten beiden Hauptgutachten liegt jedoch darin, daß hier zur Konzentrationsbeobachtung noch die alte WZ-Klassifikationsnummer benutzt wird. Für zweistellige Wirtschaftszweige treten dabei keine Schwierigkeiten auf, da die Umrechnungsfaktoren für SYPRO-Zweisteller im dritten Hauptgutachten angegeben sind. Somit können zweistellige mit den alten dreistelligen Wirtschaftszweigen vergleichbar gemacht werden.

---

71 WIED-NEBBELING weist darauf hin, daß die Bezeichnung groß, mittel und klein im Marktformenschema sich auf die jeweiligen Marktanteile bezieht und nicht auf einen Vergleich mit Anbietern und Nachfragern auf anderen Märkten abstellt. Vgl. WIED-NEBBELING (1993), S. 6.
In diesem Zusammenhang soll auch auf die Kritik von BERG an der Aussagefähigkeit des Marktanteils hingewiesen werden. Vgl BERG (1986), S. 190. Da in dieser Arbeit jedoch nie der Marktanteil eines einzelnen Unternehmens betrachtet wird - es sei denn es würde sich um ein Monopolunternehmen handeln -, wird dieser Kritik entgegengewirkt.

Das Problem bilden die vierstelligen Wirtschaftszweige: Nach der alten WZ-Klassifikation gibt es eine fünfstellige Kennziffer "25050 Herstellung von Elektrowärmegeräten, anderen Wirtschaftsgeräten und Leuchten", während nach der SYPRO-Klassifikation eine Kennziffer "3640 Herstellung von elektrischen Leuchten und Lampen" und eine Kennziffer "3650 Herstellung von Elektrohaushaltsgeräten" existieren, die beide in der alten WZ-Kennziffer enthalten sind. Hierfür gibt es keine Umrechnungsfaktoren, so daß die Vergleichbarkeit stark eingeschränkt ist.

Vor 1973 ist die Lage noch entmutigender, da es vor den Hauptgutachten der Monopolkommission keine fortlaufende, umfassende Statistik der Unternehmenskonzentration gegeben hat. "Die einzige ausführliche Darstellung der Unternehmenskonzentration erfolgte einmalig für die Jahre 1954 und 1960 durch das Bundesamt für gewerbliche Wirtschaft."[72] Für mehrere Jahre zwischen 1962 und 1972 liegen Sonderaufbereitungen des Statistischen Bundesamtes vor, in denen die Umsatzanteile der jeweils drei und sechs größten Unternehmen in ausgewählten Industriezweigen dargestellt werden. Weitergehende Veröffentlichungen, aus denen direkt auf die Unternehmenskonzentration geschlossen werden könnte, existieren nicht.

Mittelbare Aussagen zur Unternehmenskonzentration sind den industriestatistischen Veröffentlichungen des Statistischen Bundesamtes zu entnehmen. Wegen zu weiter oberer Größenklassen lassen sich jedoch aus diesen Angaben keine präzisen Aussagen zur Entwicklung der Unternehmenskonzentration ableiten. Für die Elektroindustrie gibt es jedoch Untersuchungen, die Aussagen über die Konzentrationsentwicklung erlauben.

Abschließend bleibt festzuhalten, daß sich ab 1977 die Daten für die Konzentrationsentwicklung bei Elektrischen Haushaltsgeräten den Hauptgutachten der Monopolkommission entnehmen lassen. Für die Zeit vor 1977 liegen keine entsprechenden Daten vor. Diese Sachlage ist deshalb problematisch, da der Markt für Elektrohaushaltsgeräte ab 1950 untersucht werden soll. Einige spezielle Untersuchungen zur Konzentrationsentwicklung in der Elektroindustrie können für die Zeit vor 1977 herangezogen werden. Eine genauere Darstellung der einzelnen Quellen erfolgt in Kapitel 4.2.1..

---

72 MONOPOLKOMMISSION: Hauptgutachten 1973/1975, S. 63.

3.3. Operationalisierung von Kosten

Betriebswirtschaftlich werden Kosten definiert als "der durch die betriebliche Leistungserstellung (und -verwertung) verursachte, mit den Faktorpreisen bewertete Verzehr bzw. Verbrauch an Produktionsfaktoren."[73]

Grundsätzlich unterscheidet man
- leistungsunabhängige (fixe) Kosten und
- leistungsabhängige (variable) Kosten.

Die HEUß ´sche These lautet, daß die Kosten in der Einführungsphase zunächst sehr hoch sind, in der Expansionsphase große Kostensenkungen erfolgen, in der Ausreifungsphase Kostensenkungen eher die Ausnahme darstellen und in der Stagnations- bzw. Rückbildungsphase Kostenauftriebstendenzen wirksam werden.

Diese These begründet HEUß mit Argumenten, die sich auf das Erfahrungskurvenkonzept zurückführen lassen. Mit diesem Konzept wird die Vorstellung verbunden, daß bei jeder Verdoppelung der kumulierten Ausbringungsmenge die (realen) Stückkosten eines Erzeugnisses um einen bestimmten Prozentsatz sinken (können).[74] Durch eine genügend große Zahl von Beobachtungen kann dieser Effekt zuverlässig berechnet werden.[75]

Formal läßt sich der Verlauf der Erfahrungskurve folgendermaßen darstellen:[76]

$$k_{v,t} = k_v \cdot X_t^{-l}$$

mit k_v = variable Stückkosten der ersten produzierten Einheit,
X_t = kumulierte Ausbringungsmenge,
l = Lernrate.

Die Lernrate entspricht der Kostenelastizität, die näherungsweise angibt, um wieviel Prozent sich die Stückkosten verändern, wenn die produzierte Menge um ein Prozent steigt.[77] Man kennzeichnet die Erfahrungskurve jedoch nicht durch die Kostenelastizität, sondern durch den Wert,

---

73 ZIMMERMANN (1995), S. 125.

74 Vgl. SIMON (1982), S. 196.

75 Vgl. SCHOENFELD / MÖLLER (1995), S. 187.

76 Vgl. hierzu WEISER (1992), S. 602 f..

77 Vgl. KORTMANN (1995b), S. 291.

den der Term 2^{-1} annimmt. Ergibt sich der Wert 0,8, so spricht man von einer 80%-Erfahrungskurve mit einem entsprechenden Kostensenkungspotential von 20% (vgl. hierzu auch Abb. 3.4.).[78]

Abb. 3.4.: Beispielhafte Erfahrungskurven in doppelt logarithmischer Darstellung

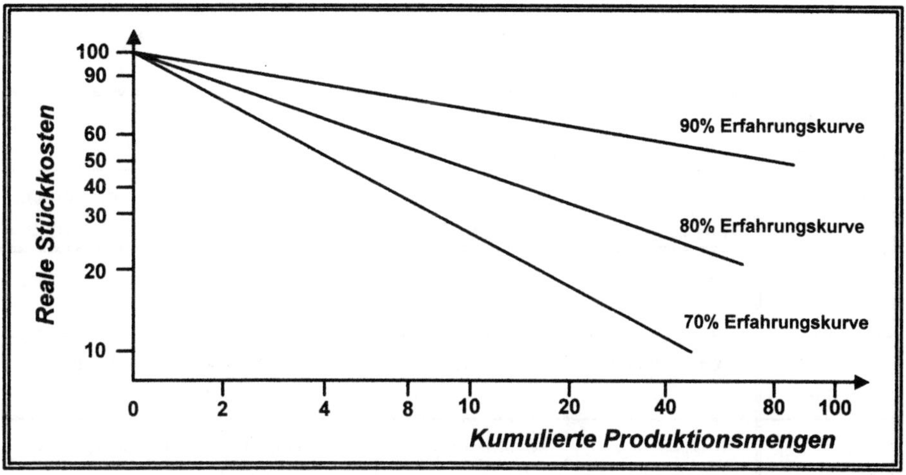

Quelle: LANGE (1984), S. 231.

Der Erfahrungseffekt wird in zwei spezielle Effekte unterteilt:[79]

- die im Zeitablauf auftretenden sog. dynamischen Skaleneffekte und
- die Kostensenkung durch den Größeneffekt.[80]

Der DYNAMISCHE SKALENEFFEKT ist gekennzeichnet durch einen *Lerneffekt* (Übung durch wiederholte Arbeitsverrichtung), durch *Effizienzsteigerungen durch im Zeitverlauf eintretende qualitative Änderungen in der Produktionstechnik* und durch *Rationalisierung bzw. Automatisierung.*

Die Kostensenkungen durch den Größeneffekt, auch als STATISCHER SKALENEFFEKT bezeichnet, ergeben sich durch die *Fixkostendegression* bei höherer Produktion, durch *economies of scale*

---

78 Vgl. LANGE (1984), S. 230.

79 Vgl. zu folgenden Ausführungen BAUER (1986), S. 3ff.. Vgl. hierzu auch LANGE (1984), S. 230 ff..

80 Häufig wird nur der dynamische Skaleneffekt als Erfahrungskurve bezeichnet. Vgl. z.B. DOCKNER (1990), S. 9.

und durch den *Übergang zu kostengünstigeren Produktionstechnologien* aufgrund höherer Ausstoßmenge.

In Tabelle 3.4. sind die Wirkungen der Effekte und ihr Zusammenspiel dargestellt. Die Summe beider Effekte hat Auswirkungen auf die Produktivität einer Unternehmung.[81]

Tab.3.4.: Haupteffekte der Erfahrungskurve bei verschiedenen Wachstumssituationen

Wenn die jährl. Ausbringungsmenge	wirkt ...			
	... der dynamische Lerneffekt	... der statische Größeneffekt	... das Zusammenspiel beider Effekte	... die Summe beider Effekte
... wächst:	kostensenkend	kostensenkend	gegenseitig verstärkend	stark kostensenkend
... konstant bleibt:	kostensenkend	nicht	nicht	schwach kostensenkend
... sinkt:	kostensenkend	kostensteigernd	gegenseitig abschwächend	schwach kostensenkend bis -steigernd

Quelle: BAUER (1986), S. 5.

Häufig ist lediglich vom Lerneffekt oder von der Lernkurve die Rede, wenn eigentlich die Erfahrungskurve gemeint ist. SCHMID weist darauf hin, daß das Lernkurvenkonzept jedoch nur ein Teilbereich des Erfahrungskurvenkonzeptes ist, da sich die Lernkurve nur auf die Fertigungskosten beschränkt, während die Erfahrungskurve auch die Kosten der Funktionalbereiche Absatz, Beschaffung und Forschung und Entwicklung sowie Fixkostendegressionseffekte und Rationalisierungseffekte einbezieht.[82]

HEUß umschreibt den statischen und dynamischen Skaleneffekt zwar mit anderen Worten, doch laufen seine Argumente auf das Erfahrungskurvenkonzept hinaus:

---

81 Vgl. BAETGE (1975), Sp. 2497.

82 Vgl. SCHMID (1995), S. 917.

Zunächst steigen nach HEUß die technischen Möglichkeiten, das Herstellungsverfahren zu optimieren, in der Expansionsphase stark an.[83] Mit jeder Erfahrung, die man im Laufe der Zeit sammelt, entwickelt sich das technische Wissen weiter. Diese *qualitative Änderung in der Produktionstechnik* wird im Rahmen des DYNAMISCHEN SKALENEFFEKTES berücksichtigt.

Zudem existiert in der Expansionsphase noch keine traditionell begründete Produktionsmethode als entwicklungshemmender Faktor. Die Produzenten sind neuen Methoden gegenüber aufgeschlossen.

Ferner hat das Marktwachstum in den frühen Phasen eine begünstigende Wirkung auf die Ausnutzung von Massenproduktionsvorteilen. *Economies of scale* werden im Rahmen des STATISCHEN SKALENEFFEKTES berücksichtigt. HEUß ist jedoch der Meinung, daß dieser Aspekt häufig überschätzt wird und stattdessen der Erfahrungsprozeß viel stärker zu gewichten ist.[84]

Auf diesen *Lerneffekt* bezieht sich HEUß insofern, als er eine Erhöhung der Leistungsfähigkeit der eingesetzten Produktionsfaktoren in den frühen Marktphasen voraussetzt. Der Lerneffekt wird bei den DYNAMISCHEN SKALENEFFEKTEN berücksichtigt.

Dadurch, daß die Verdoppelungszeiten der kumulierten Ausbringungsmenge immer länger werden, werden die Kostenvorteile pro Jahr immer kleiner.[85] Der Erfahrungskurveneffekt insgesamt läßt in den späteren Marktphasen nach. Kostensenkungseffekte gehen von ihm - wenn überhaupt - nur noch sehr schwach aus (vgl. hierzu auch Tab. 3.4. und die Aussagen von HEUß).[86]

Auch SIMON kommt zu der Schlußfolgerung, daß die Erfahrungskurve nur bei stark wachsendem Absatz von Produkten und damit - übertragen auf den Lebenszyklus - in der Einführungs- und Expansionsphase strategische Relevanz besitzt.[87] Für ein Unternehmen bedeutet diese Erkenntnis, daß sich die relative Stückkostenposition in den ersten Lebenszyklusphasen entscheidet. Unternehmen, die bereits hier zurückfallen, werden große Schwierigkeiten haben, den Erfahrungsvorsprung der Konkurrenz aufzuholen.

---

83 Vgl. zu folgenden Ausführungen HEUß (1965), S. 43ff..

84 Vgl. HEUß (1965), S. 44.

85 Vgl. BAUER (1986), S. 5.

86 Auch FISCHER und SCHMITZ weisen darauf hin, daß Kosten und Qualität nur in den frühen Phasen des Lebenszyklus noch in starkem Maße beeinflußt werden können, in späten Phasen damit unverhältnismäßig hohe Aufwendungen verbunden sind. Vgl. FISCHER / SCHMITZ (1994), S. 63.

87 Vgl. SIMON (1982), S. 202 f..

Anderer Auffassung ist hier VIDAL.[88] Seiner Meinung nach stellt die Erfahrungskurve nur dann eine wirksame Markteintrittsbarriere dar, wenn Erfahrung nicht diffundiert. Können jedoch nachfolgende Unternehmen von der Erfahrung des Pioniers lernen, kann dieser seinen Kostenvorsprung nicht halten. Eine aus dem Erfahrungskurvenkonzept abgeleitete aggressive Preis- und Mengenstrategie ist dann zum Scheitern verurteilt.

Zudem ist heute eher Variantenvielfalt gefragt. Diese bedingt kleinere Losgrößen, so daß der Erfahrungseffekt gebremst wird.[89]

Kritisieren kann man am Erfahrungskurvenkonzept[90]

- die Überbetonung der Kosten als Basis der Preisbildung,
- die Überbetonung des Preises als akquisitorisches Instrument,
- die Voraussetzung eines problemlosen Absatzes,
- die Voraussetzung problemloser Produktionsausweitung und
- die Vernachlässigung des Flexibilitätsverlustes durch hohe Marktaustrittsbarrieren.

Trotz dieser Kritik kann die Existenz des Erfahrungskurvenkonzeptes als Beleg für die Relevanz der HEUß'schen Aussagen über die Kostenentwicklung angesehen werden, zumal das Konzept als solches erst einige Jahre nach der Formulierung des Marktphasenschemas entwickelt wurde. Das Konzept der Erfahrungskurve ist allgemein anerkannt, so daß die von HEUß prognostizierte Entwicklung der Kosten als wahrscheinlich anzusehen ist.

Für einige Elektrische Haushaltsgeräte haben HENDERSON und BASS[91] die entsprechenden Erfahrungseffekte ermittelt. An diesen Daten muß allerdings kritisiert werden, daß sie auf der Basis von Preis- und nicht von Kostendaten ermittelt wurden. Das impliziert die Annahme, daß Stückkosten und Preise sich proportional entwickelt haben. Eine solche Annahme ist jedoch eher unrealistisch. Deshalb werden diese Daten zwar im folgenden in Tabelle 3.5. dargestellt, nicht jedoch für statistische Zwecke ausgewertet.

---

88 Vgl. VIDAL (1996), S. 43 - 46.

89 Vgl. GERBERICH / SILBERG (1995), S. 782.

90 Vgl. zur Kritik BAUER (1986), S. 10. Sehr ausführliche Kritik am Erfahrungskurvenkonzept formuliert LANGE (1984), S. 234 - 243.

91 Vgl. HENDERSON (1974) und BASS (1980), S. S51 - S67.

Tab. 3.5.: Erfahrungseffekte für ausgewählte Elektrische Haushaltsgeräte

Produktgruppe	Erfahrungseffekt
Elektro-Herde	11,7%
Kühlschränke	6,6%
Geschirrspülmaschinen	11,9%
Wäschetrockner	12,5%

Quelle: SIMON (1982), S. 199.

Kosten stellen ein direkt meßbares, weil in Geldeinheiten ausgedrücktes Phänomen dar. Probleme der Operationalisierung treten hier also nicht auf. Dafür sind die Probleme der Informationsbeschaffung umso gravierender.

SCHOENFELD und MÖLLER weisen darauf hin, daß es möglich ist, die Erlös- und Kostenrechnung so auszugestalten, daß damit sowohl eine Kontrolle des Lebenszyklus eines Erzeugnisses als auch die Planung und Kontrolle von Kosten und Prei-sen unter Berücksichtigung der Erfahrungskurve durchzuführen ist.[92] Auch andere Autoren diskutieren das "Product Life Cycle Costing" bzw. die Lebenszykluskostenrechnung sehr intensiv.[93] Hierbei handelt es sich jedoch um Kostenrechnungsinstrumente, die größtenteils in den Unternehmen noch nicht umgesetzt sind. Selbst wenn eine Lebenszykluskostenrechnung eingeführt wäre, sind die dadurch erzeugten Daten nicht öffentlich zugänglich. Die Hemmschwelle der Unternehmen, über diese Daten Auskunft zu erteilen, wird so hoch sein, daß man über diesen Weg nicht an die notwendigen Informationen gelangt und so auf die Geschäftsberichte der Unternehmen als Informationsquelle zurückgreifen muß.

Die Auswertung der Geschäftsberichte von Aktiengesellschaften kann einen begrenzten Einblick in die Geschäftslage dieser Unternehmen bieten. Ausgehend von der Bruttoerfolgsrechnung kann man Umsatzkurven für jedes Unternehmen einer Branche über die Zeit erstellen. Aus diesen Umsatzzahlen kann man Durchschnittswerte der Branche errechnen und beispielsweise beobachten, welche Unternehmen über und welche unter dem Durchschnitt liegen.[94] Angaben über die Entwicklung der Lagerhaltung sind aus der Erhöhung bzw. Verminderung des Bestandes an fertigen und halbfertigen Erzeugnissen sowie aktivierten Eigenleistungen abzulesen. Diese Daten

---

92 Vgl. SCHOENFELD / MÖLLER (1995), S. 13.

93 Vgl. beispielsweise COENENBERG / FISCHER / SCHMITZ (1994), S. 1 - 38; RIEZLER (1996) und ZEHBOLD (1996).

94 Vgl. zu folgenden Ausführungen SCHMITZ (1963), S. 234 - 236.

geben Aufschluß darüber, ob es gelungen ist, das Lager abzubauen, oder ob das Unternehmen auf Lager produzieren mußte. Aus der Saldierung von Gesamtleistung und Materialaufwand kann man schließen, wie sich die Kapazitäten verändert haben und wie sie ausgelastet waren.

Für grundsätzliche brancheninterne Vergleiche mögen sich diese Daten eignen - falls es sich in der entsprechenden Branche hauptsächlich um Aktiengesellschaften handelt - doch für den Zweck dieser Arbeit eignen sich Geschäftsberichte nicht. Sie geben keinen Aufschluß über Produktionskosten für einzelne Produkte.

Zudem gibt es bei einer branchenbezogenen Bilanzanalyse noch andere Probleme.[95] Ein erstes resultiert aus der Rechtsform der Unternehmen: Lediglich Aktiengesellschaften und Unternehmen, die bestimmte Größenmerkmale erfüllen, sind publizitätspflichtig, was zur Folge hat, daß ein Branchenvergleich nur dann sinnvoll ist, wenn nahezu alle Unternehmen unter der Rechtsform der AG firmieren. Auch die Zugehörigkeit von Unternehmen zu Konzernen steht einer brancheninternen Bilanzanalyse entgegen. Außerdem existieren prinzipielle Vorbehalte gegenüber gesetzlichen und freiwilligen Jahresabschlußpublikationen aufgrund vielfältiger Wahlrechte bei der Bewertung. Die Durchführung eines brancheninternen Vergleichs selbst kann aufgrund des erheblichen Aufwands zum Problem werden.

Betrachtet man die vielfältigen Hindernisse, die mit einer brancheninternen Bilanzanalyse verbunden sind, sowie den Umstand, daß Produktionskosten nicht aufgeschlüsselt nach Produkten vorliegen, muß eine solche Analyse verworfen werden.

Ein Aufsatz von MEYER scheint in diesem Zusammenhang Hilfe zu versprechen. Er verbindet Erfahrungskurve, Value Chain und Netzwerkflüsse so, daß sich jeder Wettbewerber mit seiner individuellen Kosten- und Wertschöpfungsstruktur beschreiben und mit anderen vergleichen läßt.[96]

Voraussetzung hierfür ist jedoch,
- daß es sich um Standardprodukte handelt,
- die Wettbewerber in den gleichen Regionen mit gleichen Schwerpunkten aktiv sind,
- die Wettbewerber einen ähnlichen organisatorischen Aufbau besitzen und
- weder Handelsbarrieren noch Logistikaufwendungen eine Wettbewerbsverzerrung erzeugen.

---

95 Vgl. zu folgenden Ausführungen ODENWALD (1976), S. 26 - 33.

96 Vgl. zu folgenden Ausführungen MEYER (1995).

Die Informationen, die man benötigt, falls eine dieser Bedingungen verletzt ist, stehen jedoch nicht zur Verfügung. Auch fehlen die Informationen zur Erstellung eines Netzwerkes[97], so daß dieser Vorschlag tatsächlich keine Abhilfe schaffen kann.

Eine unternehmensbezogene Betrachtung der Kosten ist folglich aufgrund der vielfältigen Informationsbeschaffungsprobleme nicht empfehlenswert. Diese Probleme werden umgangen, wenn man sich auf die Analyse der Kostenstruktur des gesamten Erzeugnisbereiches Elektrohausgeräte beschränkt. Diese Kostenstruktur in Prozent des Bruttoproduktionswertes wird seit 1976 vom Statistischen Bundesamt veröffentlicht. Da in der gleichen Quelle auch der Bruttoproduktionswert in DM angegeben ist, kann man mit Hilfe dieser Daten die Produktionskosten in DM berechnen. Die Betrachtung der Kostenentwicklung für den Gesamtmarkt Elektrohausgeräte ist also ab 1976 möglich. Vor dieser Zeit existieren keine vergleichbaren Informationen.

3.4. Operationalisierung von Produktivität

Zwischen Kosten und Produktivität besteht nach HEUß ein enger Zusammenhang: In der Experimentierungsphase ist die Produktivität aufgrund der hohen Kosten und der geringen Erfahrung noch niedrig, doch in der Expansionsphase steigt sie durch die Ausnutzung von Massenproduktionsvorteilen und die Erhöhung der Leistungsfähigkeit der eingesetzten Produktionsfaktoren stark an. Die Ausreifungsphase ist dadurch gekennzeichnet, daß der Produktivitätsfortschritt aufgrund der Erfahrungskurveneffekte noch hoch ist, während in der Sättigungsphase die Produktivitätsfortschritte aufgrund der Kostenauftriebstendenzen hinter der volkswirtschaftlichen Durchschnittsrate zurückbleiben.

Wie im vorangegangenen Kapitel erwähnt, hat die Summe aus statischem und dynamischem Skaleneffekt Auswirkungen auf die Produktivität einer Unternehmung. Die Wirkung der Summe beider Effekte hängt dabei von der Entwicklung der Ausbringungsmenge ab:[98]

Wächst die Ausbringungsmenge, wirkt der Erfahrungskurveneffekt stark kostensenkend. Dies ist vor allem in der Experimentierungs- und Expansionsphase der Fall. Die starken Kostensenkungen wirken gleichzeitig produktivitätsfördernd. Bleibt die Ausbringungsmenge konstant, wie zum

---

97 MEYER weist selbst darauf hin, daß für die Netzwerkdarstellung ein hohes Datenvolumen benötigt wird, das nur mit erheblichem Zeitaufwand und über externe Quellen beschafft werden kann. Vgl. MEYER (1995), S. 154.

98 Vgl. zu diesen Aussagen Tabelle 3.4..

Ende der Ausreifungsphase, wirkt die Summe aus statischen und dynamischen Skaleneffekten nur noch schwach kostensenkend. Die Produktivität ist folglich noch hoch, steigt jedoch nicht mehr überdurchschnittlich an. Wenn die Ausbringungsmenge abnimmt, wie in der Stagnations- bzw. Rückbildungsphase, wirken beide Effekte in verschiedene Richtungen, so daß es zu Kostensteigerungen kommen kann. Diese bewirken ein Sinken des Produktivitätszuwachses unter die volkswirtschaftliche Durchschnittsrate.

Das Erfahrungskurvenkonzept bestätigt also nicht nur den von HEUß prognostizierten Kostenverlauf, sondern auch die idealtypische Entwicklung der Produktivität.

"Üblicherweise versteht man unter Produktivität eine Verhältnisgröße, die das (reale) Produktionsergebnis (Output) einer statistisch erfaßbaren Produktionseinheit (z.B. Betrieb, Wirtschaftszweig oder Volkswirtschaft) zu einzelnen oder allen bei der Produktion eingesetzten Produktionsfaktoren (reale Inputs an Arbeit, Kapital, Energie, Vorleistungen usw.) in Beziehung setzt."[99]

Produktivität ist also generell definiert als Output (Produktionsergebnis) pro Input (Faktoreinsatz). Sie unterliegt dem ökonomischen Prinzip, das als Grundprinzip rationalen Handelns gilt. Das Maximalprinzip als Teil des ökonomischen Prinzips besagt, daß mit gegebenem Ressourceneinsatz eine möglichst große Ausbringungsmenge hergestellt werden soll, während beim Minimalprinzip die Herstellung einer bestimmten Produktionsmenge mit minimalem Einsatz an Ressourcen angestrebt wird.[100]

Damit sind bereits zwei der drei möglichen Basisstrategien zur Produktivitätssteigerung angesprochen:[101]

Strategie I: Konstanthaltung der Leistung bei reduziertem Ressourceneinsatz (Strategie für stagnierende und schrumpfende Märkte),

Strategie II: Outputsteigerung bei unverändertem Input (Voraussetzung ist jedoch eine Steigerung der Absatzmenge, so daß diese Strategie nur in der Einführungs- und Expansionsphase sinnvoll ist.),

Strategie III: effektive und effiziente Erfüllung von Marktanforderungen innerhalb der Prozeßketten (Strategie ist unabhängig von der jeweiligen Marktphase).

---

99 PUSSE (1984), S. 4.

100 Vgl. KARLÖF / ÖSTBLOM (1994), S. 37.

101 Vgl. WILDEMANN (1994), S. 18 ff..

Man unterscheidet Gesamt- und Teilproduktivitäten, auch Faktorproduktivitäten genannt, die wiederum in Arbeits-, Sachkapital-, Material- und Energieproduktivität untergliedert werden können.[102] Da der Mensch den wichtigsten Produktionsfaktor darstellt (erst durch seine Arbeit ist es möglich, Material und Maschinen zu entwickeln und einzusetzen), ist die Arbeitsproduktivität der meistverwendete Produktivitätskennwert[103]:

$$\text{Arbeitsproduktivität} = \frac{\text{Produktionsergebnis}}{\text{Arbeitseinsatz}} = \frac{\text{z.B. Produktionswert}}{\text{z.B. Beschäftigte}}$$

Zu unterscheiden sind hier die technische Produktivität in Stück, kg usw. und die wertmäßige in DM.[104] Die technische Produktivität ist ein Mengenquotient und somit nur für Produktionszweige mit gleicher Produktion zu ermitteln; in Zweigen mit unterschiedlichen Produkten muß vom Wert der hergestellten Produkte ausgegangen werden, was bei langfristigen Beobachtungen die Ausschaltung von Preisänderungen erforderlich macht.[105]

Der Faktor Arbeit ist in obiger Formel relativ problemlos zu ermitteln - als Zahl der Beschäftigten oder als geleistete Arbeitsstunden, obwohl auch hier Arbeitsstunde nicht gleich Arbeitsstunde gesetzt werden kann[106]. Problematischer ist die Erfassung des Produktionsergebnisses, da die meisten Unternehmen diversifiziert sind und eine genaue Aufteilung auf Produkte häufig nicht möglich ist.[107]

Erfassungsprobleme[108] müssen uns hier jedoch nicht weiter beschäftigen, da die statistischen Daten des Zentralverbandes der Elektroindustrie (ZVEI) herangezogen werden können, die zu vierstelligen Warenklassen aggregiert vorliegen.[109]

Doch gibt es Interpretationsprobleme: "Faktorbezogene Produktivitäten spiegeln stets, welcher Produktionsfaktor auch immer als Bezugsgröße gewählt wird, das Zusammenwirken aller Kräfte wider: in der Arbeitsproduktivität steckt die Leistungsfähigkeit der eingesetzten Maschinen, in

---

102 Vgl. LAßMANN (1975), Sp. 3164 f..

103 Vgl. WILDEMANN (1994), S. 16.

104 Vgl. hierzu SOBOTSCHINSKI (1973), S. 10.

105 Vgl. REUSS (1960), S. 7.

106 Vgl. BOMBACH (1959), S. 335 f..

107 Vgl. HERBST (1993), S. 4 f..

108 Vgl. zur beispielhaften Berechnung der Zähler- und Nennergrößen und dabei auftretender Probleme REUSS (1960), S. 61 ff..

109 Vgl. ZVEI: Jahresberichte, verschiedene Jahrgänge.

der Kapitalproduktivität die Tüchtigkeit des sie bedienenden Arbeiters, usw."[110] Es sind also keine Rückschlüsse auf die Ursachen der Veränderung der Produktivitäten möglich. Ein Arbeiter kann z.B. mit einem Bagger wesentlich mehr Erde bewegen als mit einer Schaufel. Die Arbeitsproduktivität verbessert sich damit durch den Kapitaleinsatz[111], obwohl sich Umfang und Intensität des Arbeitseinsatzes nicht geändert haben. Der Produktivitätszuwachs wird bei der Verwendung faktorbezogener Produktivitäten häufig überschätzt, da hier ein von sämtlichen Produktionsfaktoren gemeinsam erzielter Effekt nur einer Teilgröße zugerechnet wird.[112]

Aus dieser Kritik heraus wurde die Totale Faktorproduktivität entwickelt[113], um die Gesamtentwicklung der Effizienz eines Sektors angemessener beschreiben zu können. Die Totale Faktorproduktivität ist definiert als Produktionsindex pro Faktormengenindex.[114] Der Produktionsindex wird als Quotient aus der Bruttoproduktion des jeweiligen Berichtsjahres und aus der Bruttoproduktion des Anfangsjahres bestimmt.[115] Zur Berechnung des Faktormengenindex wird der Törnquist-Index verwendet.[116] Im Gegensatz zu den partiellen Produktivitäten mißt die Totale Faktorproduktivität den Teil des Produktionswachstums, der nicht durch quantitative Veränderungen des Faktoreinsatzes bzw. durch Substitutionsprozesse ausgelöst wurde[117]; gemessen werden der technische Fortschritt und die Veränderung der Produktionseffizienz[118].

Auch die Interpretation der Veränderung der Totalen Faktorproduktivität bereitet Probleme.[119] Beispielsweise wird bei der Berechnung der Totalen Faktorproduktivität ein konstanter Kapazitätsauslastungsgrad vorausgesetzt. Kurzfristig ist eine solche Annahme jedoch nicht zu vertreten. Zu kritisieren ist auch die Vernachlässigung von Monopoleinflüssen und Skalenerträgen. Die Annahme, daß die Marktpreise den Grenzkosten entsprechen, führt bei ihrer Verletzung zu einer Über- bzw. Unterschätzung der Wachstumsrate der Totalen Faktorproduktivität. Zudem ist ihre Berechnung mit weitaus mehr Zeitaufwand verbunden als die der Teilproduktivitäten.

---

110 BOMBACH (1959), S. 322.

111 Vgl. hierzu auch PENZKOFER / SCHMALHOLZ / SCHOLZ (1989), S. 100.

112 Vgl. HERBST (1993), S. 6.

113 Vgl. zur historischen Entwicklung der Totalen Faktorproduktivität (TFP) BOMBACH (1991).

114 Vgl. ERBER (1989), S. 84.

115 Dargestellt ist hier der Bruttoansatz der TFP, dessen Vorteil gegenüber dem Nettoansatz in der Berücksichtigung der Vorleistungen liegt. Den Nettoansatz, bei dem die Bruttowertschöpfung als Maß für Produktionssteigerungen dient, verwendet z.B. die OECD.

116 Die Darstellung des Törnquist-Index würde hier zu weit führen. Zur Berechnung desselben vgl. TÖRNQUIST (1936).

117 Vgl. hierzu beispielhaft GRASKAMP / SIEBE (1994), S. 61 und ERBER / HAID (1992), S. 385.

118 Vgl. PAUNIO (1986), S. 64.

119 Vgl. zur Kritik an der TFP ERBER / HAID (1992), S. 388 ff..

Diese Probleme und der nicht zu unterschätzende Vorteil der partiellen Produktivitäten, leicht und vergleichsweise genau ermittelbar und in der Regel nicht mit Annahmen ökonomischer Modelle verbunden zu sein[120], gibt den Ausschlag, hier trotz aller Mängel die Arbeitsproduktivität zu verwenden.

Man kann Gruppen von Faktoren bilden, die eine Veränderung der Arbeitsproduktivität bewirken können:[121]

* *Faktor Arbeitskraft* durch
    - Qualifikation der Mitarbeiter,
    - Belastbarkeit der Mitarbeiter,
    - bessere Ausnutzung der Arbeitskraft,
    - Kreativität der Mitarbeiter;

* *Faktor Arbeitsmittel* durch
    - Mechanisierung,
    - Automatisierung,
    - Bedienungsmöglichkeiten,
    - Inanspruchnahme zinsgünstiger Kredite,
    - organisatorische Maßnahmen;

* *Faktor Wissenschaft und Technik* durch
    - Forschung,
    - Innovation,
    - Erfinderreichtum,
    - Entdeckung;

* *Faktor Rohstoffe* durch
    - Art des Materials,
    - Bearbeitungsmöglichkeiten,
    - Austauschbarkeit der Stoffe,
    - Einführung von Direktbelieferungssystemen,
    - Beschleunigung der Durchlaufzeit.

---

120 Vgl. UNGER (1986), S. 17.

121 Vgl. zu diesen Faktoren WURM (1990), S. 38.

Gründe für längerfristige Änderungen der Arbeitsproduktivität lassen sich reduzieren auf:[122]

1. Art der Skalenerträge,
2. Änderung der Kapitalintensität (Arbeitsintensität),
3. Veränderungen der Produktionsfunktion selbst (technischer Fortschritt).

Bei der Interpretation der Arbeitsproduktivität müssen diese Faktoren berücksichtigt werden.

3.5. Operationalisierung der Absatzentwicklung

Der idealtypische Verlauf der Absatzentwicklung folgt bei HEUß dem einer Normalverteilung.[123] In der Experimentierungsphase muß die Nachfrage erst geschaffen werden und ist folglich noch sehr gering.[124] Die Expansionsphase zeichnet sich durch eine Selbstentzündung der Nachfrage und jährliche Wachstumsraten von 10, 20 und mehr Prozent aus.[125] In der Ausreifungsphase ist die Nachfrage weitgehend Datum, wobei der Absatz absolut noch steigen kann, während die relative Zunahme jedoch abnimmt. Die Sättigungsphase bringt eine Substitution durch neue Produkte mit sich, so daß das Wachstum unter das Niveau der durchschnittlichen Wachstumsrate der Volkswirtschaft sinkt und - falls kein Ersatzbedarf besteht - ganz zum Erliegen kommt. Diese Phase kann also sowohl Stagnation als auch absolute Rückbildung bedeuten.[126]

Dieser idealtypische Verlauf liegt auch der Idee des Produktlebenszyklus-Konzeptes zugrunde. Die Phaseneinteilung erfolgt bei beiden Konzepten üblicherweise nach dem gleichen Muster[127], wobei die Phasen nur eine geringfügig abweichende Bezeichnung haben: Aufgrund hoher Kosten

---

122 Vgl. GÖRZIG / PUSSE / WEIß (1980), S. 184.

123 Dieser Verlauf wird häufig als "glockenförmig" bezeichnet (Gauß'sche Glockenkurve). Vgl. KIESER (1970), S. 47. Davon zu unterscheiden sind nach KIESER der kontinuierlich steigende und der S-förmige Verlauf, wobei davon auszugehen ist, daß sich der kontinuierlich steigende Verlauf noch in einen glockenförmigen verwandelt und der S-förmige Verlauf die Darstellung des glockenförmigen in logarithmierter Form darstellt.

124 Vgl. zu folgenden Ausführungen HEUß (1965), S. 16f..

125 Die Selbstentzündung der Nachfrage wird auch als Nachfragestoß bezeichnet. Vgl. beispielhaft KRÜSSELBERG (1965), S. 142.

126 ANGEHRN stellt drei alternative Möglichkeiten dar, um Sättigung zu erklären:
1.) Bei dauerhaften Konsumgütern kann sich Sättigung daraus ergeben, daß jeder Haushalt mit mindestens einem Gut ausgestattet ist.
2.) Bei Mode-Artikeln kann sich Sättigung durch eine Geschmacksveränderung einstellen.
3.) Sättigung kann sich auch aus intensiver Konkurrenz ergeben (Substitution durch neue Produkte).
Bei Elektrischen Haushaltsgeräten ist die erste Erklärung von Sättigung zutreffend.
Vgl. ANGEHRN (1974), S. 275 f..

127 Eine gute Zusammenfassung möglicher Phasenabgrenzungen findet sich bei MEFFERT (1974), S. 115 ff..

für Werbung und zu geringer Nachfrage ist die Einführungsphase im PLZ-Konzept durch hohe Verluste gekennzeichnet.[128] In der Wachstumsphase ist das produzierte Volumen wesentlich wichtiger als die Produktqualität, um die stark gestiegene Nachfrage zu befriedigen. Entsprechend stark steigen die Gewinne. Die Reifephase ist trotz steigenden Absatzvolumens aufgrund zunehmender Kosten durch sinkende Gewinne gekennzeichnet. Diese Situation verschärft sich in der Rückbildungsphase, da die Gewinne in dieser Phase nicht nur wegen steigender Kosten, sondern auch wegen sinkender Nachfrage weiter abnehmen.

Die Aussagen, die nach HOFFMANN der Theorie des Produktlebenszyklus zugrunde liegen, sind in Tabelle 3.6. zusammengefaßt. Auffallend sind die Übereinstimmungen mit dem Marktphasenschema.

Damit soll keinesfalls suggeriert werden, daß sich Marktphasenschema und Produktlebenszyklus-Konzept entsprechen. Es sind unterschiedliche Konzepte, die für ganz unterschiedliche Zwecke entwickelt wurden: Der Produktlebenszyklus beschreibt den "Lebensweg" eines Produktes am Markt.[129] Er kann als Grundlage für die Wahl geeigneter Marketing-Maßnahmen dienen.[130] Das Marktphasenschema hingegen ist ein mögliches Konzept zur Erklärung des Strukturwandels.[131] Doch beispielsweise TICHY bezeichnet HEUß als denjenigen, der als erster die Phasen des Produktzyklus beschrieben hat, ohne den Begriff selbst zu benutzen.[132] Eine gewisse Verbundenheit von Marktphasenschema und Produktlebenszyklus ist also nicht von der Hand zu weisen.

---

128 Vgl. zu folgenden Ausführungen PATTON (1968), S. 322 ff.. Eine gute Zusammenfassung der strategischen Variablen in den einzelnen Phasen des PLZ findet sich bei ANDERSON / ZEITHAML (1984), S. 7.

129 Vgl. SIEGWART / SENTI (1995), S. 3.

130 Diese Beschreibung impliziert eine sehr beschränkte Sichtweise der Nutzung des PLZ-Konzeptes. HAYES und WHEELWRIGHT gehen davon aus, daß eine solche Anwendung des PLZ ein Unternehmen bei der Strategie-Planung eher irreführt als hilfreich ist. Sie halten es jedoch für sinnvoll, eine Branchenanalyse mit der Implikation durchzuführen, daß sich andere Aspekte der Branche im Einklang mit dem Marktlebenszyklus entwickeln. Genau diese Sichtweise liegt auch dem HEUß'schen Marktphasenschema zugrunde. Vgl. HAYES / WHEELWRIGHT (1979), S. 133.

131 BACK-HOCK geht davon aus, daß ein Anwendungsbereich für das Lebenszyklus-Konzept die Volkswirtschaftslehre ist, "wo es zur Beschreibung des Durchsetzungsprozesses von Innovationen und der damit verbundenen Entwicklung der Marktstrukturen bzw. der Wettbewerbssituation dient." BACK-HOCK (1987), S. 169.

132 Vgl. TICHY (1991), S. 28.

Tab. 3.6.: Zusammenfassung der Theorie des PLZ

Merkmale / Marktphasen	Absatzentwicklung	Anbietertyp	Nachfragertyp[133]	Marktformen der Angebotsseite	Elastizität der Nachfrage der Konsumenten
Einführung	zunächst konstante, dann progressive Wachstumsraten	Pionierunternehmer	Innovator	Monopol	Werbung (hoch) Qualität (hoch) Preis (niedrig) Distribution (niedrig)
Wachstum	annähernd konstante Wachstumsraten	spontan imitierender Unternehmer	early adopters (frühe Annehmer)	(Teil-)Oligopol	W (hoch) Q (hoch) P (mittel) D (mittel)
Reife	bis zum Wendepunkt konstante, dann degressive Wachstumsraten	konservativer Unternehmer	early majority (frühe Mehrheit)	Polypol	W (mittel) Q (mittel) P (hoch) D (hoch)
Sättigung	degressive Wachstumsraten bis zum Maximum, dann negative Änderungsraten	konservativer Unternehmer	late majority (späte Mehrheit)	Polypol	W (niedrig) Q (niedrig) P (hoch) D (niedrig)
Rückbildung	absoluter Rückgang (negative Änderungsraten)	dynamische Unternehmer, die sich neuen Märkten zuwenden	laggards (Unentschlossene)	Oligopol	W (niedrig) Q (niedrig) P (mittel) D (niedrig)

Quelle: HOFFMANN (1972), S. 49.[134]

133 Vgl. zu den Nachfragertypen auch KAAS (1973), S. 22. KAAS liefert zudem Anhaltspunkte, wieviel Prozent die einzelnen Nachfragertypen stellen. Innovatoren sind mit 2,5% eine Minderheit, die frühen Übernehmer stellen immerhin 13,5%, während die frühe und die späte Mehrheit jeweils 34% ausmachen. Die Nachzügler sind immerhin noch mit 16% vertreten. Ursprünglich stammt diese Terminologie von ROGERS (1983).

134 Eine etwas ausführlichere Darstellung in Tabellenform findet sich bei POLSTER (1994), S. 73 ff..

Der idealtypische Absatzverlauf, der sowohl dem PLZ-Konzept als auch dem Marktphasenschema zugrunde liegt, ist häufig kritisiert worden (vgl. hierzu auch Kap. 2.1.3.):

Es hat sich gezeigt, daß ein solcher idealtypischer Absatzverlauf empirisch nicht als allgemeingültig nachgewiesen werden kann.[135] Abweichungen vom modellmäßigen Phasenverlauf zeigen, daß keine für alle Phasen gültige Beschreibung der Wirklichkeit geliefert werden kann.[136] In der Realität werden nicht immer alle Phasen durchlaufen (etwa in der Hälfte der Fälle wird die Reifephase übersprungen), über die Länge der Phasen können keine exakten Angaben gemacht werden, die Phasen lassen sich nicht klar voneinander abgrenzen, die Einordnung eines Produktes in eine bestimmte Phase ist folglich schwierig. Es finden sich empirisch zudem kaum Anhaltspunkte dafür, daß die Nachfrageveränderungen der Konsumenten über den Lebenszyklus normalverteilt sind und daß sich die Marktformen und Verhaltensweisen der Anbieter nach einem bestimmten Muster entwickeln. Dem Lebenszyklus-Konzept liegt jedoch die deterministische Vorstellung zugrunde, daß Anbieter und Nachfrager zwingend bestimmte Verhaltensweisen praktizieren. Der Stand der Gesamtwirtschaft bzw. der Industrie beeinflußt außerdem direkt die Lebenskurve der Produkte. Zudem existieren Produkte, deren Nachfrage kaum abnimmt, die also nahezu "unsterblich" sind. "Gerade in der Annahme einer Gesetzmäßigkeit, nach der sich letztlich die Absatzentwicklung der Produkte vollziehen soll, besteht ein wesentliches Problem des Lebenszyklusmodells."[137]

HEUß versucht dieser Kritik im Voraus zu begegnen (auch wenn er dies nicht bewußt tut), indem er darauf hinweist, daß der idealtypische Verlauf der Produktionsziffern durch Einflüsse gestört wird, die mit dem Trend nichts zu tun haben, diesen jedoch nur zeitweise stören, ohne ihn aufzuheben, auch wenn sie einen beträchtlichen Einfluß ausüben können.[138] Kritisch anzumerken ist, daß HEUß dennoch den idealtypischen Verlauf als "Gesetz" bezeichnet, auch wenn seiner

---

135 Dies soll nicht heißen, daß ein solcher idealtypischer Verlauf gar nicht existiert. KING und KING beispielsweise vergleichen den theoretischen und empirischen Produktlebenszyklus für den VW-Käfer und für den Chevrolet Corvair und weisen eine weitgehende Übereinstimmung nach. Vgl. hierzu KING / KING (1992). BROCKHOFF weist ebenfalls nach, daß empirische und geschätzte Produktlebenszyklen für Automobile eines deutschen Herstellers übereinstimmen. Vgl. BROCKHOFF (1967). Auch KAAS weist darauf hin, daß der S-förmige Verlauf bei einer größeren Zahl von Produkten nachgewiesen werden konnte. Vgl. KAAS (1973), S. 23. POLLI und COOK stehen dem Konzept des PLZ ebenfalls eher positiv gegenüber. Sie kommen in einer empirischen Untersuchung zu dem Ergebnis, daß das Modell in vielen üblichen Marktsituationen valide und nützlich ist. Vgl. POLLI / COOK (1969).

136 Vgl. im folgenden zur Kritik HOFFMANN (1972), S. 65 ff.; ANGEHRN (1974), S. 272 und 277 ff.; FROMM (1969), S. 14 f.. Ein Rundumschlag gegen das Konzept des PLZ ist zu finden bei DHALLA / YUSPEH (1976). Sie stellen auf S. 105 fest, daß der PLZ eine von den Marketingaktionen der Unternehmen abhängige Variable ist und keine unabhängige Variable, nach der Unternehmen ihre Marketingprogramme ausrichten können. Der Lebenszyklus ist durch Werbung veränderbar. Vgl. hierzu auch SIMON (1978), S. 116 und SIEGWART / SENTI (1995), S. 11.

137 HOFFMANN (1972), S. 67.

138 Vgl. HEUß (1965), S. 17f..

Meinung nach im Rahmen dieses Gesetzes für jede Branche noch ein beträchtlicher Spielraum besteht.[139]

COX hat in einer empirischen Untersuchung über 258 verschreibungspflichtige Medikamente als typischen Verlauf einen zweihöckrigen Lebenszyklus ermittelt.[140] Insgesamt existieren nach COX sechs mögliche Typen von PLZ-Verläufen, die in Abbildung 3.5. dargestellt sind, wobei sich die 258 Medikamente mit folgender Häufigkeit auf die möglichen sechs Verläufe aufteilen:

Typ 1	28,3%
Typ 2	5,4%
Typ 3	12,8%
Typ 4	5,1%
Typ 5	9,3%
Typ 6	39,1%.

COX geht davon aus, daß der Verlauf vom Typ 6 nicht nur am häufigsten auftritt, sondern daß alle Verläufe - außer Typ 4 - früher oder später Verläufe vom Typ 6 werden.[141] Er begründet diesen zweihöckrigen Verlauf mit dem Einsatz von Promotion-Maßnahmen, sobald die Rückbildungsphase erreicht ist. WEINHOLD-STÜNZI, der auch von einem zweihöckrigen Absatzverlauf ausgeht, begründet diesen mit dem bestehenden Ersatzbedarf.[142] Doch auch diese für typisch gehaltenen Verläufe können der gleichen Kritik ausgesetzt werden, wie die von HEUß vertretene idealtypische Entwicklung.

Trotz der vielfältig geäußerten Kritik ist das PLZ-Konzept allgemein anerkannt. Der idealtypische Absatzverlauf im Produktlebenszyklus weist die gleiche Form auf wie im Marktphasenschema. Zwar wird mit Kritik an diesem Verlauf nicht gespart, doch er wird immer wieder zu Entscheidungszwecken herangezogen. Grundsätzlich kann der Absatzverlauf im Marktphasenschema also als Basis für die weitere Untersuchung dienen.

---

139 Vgl. HEUß (1965), S. 19.

140 Vgl. hierzu COX (1967), S. 381 ff..

141 Vgl. COX (1967), S. 383.

142 Vgl. WEINHOLD-STÜNZI (1964), S. 143.

Abb. 3.5.: Typen von PLZ-Kurven für verschreibungspflichtige Medikamente

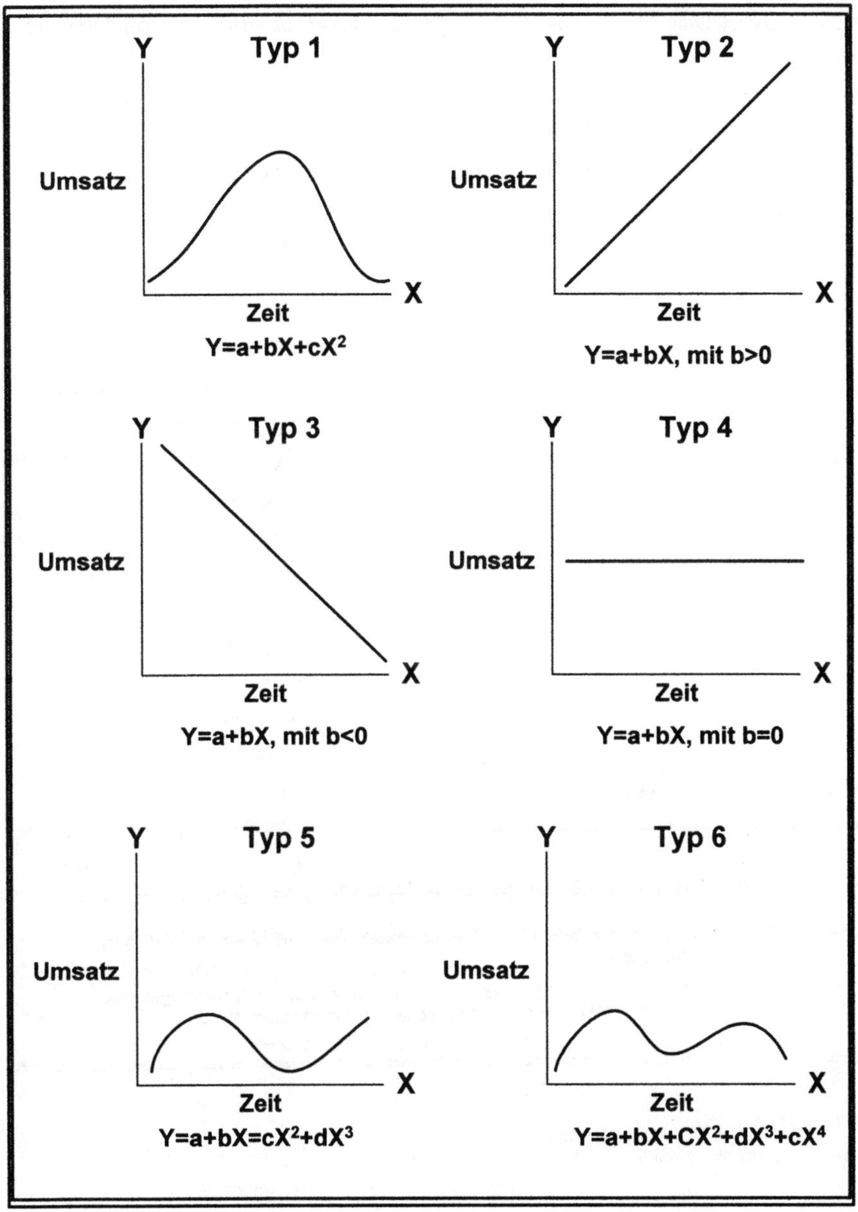

Quelle: COX (1967), S. 383.

Lebenszykluskurven können aufgestellt werden für "Einzelprodukte, Produktgruppen, Marktsegmente, strategische Geschäftsfelder, Industriezweige und Unternehmen, je nach Zwecksetzung und Aufgabenstellung."[143] Der Zusammenhang zwischen Lebenszyklen für Produkte und für Branchen ist in Abbildung 3.6. dargestellt. Wie hieraus ersichtlich ist, setzt sich der Lebenszyklus einer Branche nach ANSOFF aus den Lebenszyklen ihrer einzelnen Produkte zusammen.

Abb. 3.6.: Nachfrage-Technologiezyklus

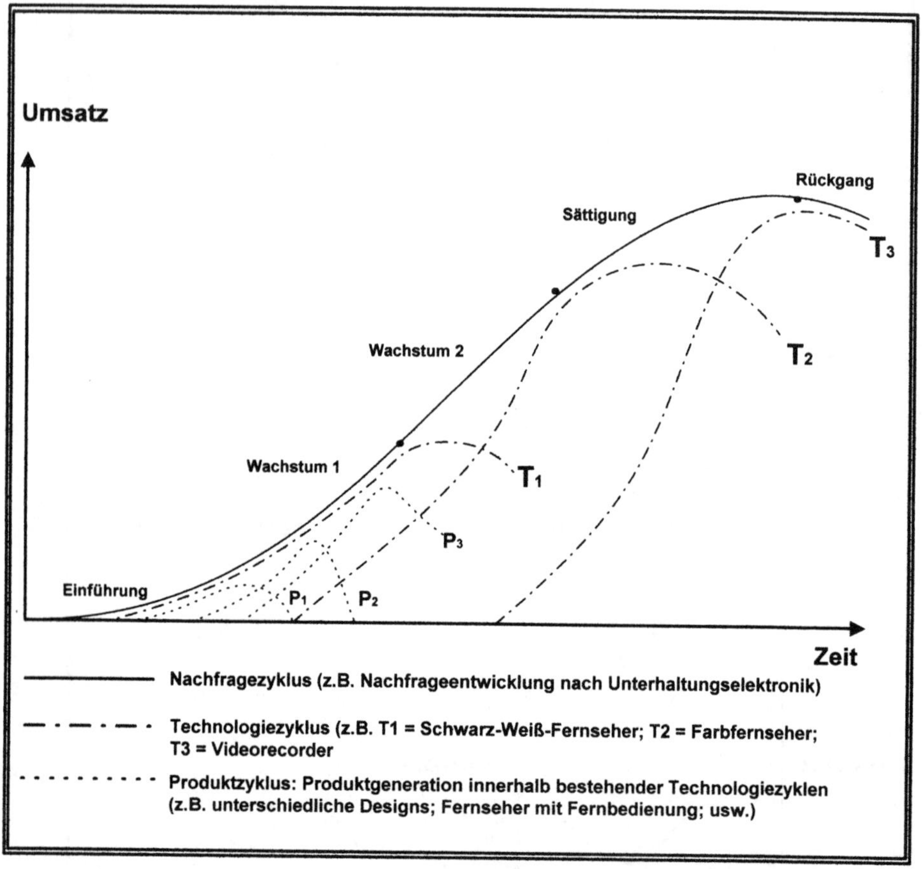

Quelle: ANSOFF (1984), S. 41.

143 KRAMER (1987), S. 124. Hier stellt sich die Frage des geeigneten Aggregationsniveaus, das einen großen Einfluß auf den Verlauf des Produktlebenszyklus ausübt. Vgl. hierzu HÖFT (1992), S. 27 ff. und SIEGWART / SENTI (1995), S. 8 f..

Die Absatzentwicklung kann laut HEUß am Produktionsverlauf über die Zeit abgelesen werden. Sie wird also anhand der vom ZVEI ausgewiesenen Entwicklung der Produktion nach vierstelligen Güterklassen operationalisiert.[144] Aufgrund des oben festgestellten Zusammenhangs zwischen Marktlebenszyklus und Produktlebenszyklus wird auch der Produktionsverlauf der in Kapitel 2.2.2. ausgewählten Produkte betrachtet.

3.6. Operationalisierung des Preises

Nach HEUß sind die Preise in der Experimentierungsphase zunächst noch hoch, während in der Expansionsphase der "Elastizitätsoptimismus" die Preise diktiert, diese also sinken. In der Ausreifungsphase sind die Preissenkungsspielräume weitestgehend ausgenutzt, so daß die Preise stagnieren. Die Sättigungsphase ist durch Preisauftriebstendenzen sowohl von der Angebots- als auch von der Nachfrageseite her gekennzeichnet.

Zur Erklärung dieses Preisverlaufs kann die statische Preistheorie herangezogen werden, wenn man die Preisentwicklung mit den im Marktphasenschema vorherrschenden Marktformen verbindet:[145]

Der Monopolist kann seinen Preis unabhängig von den Reaktionen der Konkurrenten festlegen, da er Alleinanbieter ist. Folglich bestimmt sich der gewinnmaximale Preis des Monopolisten unabhängig von Konkurrenz allein aus dem Schnittpunkt seiner Grenzumsatz- und Grenzkostenkurve.[146] Dieser Monopolpreis wird auch als Cournot'scher Punkt bezeichnet, da diese Art der Preisbestimmung erstmals von COURNOT durchgeführt wurde.

Das homogene Oligopol bedingt eine Gleichheit der Preise, da bei unterschiedlichen Preisen der Konkurrenten alle Nachfrager beim Anbieter mit dem niedrigsten Preis kaufen würden. Folglich bestimmt der Oligopolist mit den niedrigsten Grenzkosten seinen gewinnoptimalen Preis, den die anderen Anbieter übernehmen müssen.[147]

---

144 Vgl. ZVEI: Statistischer Bericht, verschiedene Jahre, jeweils Tab. 1.

145 Vgl. zu einer ausführlichen Darstellung der Analyse von Marktform und Preisverhalten WEISS (1993).

146 Vgl. hierzu beispielhaft HEUß (1970), S. 50 ff. oder GÜTH (1994), S. 22 ff. und auch OBERENDER (1993b), S. 1682.

147 Vgl. hierzu ebenfalls HEUß (1970), S. 56 ff. und GÜTH (1994), S. 28 ff.. Ausführlicher bei HARDES (1992), S. 224 - 230.

Auch der Polypolist verfolgt das Ziel Gewinnmaximierung, wobei der Marktpreis für ihn jedoch eine gegebene Größe darstellt. Der Polypolist wird aus diesem Grund auch als Preisnehmer und Mengenanpasser bezeichnet. Mengenanpasser ist er, weil er seine Produktion so weit ausdehnen wird, bis seine Grenzkosten dem Marktpreis und damit dem Grenzumsatz entsprechen.[148]

Der Marktpreis ist im Monopol aufgrund fehlender Konkurrenz am höchsten und im Polypol am niedrigsten. Da in der Experimentierungsphase ein Monopol vorliegt, ist der Preis in dieser Phase hoch. In der Expansionsphase treten viele Anbieter in den Markt ein, so daß er sich zum weiten Oligopol bis hin zum Polypol wandelt. Folglich sinkt der Preis in dieser Phase. Die Ausreifungsphase ist durch stagnierende Preise gekennzeichnet, was unter anderem auf das Ausscheiden von Konkurrenten aus dem Markt zurückzuführen ist. In der Sättigungsphase sind nur noch wenige Konkurrenten vorhanden, der Markt wird zum engen Oligopol, im Extremfall sogar zum Monopol. Der Preis steigt folglich wieder.

Das Anliegen der Theorie des Marktphasenschemas ist es jedoch gerade, dynamische Aspekte in die Preistheorie einzubeziehen.[149] So stützt HEUß sich bei der Erklärung der Preisentwicklung auf die Preiselastizität.[150]

Theoretisch ist nachvollziehbar, daß die langfristige Preiselastizität um so größer ist, je früher eine bestimmte Preissenkung erfolgt, während für die kurzfristige Preiselastizität eher eine entgegengesetzte Entwicklung angenommen wird (zu Anfang niedrig, später hoch).[151] Eine optimale Preisstrategie für neue Produkte muß einen Ausgleich zwischen diesen Tendenzen finden.

Grundsätzlich stehen bei Einführung neuer Produkte zwei extreme Preisstrategien zur Wahl:[152]

* die Skimming-Strategie und
* die Penetrations-Strategie.

---

148 Vgl. wieder beispielhaft HEUß (1970), S. 62 ff. und GÜTH (1994), S. 46 ff. und OBERENDER (1993b), S. 1681.

149 Vgl. hierzu FEHL / SCHREITER (1993), S. 284.

150 KOTLER weist darauf hin, daß die Preiselastizität aus betriebswirtschaftlicher Sicht eine Schlüsselgröße "bei der Berechnung der durch die Preisveränderung zu erzielenden Vorteile" darstellt. KOTLER (1982), S. 426.

151 Vgl. SIMON (1978), S. 117.

152 Vgl. beispielhaft JACOB (1993), Sp. 3303.

Ausnutzung von Lerneffekten, weshalb hier der Einführungspreis sehr niedrig liegt, um die Effekte der langfristigen Preiselastizität auszunutzen.[153]

Diese Überlegungen werden unter anderem auch vom BASS-Diffusionsmodell unterstützt, welches davon ausgeht, daß Käufer sich in Innovatoren und Imitatoren einteilen lassen.[154] Innovatoren kaufen, weil sie an Neuheiten interessiert sind. Der Preis spielt für sie eine untergeordnete Rolle. Imitatoren kaufen hingegen, weil andere kaufen. Für sie ist der Preis ausschlaggebend für den Zeitpunkt des Kaufs.[155]

Aus diesen Überlegungen heraus sind Modelle entwickelt worden, die Skimming- und Penetrationsstrategie im Hinblick auf obige Käufertypen analysieren und versuchen, eine optimale Preisstrategie abzuleiten.[156] Allen Modellen ist jedoch gemeinsam, daß genau das nicht gelungen ist. Welche Preisstrategie gewählt werden sollte, kann nur im Einzelfall entschieden werden. Hilfestellung können die Argumente in Tabelle 3.7. leisten.

In Tabelle 3.8. sind die Aussagen einiger Autoren zur optimalen Preisstrategie in den einzelnen Lebenszyklus-Phasen zusammengefaßt. Während die GFK eher die HEUß'sche These vertritt, propagiert MEFFERT durchgehend eine Skimming-Strategie.

SIMON ist der Meinung, daß der Pionier zunächst seine Monopolstellung für die Erzielung kurzfristiger Gewinne durch eine Skimming-Strategie ausnutzen sollte, um jedoch dann vor dem Eintritt von Imitatoren die Preise massiv zu senken,[157] was sich zumindest für die ersten beiden Phasen mit den HEUß'schen Überlegungen deckt. SIMON weist auch darauf hin, daß in den späteren Phasen unter anderem die Kostenentwicklung die Preise determiniert.[158]

---

153 Vgl. zu den Strategien u.a. DILLER (1993), S. 1693.

154 Vgl. zum Diffusionsmodell BASS (1969).

155 Vgl. hierzu SCHMALEN (1989), S. 211. An dieser Stelle muß erwähnt werden, daß der Preis nur **einen** Kaufanreiz darstellt. Andere Stimuli sind beispielsweise die Produktqualität, der Service oder die Erhältlichkeit. Vgl. MÜLLER-HAGEDORN (1986), S. 69 ff..

156 Vgl. beispielhaft SCHMALEN (1984) oder WEISER (1992) oder JAIN / RAO (1990).

157 Vgl. SIMON (1982), S. 313. Zu dem gleichen Ergebnis kommen auch DOLAN / JEULAND (1981), aber auch BASS (1980). In diesem Aufsatz untersucht BASS u.a. den Preisverlauf von Kühlschränken, Geschirrspülmaschinen und Wäschetrocknern.

158 Vgl. SIMON (1982), S. 328.

Tab. 3.7.: Argumente pro und contra Skimming- und Penetrations-Strategie

Für eine Skimming- und gegen eine Penetrationsstrategie sprechen:	Für eine Penetrations- und gegen eine Skimmingstrategie sprechen:
- geringe Preiselastizität in der Einführungsphase - später Konkurrenzeintritt - starke Konzentrationstendenz bei Absatzmittlern - hohe und nicht-lineare autonome Preisänderungswirkung - hoher Innovationsgrad - Unterstützung der Produktpositionierung im höherwertigen Preis-Qualitätsfeld	- hoher Carryover-Effekt - hohe Lernrate - geringe Produktüberlegenheit - preisorientierte Qualitätsbeurteilung (innerhalb der Preislage!) - hohe Liquiditätsreserven - geringes Obsoleszensrisiko - Möglichkeit der Abschreckung von Konkurrenten durch niedrige Einführungspreise

Quelle: DILLER (1985), S. 202.

Tab. 3.8.: Preisniveau in den PLZ-Phasen

Autor	Einführung	Wachstum	Reife	Sättigung
MEFFERT	hoch	weiter hoch, außer bei Überkapazität oder niedrigen Konkurrenzpreisen	Promotionspreise	Senkung des offiziellen Verkaufspreises
GFK	hohes Niveau	verringertes Niveau	niedrigst möglich	steigende Tendenzen - hohes Niveau

Quelle: SIMON (1976), S. 67. Zusammengefaßt aus MEFFERT (1974), S. 67 und GESELLSCHAFT FÜR KONSUMFORSCHUNG (1973), S. 398.

Einige Autoren propagieren also eine ähnliche Preisentwicklung wie HEUß, was den idealtypischen Preisverlauf im Marktphasenschema als Basis für die weitere Untersuchung nahelegt.

Der Preis ist ein direkt meßbares Phänomen, da er den in Geldeinheiten ausgedrückten Wert eines Gutes darstellt.[159]

Für die Entstehung eines Preises

(1) muß sich das Gut zur Bedürfnisbefriedigung eignen,[160]
(2) muß das Gut ökonomisch knapp sein, und
(3) muß das Gut potentieller Gegenstand des Tausches sein.[161]

Der Preis ist das Ergebnis des Zusammentreffens von Angebot und Nachfrage auf Märkten.

Durch diese Definition wird zur Messung des Preises die Betrachtung der Preisentwicklung der einzelnen Produkte nahegelegt. Es existiert jedoch nicht "ein Preis" für ein Produkt.

Die Ermittlung des Preises kann sich in der Realität aus mehreren Gründen als schwierig erweisen:[162]

(1) Zunächst **fallen "offizielle" und tatsächliche Preise häufig auseinander**, da die tatsächlichen Preise teilweise individuell ausgehandelt werden, also nicht den Listenpreisen entsprechen.[163]

(2) Auch ist die **Art der Preisgestaltung** häufig nur schwer nachvollziehbar, da sie teilweise in einen Grund- und einen Nutzungsteil aufgespalten ist (z.B. Stromgebühren).

(3) Die **Komplexität der Zahlungsbedingungen** (Rabatte, Skonti, Boni) tut ein übriges, ein Abweichen des tatsächlichen Preises vom Basispreis zu bewirken.

(4) Zudem sind **die Art und die Komplexität des Produktes oder der Leistung** häufig so ausgestaltet, daß man deren Preise nicht mehr vergleichen kann.

---

159 Vgl. zu dieser Definition beispielhaft JACOB (1993), Sp. 3293 oder auch OTT (1984), S. 12.
160 Vgl. zu den Faktoren, die einen Bedarf wecken, SCHÄFER (1966), S. 128 ff..
161 Vgl. o.V. (1993), S. 1678.
162 Vgl. zu folgenden Ausführungen SIMON (1982), S. 8 ff..
163 Vgl. zu diesem Problem den Aufsatz von MARN / ROSIELLO (1993).

(5) Nicht zu vergessen sind die **Probleme der zeitlichen und räumlichen Aggregation** bei der Preisermittlung. Es ist äußerst schwierig, Preise für einen Gesamtmarkt zu ermitteln, die zeitlich noch konstant sind.

Der Preis ist also eindeutig definiert, empirisch jedoch schwierig zu ermitteln, so daß es sinnvoller ist, auf einen Preisindex zurückzugreifen.

Legt man die Annahme zugrunde, daß es in einer Volkswirtschaft nur ein repräsentatives Individuum gibt, so gibt der Preisindex an, "um wieviel das Einkommen eines repräsentativen Individuums in einer Vergleichsperiode steigen/sinken muß, so daß das Individuum in der Vergleichsperiode dasselbe Nutzenniveau (bei unveränderten Präferenzen) wie in der Basisperiode hat."[164]

Da die Preise Schwankungen in der Zeit unterliegen, ist es notwendig, nominelle Größen mittels eines Preisindex in reale Größen umzuwandeln, um eine Basis für einen aussagekräftigen intertemporalen Vergleich zu schaffen.[165] Ein solcher intertemporaler Vergleich ist das Ziel dieser Arbeit; folglich ist die Betrachtung von Preisindizes sinnvoll.

Es gibt mehrere Möglichkeiten, einen Preisindex zu berechnen. Der in der Praxis am häufigsten verwendete Index ist der LASPEYRES-Index:

$$L(0,1) = \frac{p_1^{\,1} x_1^{\,0} + p_2^{\,1} x_2^{\,0}}{p_1^{\,0} x_1^{\,0} + p_2^{\,0} x_2^{\,0}} \quad .$$

Das Güterbündel der Basisperiode wird hier zu Preisen der Basisperiode und der Vergleichsperiode bewertet und zueinander in Beziehung gesetzt. Dadurch, daß der Substitutionseffekt in der Vergleichsperiode nicht berücksichtigt wird, ist der LASPEYRES-Index im Vergleich zum idealen Index zu hoch.[166] Der Substitutionseffekt besteht darin, daß diejenigen Güter weniger nachgefragt werden, deren Preise relativ gestiegen sind und umgekehrt. In der Bundesrepublik Deutschland werden z.B. die Lebenshaltungskosten für verschiedene Haushaltstypen nach diesem Prinzip ermittelt.

---

164 NETT (1995), S. 38.

165 Vgl. NETT (1995), S. 38, aber auch die Untersuchung von BALL und ROMER, die in ihrer Aussage so weit gehen, daß sie behaupten, Inflation verhindere die effiziente Allokation von Ressourcen, da sie die Preisinformationen verzerre. Vgl. BALL / ROMER (1993), S. 32.

166 Vgl. CASPERS (1993b), S. 1687.

Der PAASCHE-Index bewertet im Gegensatz zum LASPEYRES-Index das Güterbündel der Vergleichsperiode zu Preisen der Basisperiode und der Vergleichsperiode und setzt diese Größen zueinander in Beziehung:

$$P(0,1) = \frac{p_1^1 x_1^1 + p_2^1 x_2^1}{p_1^0 x_1^1 + p_2^0 x_2^1} .$$

Da hierbei der Substitutionseffekt in der Basisperiode keine Berücksichtigung findet, ist der PAASCHE-Index im Vergleich zum idealen Preisindex zu niedrig. Der Preisindex des Bruttoinlandsprodukts der Bundesrepublik Deutschland wird beispielsweise nach der PAASCHE-Formel berechnet.[167]

Die Preisentwicklung wird also durch den Preisindex pro Güterklasse operationalisiert, der vom ZVEI ermittelt wird. Welchen Index der ZVEI bei der Berechnung des Preisindex pro Güterklasse heranzieht, ist auch aus den statistischen Erläuterungen zu den einzelnen Tabellen nicht ersichtlich. Für die geplante Betrachtung der Preisentwicklung ist indes nicht relevant, welcher Index verwendet wird. Es ist lediglich wichtig, daß man immer den gleichen Index berücksichtigt - wovon hier auszugehen ist - und sich immer auf die gleiche Basisperiode bezieht. Hierzu sind bei dem vorliegenden Datenmaterial einige Umrechnungen notwendig, die in Kapitel 4.6.1. erläutert werden.

3.7. Operationalisierung der Preiselastizität

Die Elastizität ist eine Maßzahl, "die durch das Verhältnis der relativen Veränderungen funktional verknüpfter ökonomischer Variablen definiert wird."[168] Wird diese Maßzahl als Preiselastizität bezeichnet, so wird die relative Veränderung der nachgefragten Menge eines Gutes als Reaktion auf eine relative Preisänderung gemessen.

Formal kann die Elastizität der Nachfrage nach Produkt i mit Blick auf den Preis p_j definiert werden als

---

167 Vgl. CASPERS (1993a), S. 1687.

168 PACK (1976), Sp. 1251.

$$\eta_{ij} = \frac{p_j}{q_i} \cdot \frac{\delta q_i}{\delta p_j}$$ [169]

mit η_{ij} = Elastizität,
p_j = Preis des Produktes j,
q_i = Menge des Produktes i.

Falls i ungleich j ist, handelt es sich bei η_{ij} um die Kreuzpreiselastizität, falls jedoch i = j gilt, stellt η_{ii} die direkte Preiselastizität der Nachfrage dar.[170]

Für die Analyse in dieser Arbeit ist nur die direkte Preiselastizität von Interesse, da nur deren Entwicklung von HEUẞ betrachtet wird. Diese kann man auch durch die Betrachtung absoluter Änderungen definieren:[171]

$$\epsilon_p = \frac{\Delta Q}{\Delta P} \cdot \frac{P}{Q}$$

mit ϵ_p = Preiselastizität,
Q = Absatzmenge und
P = Preis.

Die direkte Preiselastizität der Nachfrage gibt an, um wieviel Prozent sich der Absatz ändert, wenn der Preis um 1% sinkt bzw. steigt. Ist die prozentuale Nachfrageänderung absolut größer als die Preisänderung, spricht man von einer *elastischen Nachfrage*. Eine *unelastische Nachfrage* liegt vor, wenn die Nachfrageänderung geringer ist als die Preisänderung.[172]

Üblicherweise nimmt die Preiselastizität Werte kleiner als -1 an. Sie ist negativ, da bei einer Preiserhöhung normalerweise die Absatzmenge sinkt, Preis und Menge sich also in entgegenge-

---

169 In der wirtschaftswissenschaftlichen Literatur wird die Elastizität oft mit negativem Vorzeichen definiert, damit der numerische Wert positiv ist. Dieser Konvention wird auch hier gefolgt, da auch HEUẞ diese Schreibweise bevorzugt. Vgl. HEUẞ (1970), S. 29. In diesem Kapitel wird jedoch zunächst von dieser Vorzeichenproblematik abgesehen.

170 Vgl. hierzu KOOPMANS / UZAWA (1990), S. 5.

171 Absolute Änderungen betrachtet auch die Monopolkommission. Vgl. MONOPOLKOMMISSION: Hauptgutachten 1982/83, S. 210.

172 Vgl. beispielhaft OTT (1984), S. 136; PACK (1976), Sp. 1255 und DILLER (1985), S. 66.

setzte Richtung bewegen.[173] Sie ist vom Betrag größer als 1, da andernfalls der Gewinn durch fortlaufende Preiserhöhungen ins Unendliche gesteigert werden könnte, wenn man konstante Elastizitäten und konstante variable Stückkosten annimmt.[174]

Der Plausibilitätsbereich von $\epsilon_p < -1$ gilt langfristig, während es kurzfristig aus mehreren Gründen zu einer Preiselastizität mit einem Betrag kleiner als 1 kommen kann:[175]

* keine Wahrnehmung der Preiserhöhung,
* Alternativensuche zu aufwendig,
* keine Substitutionsprodukte verfügbar.

Weitere Effekte können sogar eine positive Preiselastizität bewirken:

* Giffen-Gut-Effekt: Preisanstieg bei einem inferioren Gut führt dazu, daß man sich das hochwertige Produkt nicht mehr leisten kann, so daß vom inferioren Gut mehr konsumiert wird.
* Snob-Effekt: Je teurer ein Produkt ist, desto mehr Nutzen stiftet es.
* Erwartungs-Effekt: Erste Preissenkung wird als Indiz für weitere Preissenkungen angesehen, so daß Käufe in die Zukunft verschoben werden.
* Preis als Qualitätsindikator: Bei Produkten, deren Qualität nur schwer beurteilt werden kann, wird der Preis häufig als Qualitätsindikator angesehen.

HEUß geht davon aus, daß die Preiselastizität in der Experimentierungsphase zunächst vom Betrag her niedrig ist, d.h. sie liegt nahe Null, auf Preissenkungen wird noch nicht mit der erhofften überproportionalen Nachfrageausweitung reagiert. In der Expansionsphase ist die Preiselastizität zwar noch nicht bekannt, wird aber als hoch angenommen, so daß die Preise stark gesenkt werden. Die Ausreifungsphase ist zwar durch eine Abnahme der Preiselastizität gekennzeichnet, doch ist sie vom Betrag her immer noch größer als 1. Die Sättigungsphase weist eine sehr geringe Preiselastizität auf, sie liegt wieder nahe Null.

---

173 Vgl. JACOB (1993), Sp. 3297.

174 Vgl. GEDENK / SKIERA (1993), S. 638.

175 Vgl. hierzu GEDENK / SKIERA (1993), S. 638.

ZIMMERMANN stellt einen Zusammenhang zwischen Preiselastizität und Marktform her, der die Relevanz der HEUß'schen Aussagen bestätigt. Er definiert die Tendenz zur Monopolbildung als

$$\text{Tendenz zur Monopolbildung} = - \frac{\text{Angebotselastizität}}{\text{Nachfrageelastizität}},$$ [176]

d.h. die Tendenz zur Monopolbildung nimmt nach ZIMMERMANN mit abnehmender Elastizität der Nachfrage zu.

In der Experimentierungsphase ist nach HEUß die Preiselastizität noch sehr gering, die vorherrschende Marktform ist das Monopol, was auch die Hypothese ZIMMERMANNS aussagt. Die Expansionsphase ist durch eine sehr hohe Preiselastizität gekennzeichnet, die in dieser Phase ihren maximalen Wert erreicht. Die vorherrschende Marktform ist das weite Oligopol oder das Polypol - durch die hohe Preiselastizität wird die Tendenz zur Monopolbildung außer Kraft gesetzt. In der Ausreifungsphase sinkt die Preiselastizität wieder, die Marktform entwickelt sich durch Konzentrationsvorgänge zu einem Oligopol. Die Sättigungsphase weist eine sehr geringe Preiselastizität auf, so daß die Tendenz zur Monopolbildung steigt und sich die Marktform zum engen Oligopol oder zum Monopol wandelt.

Diese unreflektierte Übertragung der Theorie ZIMMERMANNS auf das Marktphasenschema ist zwar kritisch zu betrachten, doch soll hier lediglich gezeigt werden, daß die von HEUß prognostizierte Entwicklung der Preiselastizität und der Marktform mit den Aussagen von ZIMMERMANN vereinbar ist.

Auch in der Marketing-Literatur wird ein ähnlicher Verlauf der Preiselastizität angenommen, wie eine Zusammenstellung von SIMON zeigt.

Die in der Quelle zu Tabelle 3.9. genannten Autoren sehen den grundsätzlichen Verlauf der Preiselastizität - wie HEUß - beginnend bei einer sehr unelastischen Nachfrage, die bis zu einem maximalen Wert in jeder Phase elastischer wird und dann wieder abnimmt. Der Unterschied zu HEUß besteht darin, daß die obigen Autoren das Maximum der Preiselastizität in der Reifephase sehen, während HEUß es in die Expansionsphase legt. Dieser Unterschied ist jedoch nicht gravierend, so daß die von HEUß prognostizierte Entwicklung der Preiselastizität als gestützt gelten kann.

---

[176] Vgl. ZIMMERMANN (1952), S. 48.

Tab. 3.9.: Verlauf der Preiselastizität in den PLZ-Phasen

Autor	Einführung	Wachstum	Reife	Degeneration
HOFFMANN	niedrig	mittel	hoch	mittel
SCHEUING	Nachfrage unelastisch	Nachfrage elastisch	Nachfrage sehr elastisch bis äußerst elastisch	Nachfrage wenig elastisch
MICKWITZ	niedrig	niedrig bis mittel	hoch	niedrig bis sehr niedrig

Quelle: SIMON (1976), S. 65. Zusammengefaßt aus HOFFMANN (1972), S. 49; SCHEUING (1971), S. 205 und MICKWITZ (1959), S. 26 ff..

Zu einem anderen Ergebnis kommt SIMON in einer Studie über 35 Markenartikel.[177] Zwar bestätigt er, daß sich die Preiselastizität im Laufe der Lebenszyklusphasen typisch verändert, doch ist diese Entwicklung eine andere als bei HEUẞ. Nach SIMON gilt in 18 von 19 Fällen (95%), daß die Preiselastizität in der Einführungsphase größer oder gleich der Preiselastizität in der Expansionsphase ist. In 10 von 14 Fällen (71%) ist die Preiselastizität in der Expansionsphase größer oder gleich derjenigen in der Ausreifungsphase. In 8 von 8 Fällen ist die Preiselastizität in der Ausreifungsphase geringer als in der Sättigungsphase.[178]

Die Preiselastizität sinkt also nach SIMON von der Experimentierungsphase über die Expansionsphase bis hin zur Ausreifungsphase, in der sie ihr Minimum erreicht, um dann während der Sättigungsphase wieder anzusteigen. Die Preiselastizität nimmt hier also nahezu die entgegengesetzte Entwicklung, wie sie HEUẞ und andere Autoren unterstellen. Zu beachten ist allerdings, daß SIMON den Lebenszyklus einer Marke betrachtet und nicht den eines Produktes, wobei der Unterschied darin besteht, daß die Preiselastizität einer Marke eine Verbindung aus direkter Preiselastizität der Nachfrage und Kreuzpreiselastizität darstellt[179], da eine Marke durch eine andere substituiert werden kann.

Geht es um den Lebenszyklus von Produktkategorien, ist dieser Verlauf der Preiselastizität zu modifizieren.[180] Aus Mangel an Alternativen kaufen die Nachfrager ein Pionierprodukt auch bei

177 Vgl. SIMON (1979).

178 Vgl. SIMON (1979), S. 448 f..

179 Vgl. SIMON (1979), S. 439.

180 Vgl. SIMON (1982), S. 249.

hohen Preisen, da in der Einführungsphase noch keine Konkurrenzprodukte zur Verfügung stehen, auf die sie ausweichen können. Die Alternative bei einer Preiserhöhung besteht nur in einem Konsumverzicht, weshalb die Preiselastizität hier eher gering ist.

In einer späteren Arbeit entwickelt SIMON aus der Kritik am Diffusionsmodell von BASS, der eine konstante Preiselastizität über den Produktlebenszyklus hinweg unterstellt, ein eigenes Diffusionsmodell. Im Gegensatz zu BASS, bei dem der Preis die insgesamt absetzbare Menge nicht beeinflußt, ein niedrigerer Preis also lediglich eine Verschiebung der Lebenszyklus-Kurve nach links zur Folge hat, bewirkt ein niedrigerer Preis im Modell von SIMON eine zeitliche Vorverschiebung des Lebenszyklus und eine Erhöhung des Absatzmaximums.[181] Hier führt also ein niedrigerer Preis zu echtem Mehrabsatz, wenn man den Gesamtabsatz über alle Phasen betrachtet.

Fünf der am häufigsten zu beobachtenden Preiselastizitäten-Kurven sind in Abbildung 3.7. dargestellt. Diese Kurven stammen aus einer Conjoint-Studie von MORTON und DEVINE, in der sie das Nachfragerverhalten auf dem Industriegütermarkt untersucht haben.[182] Dabei wird lediglich der Preis variiert, alle anderen Faktoren wie z.B. die Produkt- oder Service-Qualität werden konstant gehalten. Erstaunlicherweise verhalten sich nur 41% der Kunden "preisrational" (Kurve A), d.h. je teurer das Produkt ist, desto weniger kaufen sie davon. 29% der Kunden sind bis zu einem bestimmten Preis "preisrational"; sinkt der Preis jedoch unter diese "Grenze", ist ihnen das Produkt zu billig und sie kaufen nur noch wenig (Kurve B). Preisindifferent sind 11% der Kunden in dieser Studie, allerdings nur in einem Intervall von 20% um den Ausgangspreis.[183]

Es verbleiben immerhin 19%, die sich irrational verhalten: Entweder kaufen sie, wie in Kurve D dargestellt, bis zu einem gewissen "Grenzpreis" umso mehr, je teurer das Produkt ist, wobei eine Preiserhöhung über diese Grenze hinaus einen überproportionalen Nachfragerückgang bewirkt; oder sie kaufen, wie in Kurve E gezeigt, uneingeschränkt umso mehr, je höher der Preis ist.

---

181 Vgl. SIMON (1982), S. 239 ff..

182 Vgl. zu folgenden Ausführungen MORTON / DEVINE JR. (1987a).

183 Dies wird auch von WISWEDE bestätigt, der ermittelt hat, daß vor allem markentreue Konsumenten innerhalb eines weiten Intervalls unempfindlich auf Preisänderungen reagieren. Markentreue wird hier verstanden als "Treue" gegenüber einer bestimmten Marke. Vgl. WISWEDE (1992), S. 85.

Abb. 3.7.: Häufig beobachtete Preiselastizitäten-Kurven

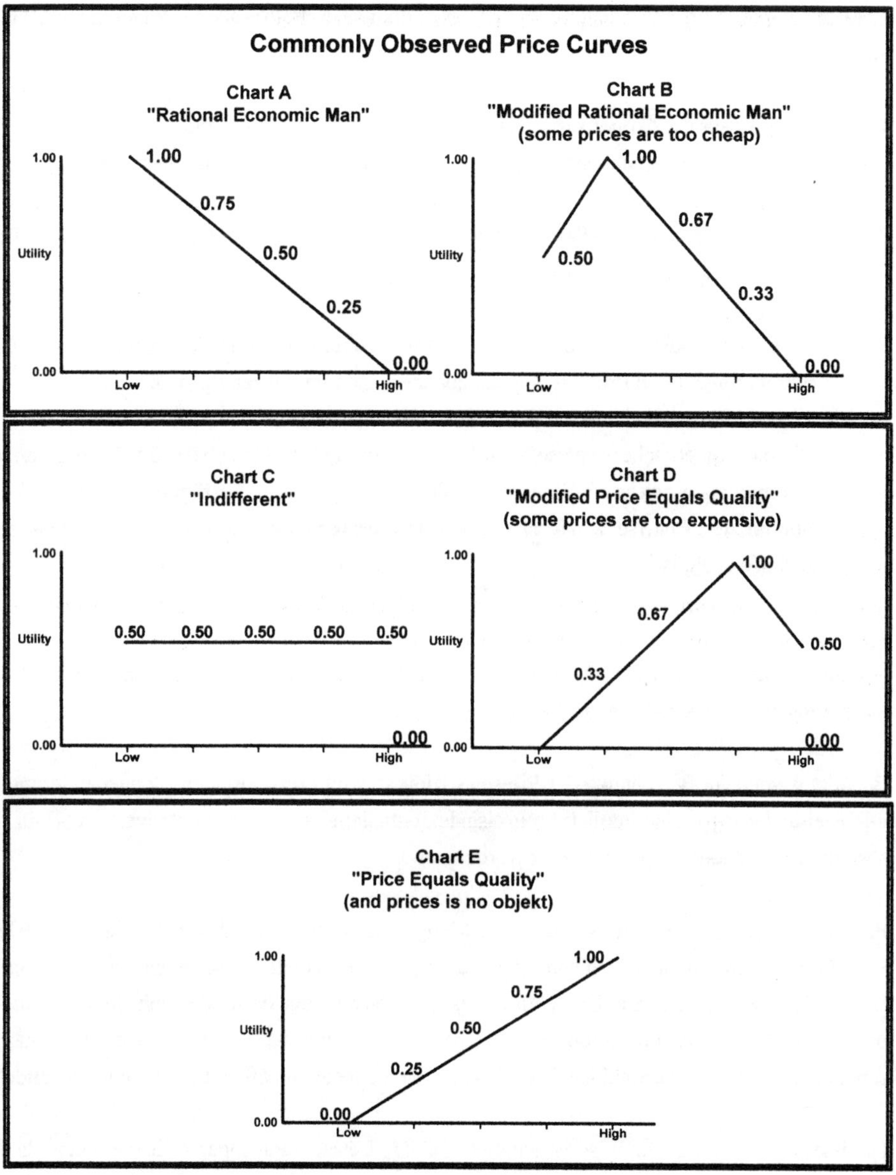

Quelle: MORTON / DEVINE JR. (1987a), S. 97 - 98.

Es existieren verschiedene Versuche, die Preiselastizität zu messen:[184] Ökonometrische Analysen, die Untersuchung auf Test-Märkten, die direkte Befragung und Conjoint-Analysen. Jeder dieser Ansätze hat seine Vor- und Nachteile, wobei der ökonometrische Ansatz die folgenden Nachteile aufweist:[185]

1.) Will man aus der ökonometrischen Analyse die Preiselastizität ermitteln, ist die notwendige Voraussetzung, daß sich der Preis in der Beobachtungsperiode geändert hat.

2.) Vorhersagen hängen außerdem davon ab, daß die Preisänderungen verschiedener Produkte unabhängig voneinander durchgeführt werden.

3.) Zudem beeinflussen so viele andere Faktoren außer dem Preis die Nachfrage, daß reine Betrachtungen von Preis- und Mengenänderungen unvollständig sind.

4.) Die ökonometrische Analyse erfordert eine vorhandene Datenbasis über den gesamten Untersuchungszeitraum. Sollte eine solche Basis nicht zur Verfügung stehen, muß vor Beginn der Analyse zunächst mit der Datensammlung begonnen werden, was sehr zeitaufwendig ist.

Trotz dieser Nachteile soll hier bei der Ermittlung der Preiselastizität der ökonometrische Ansatz gewählt werden. Dies hat vor allem den Grund, daß eine entsprechende Datenbasis ab 1950 zur Verfügung steht, und insofern der vierte Kritikpunkt nicht relevant ist.

Benötigt werden zur Berechnung der Preiselastizität sowohl Preis- als auch Mengenänderungen. Die Preisänderungen sind implizit im Preisindex enthalten, so daß dieser stellvertretend für die absoluten Preisänderungen betrachtet werden kann.

Probleme treten bei der Untersuchung der Mengenänderungen auf, da der Produktionsverlauf vom ZVEI wertmäßig dargestellt wird, die Preisänderungen sich hier also bereits niederschlagen. Eine mögliche Methode zur Umgehung dieses Problems liegt darin, den mit dem Preisindex preisbereinigten *realen* Produktionswert zu berechnen. Damit hat man Preisänderungen ausgeschaltet und kann die wertmäßige Produktion wie eine mengenmäßige Entwicklung behandeln.

Ist dieses Problem ausgeräumt, so ist eine wertmäßige Betrachtung sogar zu bevorzugen, da der Konsument auf Preiserhöhungen nicht nur mit einem Nachfragerückgang reagieren kann,

---

184 Vgl. hierzu beispielhaft KOTLER (1982), S. 414 f..

185 Vgl. zu den Nachteilen nicht nur des ökonometrischen Ansatzes MORTON / DEVINE JR. (1987b).

sondern auch mit dem Kauf minderer Qualitäten.[186] Bei einer mengenmäßigen Betrachtung würde sich eine solche Substitution innerhalb einer Produktgruppe nicht niederschlagen; anders ist es bei der Analyse des wertmäßigen Verlaufs. Da mindere Qualitäten gekauft werden, weil sie preiswerter sind, sinkt durch eine Substitution der wertmäßige Absatz. Allerdings ist nicht explizit zu beurteilen, ob ein Rückgang des wertmäßigen Absatzes durch einen Nachfragerückgang oder eine Substitution durch mindere Qualitäten zustande gekommen ist. Beide Möglichkeiten werden als Änderung der Konsumgewohnheiten betrachtet.

Kritisch bleibt die Unsicherheit darüber, ob der Absatz tatsächlich aufgrund der Preisänderungen gestiegen oder gesunken ist oder ob auch andere Parameter des Produktes wie Qualität oder Werbung den Absatz beeinflußt haben.

Trotz dieser Probleme wird die Preiselastizität als relative Mengenänderung dividiert durch relative Preisänderung operationalisiert. Die Mengenänderung bestimmt sich aus den realen Produktionswerten und die Preisänderung aus den Preisindizes der einzelnen Güterklassen. Die entsprechenden Daten werden vom ZVEI veröffentlicht.

3.8. Operationalisierung der Produkteigenschaften

Als Determinanten des Produktes werden von HEUß genannt
- Qualitätsverbesserungen,
- die Erschließung neuer Verwendungsmöglichkeiten und
- Produktdifferenzierungen.

HEUß geht davon aus, daß das Produkt in der Experimentierungsphase noch im Entstehen, also noch mit "Kinderkrankheiten" belastet ist. In der Expansionsphase tritt eine Verbesserung der Konsumentenversorgung über Qualitätsverbesserungen, die Erschließung neuer Verwendungsmöglichkeiten und Produktdifferenzierungen ein. Die Ausreifungsphase ist nach HEUß dadurch gekennzeichnet, daß Verbesserungen immer weiter in den Hintergrund treten. Die Verbesserungsmöglichkeiten sind schließlich in der Sättigungsphase weitestgehend ausgeschöpft.

Auch MENSCH geht davon aus, daß Unternehmen im Frühstadium des Wachstums vermehrt Verbesserungsinnovationen durchführen, um einen möglichst großen Marktanteil zu erlangen.[187]

---

186 Vgl. DEATON (1988), S. 8.

187 Vgl. MENSCH (1975), S. 65.

Im Spätstadium hingegen sind gute Ideen für Produktverbesserungen einerseits rar, da das vorhandene Wissen weitestgehend ausgeschöpft ist, andererseits sind sie auch unwillkommen beim Management, weil die Produkte in der Massenfertigung standardisiert sind und Veränderungen des Produktes auch solche des Herstellungsprozesses und damit Kosten verursachen.

Diese These vertritt auch HOFFMANN. Seiner Meinung nach besteht ein funktionaler Zusammenhang zwischen der Qualitätspolitik und den Möglichkeiten ihrer Veränderung im Lebenszyklus, "und zwar dergestalt, daß Qualitätsverbesserungen nur bis zu einer bestimmten Grenze ("upper limit") vorgenommen werden können, um zusätzliche Nachfrage zu gewinnen. Diese Grenze wird in der Reifephase erreicht."[188]

Interessant ist in diesem Zusammenhang die Sichtweise von BRUHN. Für ihn führt "eine Verbesserung der Qualitätspolitik innerhalb einer Branche sowie die Erschließung neuer Anwendungsgebiete zu einer Verlängerung des Produktlebenszyklus"[189]. Im Prinzip entspricht dies einer Bestätigung der HEUß'schen These, denn die Verlängerung des Produktlebenszyklus schlägt sich hauptsächlich in einer Verlängerung der Expansionsphase nieder, und dieser Phase schreibt auch HEUß die meisten Produktverbesserungen zu.

Einwenden kann man, daß BRUHN vom Produktlebenszyklus ausgeht und nicht von einem Marktlebenszyklus, doch er bezieht die Qualitätspolitik auf die gesamte Branche, und zudem ist der Produktlebenszyklus laut BRUHN eher für Produktkategorien geeignet als für einzelne Marken. Somit liegt auch seiner Aussage prinzipiell ein Marktphasenkonzept zugrunde.

Der von HEUß prognostizierte Verlauf der Produktentwicklung wird also auch von anderen Autoren vertreten.

Die Erschließung neuer Verwendungsmöglichkeiten spielt im Bereich der Elektrischen Haushaltsgeräte keine wichtige Rolle. Vielmehr sind Elektrische Haushaltsgeräte ein Beispiel für die Erschließung neuer Verwendungsmöglichkeiten der Elektrizität. Folglich wird diese Produktdeterminante nicht näher betrachtet.

---

188 HOFFMANN (1972), S. 42.

189 BRUHN (1994a), S. 335.

3.8.1. Operationalisierung von Qualitätsverbesserungen

In den letzten 30 Jahren hat ein Wandel vom Hersteller- zum Verbrauchermarkt stattgefunden, so daß die Qualität in steigendem Maße zum primären Kaufargument geworden ist.[190] Bestätigt wird diese Vermutung durch die periodischen Erhebungen im Rahmen des PIMS-Programms, denn: "Unternehmen, deren Produktqualität höher eingstuft wird als die Produktqualität der wichtigsten Wettbewerber, weisen einen höheren Return on Investment und einen höheren Return on Sales auf als ihre Wettbewerber."[191] Die Produktqualität wirkt also positiv auf die Rentabilität eines Unternehmens und eröffnet zudem Möglichkeiten zur Steigerung der Wettbewerbsfähigkeit.[192]

Dieses Ergebnis wird auch durch eine empirische Untersuchung von HERRMANN bestätigt, der einerseits die Hypothese eines positiven Zusammenhangs zwischen Produktqualität und Kundenzufriedenheit postuliert und andererseits einen positiven Zusammenhang zwischen Kundenzufriedenheit und Unternehmenserfolg.[193] Beide Hypothesen bestätigen sich in der empirischen Analyse, wobei sich in der Stärke des Einflusses jedoch erhebliche branchenspezifische Unterschiede einstellen.

Qualität kann unterschiedlich definiert werden:[194] [195]

(1) Die *produktbezogene, objektive Definition*
benutzt objektiv meßbare und intersubjektiv nachprüfbare Kriterien wie Qualitätsklassen oder physikalische Maßeinheiten.

(2) Die *anwenderbezogene, subjektive Definition*
vermischt objektive und subjektive Qualitätsinhalte bei der Bildung von Qualitätsurteilen durch den Kunden.

(3) Die *prozeßbezogene, unternehmensinterne Definition*
geht von betriebsinternen Größen als Vorgaben für die Produktion im Rahmen von Kostensenkungspotentialen aus.

---

190 Vgl. WITTIG (1994), S. 3; außerdem MASING (1994), S. 15 und GARVIN (1984), S. 25.

191 SEGHEZZI (1994), S. 1. Vgl. hierzu auch WITTIG (1994), S. 6 ff. und BRUHN (1994a), S. 337 f. und S. 352.

192 Vgl. WILDEMANN (1984), S. 14.

193 Vgl. HERRMANN (1995).

194 Vgl. zu verschiedenen klassischen Qualitätsdefinitionen KOLARIK (1995), S. 4 f..

195 Vgl. zu folgenden Ausführungen BRUHN (1994a), S. 332 f..

(4) Die *relative, nutzenbezogene Definition*
beschreibt eine bestimmte Kosten-Nutzen-Relation, wie z.B. einen günstigen Preis im Verhältnis zu einer Standardqualität.

Hier soll Qualität nach DIN ISO 8402 definiert werden als "die Gesamtheit von Merkmalen einer Einheit bezüglich ihrer Eignung, festgelegte und vorausgesetzte Erfordernisse zu erfüllen."[196]

Man erkennt an dieser Definition die Wandlung, die sich in den letzten Jahrzehnten vollzogen hat. In der Vergangenheit wurden vor allem technische Merkmale eines Produktes, wie z.B. eine hohe technische Leistung oder eine lange Lebensdauer, mit "Qualität" gleichgesetzt. Die obige Definition erfolgt hingegen aus der Sicht des Käufers, der Maßstab für Qualität ist das Urteil des Kunden.[197] Das bedeutet jedoch, daß objektiv meßbare technische Merkmale nicht mehr zur Verfügung stehen und statt dessen das subjektive Urteil des Kunden operationalisiert werden muß, was erhebliche Probleme mit sich bringt.[198]

Das Wort "subjektiv" impliziert bereits, daß ein solches Urteil von Käufer zu Käufer verschieden ist.[199] Es kommt ganz darauf an, wie der Kunde die Qualität des Produktes erfährt. Diese Erfahrung ist eine Funktion der Erfüllung seiner Bedürfnisse und Erwartungen in bezug auf
(1) die Produktgestaltung, betreffend Funktion, Form und Tauglichkeit,
(2) die Kosten für das Produkt (sowohl Anschaffungs- als auch Unterhaltungskosten),
(3) die Lieferbereitschaft und die zügige Bearbeitung von Reparaturen sowie
(4) die Kompetenz des Kundendienstes.[200]

Qualitätsverbesserungen können nur mit einer positiven Beeinflussung dieser Erfahrungen einhergehen, was umso schwieriger ist, als jeder Kunde andere Bedürfnisse hat und sich sein eigenes Urteil bildet.

Zudem verändert sich dieses Urteil im Zeitablauf. Die Qualitätserwartungen des Kunden sind nicht absolut und unveränderbar, sondern relativ zum Angebot am Markt, wobei in viel höherem

---

196 E DIN ISO 8402: Qualität - Begriffe (1989), S. 6.

197 Vgl. SEGHEZZI (1994), S. 6.

198 Vgl. hierzu beispielhaft KAMISKE / BRAUER (1995), S. 128.

199 Diese Aussage ist nach HANSEN jedoch mit einer Einschränkung zu versehen: der Gebrauchszweck von Produkten und die gesellschaftliche Normierung des Geschmacks trägt ein wenig zur Objektivierung des Qualitätsurteils bei. Vgl. HANSEN (1969), S. 42. Auch JUDD und RIORDAN unterteilen den individuellen Nutzen, den ein Produkt stiftet, in eine im Durchschnitt der Bevölkerung gleiche und in eine individuell verschiedene Zahlungsbereitschaft. Vgl. JUDD / RIORDAN (1994), S. 774.

200 Vgl. KOLARIK (1995), S. 6.

Maße als früher nicht das Produkt allein, sondern das Gesamtangebot am Markt beurteilt wird.[201] Der Kunde vergleicht dabei zwischen den Produkten verschiedener Anbieter, wobei er die dazugehörige fachgerechte Information und den kompetenten Kundenservice als Zusatznutzen berücksichtigt.

Gerade bei Elektrischen Haushaltsgeräten ist der Kundendienst von großem Interesse. "Der Kundendienst umfaßt alle bereitgestellten Unternehmensleistungen, die dem Kunden die Möglichkeit geben, das Kernprodukt und/oder eine standardisierte Kerndienstleistung erfolgreich für seine eigene Wertschöpfung zu nutzen und nach Gebrauchsende umweltgerecht zu entsorgen."[202] Unter Kundendienstqualität werden "alle Verhaltensweisen, Prozesse und Prozeßmerkmale verstanden, die geeignet sind, die Kundendienstleistung gemäß den Anforderungen der Kunden und der Zielsetzungen des Unternehmens bereitzustellen."[203] Man kann jedoch davon ausgehen, daß der Kunde nur einen Teil der genutzten Qualität wahrnimmt und sich über diese wahrgenommene Qualität sein Urteil bildet.[204]

Für Unternehmen ist es folglich nur dann von Interesse, einen höheren Qualitätsstandard anzubieten als andere Unternehmen, wenn dies von den Kunden auch wahrgenommen und zudem mit der Bezahlung eines Preises belohnt wird, der über den Produktionskosten dieser "besseren" Qualität liegt.[205] Um Vertrauen in die Qualität ihres Produktes zu schaffen, investieren Unternehmen sog. spezifisches Kapital (auch "sunk costs" genannt) in den Aufbau eines Markenimages, so daß der Markenname als Qualitätssignal aufgefaßt wird.[206] Deshalb wird häufig versucht, Markennamen auf neue Produkte zu übertragen, um Qualitätssicherheit für diese neuen Produkte zu erreichen.[207] Ist das Markenimage in den Augen der Kunden noch nicht sicher, übernimmt der Preis die Funktion des Qualitätsindikators.[208] Diesen Sachverhalt faßt ABBOTT unter wettbewerbspolitischen Aspekten zusammen: "Wir sehen also, daß der Wettbewerb auf einem Markt

---

201 Vgl. SEGHEZZI (1994), S. 6. Schon 1943 waren Subjektivität und Relativität des Qualitätsbegriffs ein Thema. Vgl. hierzu VERSHOFEN (1943), S. 8 f.. VERSHOFEN ist allerdings der Überzeugung, daß das gefällt, was seinen Gebrauchszweck am besten erfüllt, technische Qualität also auch ästhetischen Reiz besitzt (S. 14). Hier ist mit Sicherheit bis heute eine Wandlung eingetreten, denn technische Qualität gilt beim Kauf eines Produktes heute als Grundvoraussetzung. Vgl. zum Begriff der Relativität der Qualität auch PAYSON (1994), S. 3. Jedoch geht PAYSON davon aus, daß man auch eine absolute Qualitätsveränderung feststellen kann, indem man die Qualität eines Produktes zu verschiedenen Zeitpunkten vergleicht. Genau dieses Vorgehen soll in dieser Untersuchung verwendet werden.

202 WINKLER (1994), S. 654.

203 WINKLER (1994), S. 654.

204 Vgl. SEGHEZZI (1994), S. 9.

205 Vgl. SCHMIDT / ELßER (1992), S. 54 f..

206 Vgl. SCHMIDT / ELßER (1992), S. 55 f..

207 Vgl. WISWEDE (1992), S. 91.

208 Vgl. WISWEDE (1992), S. 85. JUDD und RIORDAN ergänzen den Aspekt des Preises als Qualitätssignal um den der Erfahrung, die der Kunde mit dem Produkt macht. Vgl. hierzu JUDD / RIORDAN (1994), S. 774.

eine zweidimensionale Erscheinung ist - ein Ganzes aus zwei unabhängigen Elementen, Qualitätswahl und Preiswahl."[209]

Gerade bei neuen Produkten ist es schwierig, den Preis als Qualitätsindikator zu benutzen, da in dieser frühen Phase den Unternehmen der Profit wichtiger ist als die Kundenzufriedenheit.[210] In der Expansionsphase reift langsam die Einsicht, daß Qualität notwendig ist, damit "der Kunde zurückkommt und nicht das Produkt". Die Ausreifungsphase ist dadurch gekennzeichnet, daß die Kundenzufriedenheit als Maß für Qualität angesehen wird. In der Sättigungsphase schließlich wird jede Abteilung im Unternehmen als interner Kunde behandelt, den es zufriedenzustellen gilt. Diese Phasenabfolge kann als Qualitätslebenszyklus bezeichnet werden[211], wobei die Phasenbezeichnungen aus dem Marktphasenschema übernommen wurden, um die Parallelen zur HEUß'schen Darstellung aufzuzeigen. Die Qualität steigt in jeder Phase an bis zu ihrem Maximum in der Ausreifungsphase; in der Sättigungsphase können nur noch innerhalb des Unternehmens Qualitätsverbesserungen durchgeführt werden.

Auch eine empirische Untersuchung von DILLER läßt es ratsam erscheinen, den Preis nicht als Qualitätsindikator anzusehen. DILLER untersucht die Entwicklung der Preis-Qualitäts-Relation von Konsumgütern und kommt zu dem Ergebnis, daß zwar eine leichte Verbesserung dieser Relation von 1977 bis 1987 eingetreten ist, hier jedoch noch erhebliche Spielräume ungenutzt sind. "Wenn die von uns konstatierte Dynamik der Entwicklung seit 1977 anhält, können wir jedenfalls erst in 4 Jahrzehnten damit rechnen, daß der Preis tatsächlich ein einigermaßen zuverlässiger Indikator für die Qualität von Konsumgütern wird!"[212]

Qualität umfaßt nach GARVIN acht verschiedene Dimensionen:[213]

1.) Gebrauchsnutzen,
2.) Ausstattung,
3.) Zuverlässigkeit,
4.) Normgerechtigkeit,
5.) Haltbarkeit,
6.) Kundendienstqualität,

---

209 ABBOTT (1958), S. 138.

210 Zu diesem Ergebnis kommen auch CAVES und GREENE in ihrer Studie: Die Korrelation zwischen Qualität und Preis ist für innovative Produkte sehr gering, nimmt aber mit vertikaler Produktdifferenzierung zu. Vgl. CAVES / GREENE (1996).

211 Dieser Lebenszyklus der Qualität ist modifiziert nach WITTIG (1994), S. 12.

212 DILLER (1988), S. 200.

213 Vgl. zu folgenden Ausführungen GARVIN (1984), S. 30 ff..

7.) Ästhetik und
8.) Qualitätsimage.

Einige dieser Dimensionen beinhalten meßbare Produkteigenschaften, andere spiegeln individuelle Präferenzen wider; einige sind objektiv und zeitlos, während andere sich mit der Mode verändern. Meßprobleme sind hier also offensichtlich.

Wie aus diesen acht Dimensionen hervorgeht, bezieht sich Qualität auf zwei Eigenschaften eines Produktes: Zum einen auf den angebotenen Nutzen, zum anderen auf die Freiheit von Fehlern.[214]

Fehler sind in korrigierbare und nicht korrigierbare zu unterteilen, wobei sich korrigierbare Fehler in Nacharbeitskosten niederschlagen, nicht korrigierbare in Ausschußkosten.[215] Diese Kosten werden auch als direkte Fehlerkosten bezeichnet. Ergänzend hierzu können auch indirekte Fehlerkosten (wie z.B. Kulanzleistungen und Kosten durch die zeitliche Verzögerung von Lieferungen) und fehlerbedingte Opportunitätskosten auftreten, wobei letztere besonders schwer zu erfassen sind, da der Verlust an verärgerten Kunden bzw. der dadurch entgangene Gewinn nicht meßbar sind.[216]

Qualität bedeutet in diesem Zusammenhang geringe Fehlerkosten aufgrund eines qualitativ hochwertigen Produktionsprozesses. Da diese Seite der Produktqualität nur unternehmensintern beurteilt werden kann, ist sie in unserer Untersuchung nicht von Interesse.

Die Betrachtung des angebotenen Nutzens birgt die bereits angesprochenen Probleme der Subjektivität, Relativität und Ganzheitlichkeit. Außerdem kommt das Kundenurteil in der Regel sehr spät - wenn es überhaupt kommt. Nur 4% der unzufriedenen Kunden beschweren sich über mangelnde Qualität, die übrigen 96% kaufen beim nächsten Mal einfach ein anderes Produkt.[217] Die Rückmeldung von Seiten der Kunden ist also sehr gering. Deshalb wird häufig auf die Praxis des "Competitive Benchmarking" zurückgegriffen, wobei Vergleichstests zwischen bestehenden eigenen Produkten, Wettbewerbsprodukten und dem zu entwickelnden Produkt durchgeführt

214 Vgl. SEGHEZZI (1994), S. 7. Der angebotene Nutzen wird auch Qualität im Außenverhältnis und die Freiheit von Fehlern Qualität im Innenverhältnis genannt. Vgl. hierzu MASING (1994), S. 5.

215 Vgl. SEGHEZZI (1994), S. 12 f..

216 Vgl. SEGHEZZI (1994), S. 43 ff.. Eine ähnliche Einteilung benutzt STEINBACH (1994), S. 79 ff.. Vgl. auch die Definition qualitätsbezogener Kosten nach DIN ISO 8402, die diese Kosten als "diejenigen, welche durch das Sicherstellen und Sichern zufriedenstellender Qualität verursacht sind, als auch die Verluste infolge des Nichterreichens zufriedenstellender Qualität" bezeichnet. ECKEL spricht in diesem Zusammenhang von positiven Qualitätskosten (Kosten zur Erfüllung der Produktanforderungen) und negativen Qualitätskosten (Kosten, die durch Abweichungen von den Anforderungen entstehen). Vgl. ECKEL (1994), S. 192 f..

217 Vgl. WITTIG (1994), S. 5 f..

werden.[218] Dabei lassen sich die einzelnen Produktmerkmale zwar erfassen, problematisch ist jedoch ihre Gewichtung und Zusammenführung.

Da sich Warentestinstitute ebenfalls des "Competitive Benchmarking" bedienen, sollen Qualitätsverbesserungen in dieser Untersuchung anhand der Veränderung der Testurteile der Stiftung Warentest über Elektrische Haushaltsgeräte im Zeitablauf gemessen werden.

Der Begriff des Warentests ist in der DIN-Norm 66052 festgelegt:
"Warentest ist die Prüfung und Bewertung der für die Gebrauchstauglichkeit maßgebenden Eigenschaften von ihrer Herkunft nach bestimmbaren Waren. Sein Ziel ist es, dem Käufer die als Grundlage für den Kaufentschluß notwendigen sachlichen Informationen in allgemein verständlicher Form zugänglich zu machen. In der Regel umfaßt ein Warentest den Vergleich einer repräsentativen Auswahl der für denselben Verwendungszweck angebotenen Waren."[219]

Damit ist bereits der vergleichende Warentest angesprochen. Dieser soll die "Eignung von Gütern für die von ihnen zu erfüllenden Zwecke prüfen und die Ergebnisse innerhalb einer bestimmten Gütergruppe einander gegenüberstellen."[220]

In der Bundesrepublik Deutschland ist die "Stiftung Warentest" Träger des vergleichenden Warentests. Ihr vorrangiges Ziel ist es, durch Informationsverdichtung die Markttransparenz für die Verbraucher zu erhöhen.

Um die Arbeit der Stiftung Warentest zu erleichtern, wurde ihr rechtlich ein Spielraum bei der Beurteilung von Produkten eingeräumt. Sie muß allerdings den Grundsätzen der Neutralität, Sachkunde und Objektivität genügen.[221] Das heißt jedoch nichts anderes, als daß die Stiftung Warentest unabhängig agiert, kompetente Tester einsetzt und sich um die Richtigkeit der Testergebnisse *bemüht*, also keine bewußten Fehlurteile verbreitet.[222]

Eine Untersuchung von SILBERER ET AL. zur Nutzung der Testergebnisse der Stiftung Warentest im Konsumgüterbereich hat ergeben, daß bei Gebrauchsgüterkäufen die Testergebnisse zu etwa 30% herangezogen werden, bei Verbrauchsgüterkäufen zu etwa 10%.[223] Dabei ist das Gesamturteil häufig die wichtigste Orientierungsquelle.

---

218 Vgl. SEGHEZZI (1994), S. 14.

219 DIN 66052: Warentest - Begriff (1971), S. 1.

220 PETERMANN (1976), Sp. 4348.

221 Vgl. hierzu HART (1986), S. 516.

222 Vgl. hierzu auch HÜTTENRAUCH (1986), S. 29 ff..

223 Vgl. SILBERER / FÖRSTER / RAFFÉE / FRITZ / HILGER (1984), S. 102 ff..

Die häufige Nutzung der Testergebnisse hat Auswirkungen auf die Hersteller: Positive Testurteile erhöhen den Umsatz der getesteten Geräte erheblich (durchschnittlich 23% auf ein halbes Jahr nach der Testveröffentlichung bezogen), während der Umsatz bei negativen Testurteilen noch stärker zurückgeht (durchschnittlich 35%).[224] Negative Testergebnisse wirken sich also stärker aus als positive.

Eine interessante Wirkung der Testergebnisse ist zudem der produktpolitische Einfluß: Zum einen werden in beachtlichem Umfang Produktänderungen als Konsequenz von Testergebnissen vorgenommen, zum anderen werden in den Unternehmen die Prüfkriterien der Stiftung Warentest zur Qualitätskontrolle und im Prozeß der Produktentwicklung eingesetzt.[225]

Dieser innovationslenkende Einfluß der Stiftung Warentest ist nicht uneingeschränkt positiv zu bewerten. Er kann sich sogar als Innovationshemmnis auswirken, da die Testergebnisse zum Zeitpunkt ihrer Veröffentlichung häufig schon an Aktualität eingebüßt haben.[226] Die Folge ist, daß Konsumenten veraltete Produkte nachfragen, was dazu führt, daß diese länger als geplant weiterproduziert werden. Innovationen werden dadurch verzögert.

Als Lösungsmöglichkeiten werden vorgeschlagen[227]

- die Beschleunigung des Testverfahrens
    * durch den Einsatz rechnergesteuerter Prüfplanungsmethoden,
    * durch eine Verkürzung der Prüfzeit und
    * durch die redaktionelle Umsetzung der Ergebnisse,

- die Verbesserung der Aktualität des Warentests
    * durch den Einsatz neuer Kommunikationsmedien

- und die größere Beachtung von Innovationen
    * z.B. durch eine Innovationsberatung.

Ein anderes Problem, das der Stiftung Warentest häufig zum Vorwurf gemacht wird, ist die Informationsverdichtung zu Gesamtnoten. Eine empirische Untersuchung von SILBERER zeigt allerdings, daß Konsumenten Gesamtnoten als Entlastungsangebote durchaus häufig nutzen, sich

---

224 Vgl. FRITZ / HILGER / RAFFÉE / SILBERER / FÖRSTER (1984), S. 98 ff..

225 Eine gute Übersicht zu den produktpolitischen Auswirkungen vergleichender Warentests befindet sich bei FRITZ (1984), S. 303.

226 Vgl. im folgenden RAFFÉE / FRITZ (1985), S. 82 ff..

227 Vgl. zu den Lösungsmöglichkeiten FRITZ ET AL. (1984), S. 107 ff. und RAFFÉE / FRITZ (1985), S. 85.

deren negative Folgen jedoch in Grenzen halten.[228] Im Anbieterbereich kann jedoch nicht ausgeschlossen werden, daß sich eine bestimmte Gesamtnote existenzgefährdend auswirkt und somit Testergebnisse die Marktstruktur beeinflussen.

Folgende Maßnahmen werden zur Lösung des Problems diskutiert:[229]

(1) Stärkere Berücksichtigung der Verbraucherinteressen bei der Auswahl und Gewichtung von Testkriterien,
(2) Notensplitting durch alternative Gewichtungsschemata,
(3) benutzerfreundliche Darstellung und Erläuterung der Testkriterien und
(4) Vergabe von vollen und halben Noten.

Insgesamt gesehen ist die Arbeit der Stiftung Warentest positiv zu beurteilen, da sie ihrer Aufgabe, die Markttransparenz zu erhöhen, gerecht wird, und somit Marktunvollkommenheiten vermindert werden. Zudem wird der Konsument bei der Produktwahl entlastet, und die Unternehmen bringen den Ergebnissen der Stiftung Warentest ebenfalls große Aufmerksamkeit entgegen. Die unbeabsichtigten Negativwirkungen können durch obige Lösungsvorschläge begrenzt werden.

Wie oben bereits erwähnt, haben die Testergebnisse Auswirkungen auf die Produktpolitik der Unternehmen. Folglich kann man in einer Längsschnittuntersuchung der Testergebnisse Qualitätsverbesserungen ablesen. Der Produktbereich Elektrische Haushaltsgeräte ist von der Stiftung Warentest häufig getestet worden, da wegen technischer Komplexität und hohen Anschaffungspreisen ein großes Informationsbedürfnis der Verbraucher existiert[230], so daß eine gute Datenbasis zur Verfügung steht. Allerdings werden die test-Jahrbücher erst seit 1973 veröffentlicht, so daß die Untersuchung der Qualitätsverbesserungen erst ab dieser Zeit erfolgen kann.[231]

---

228 Vgl. SILBERER (1985).

229 Vgl. SILBERER (1985), S. 73 f..

230 Vgl. hierzu GARBE / GROTHE-SENF (1986), S. 54 f..

231 Eine vergleichbare Analyse wurde von LÖSENBECK und REITER unternommen. Sie kommen bei der Untersuchung der Testurteile für Waschmaschinen für den Zeitraum von 1966 bis 1990 zu dem Ergebnis, daß in der Tat eine Qualitätsverbesserung stattgefunden hat, denn im Zeitraum von 1986 bis 1990 hat keine der getesteten Waschmaschinen schlechter als zufriedenstellend abgeschnitten, während die Urteile in den 70er Jahren eher im mittleren Bereich lagen. Da Mitte der 80er Jahre die Prüfkriterien der Stiftung Warentest umgestellt wurden, kam es hier kurzfristig zu einem Absinken des Qualitätsstandards, da sich die Hersteller noch nicht auf die neuen Prüfkriterien eingestellt hatten. Inzwischen wird auch den geforderten Umweltaspekten Rechnung getragen. Vgl. LÖSENBECK / REITER (1992).

3.8.2. Operationalisierung von Produktdifferenzierungen

Grundsätzlich gibt es fünf verschiedene Möglichkeiten, das vorhandene Produktionsprogramm einer Unternehmung zu verändern, wobei die Produktdifferenzierung nur **eine** dieser Möglichkeiten darstellt:[232]

(1) PRODUKTINNOVATION
ist mit der Schaffung neuer Produkte gleichzusetzen.

(2) PRODUKTDIFFERENZIERUNG
bedeutet, daß zu einem bereits vorhandenen Produkt eine neue Variante hinzugefügt wird.
  (a) *Horizontale Differenzierung*
  basiert auf dem unterschiedlichen Geschmack der Kunden.
  (b) *Vertikale Differenzierung*
  wird über das Angebot höher- oder niedrigpreisiger Varianten erreicht.
  (c) *Laterale Differenzierung*
  erfolgt zumeist über eine Ausweitung von Produktfamilien.

(3) PRODUKTVARIATION
beginnt bei der kleinsten bemerkten Veränderung und endet dort, wo der Neuheitseindruck überwiegt.

(4) PRODUKTDIVERSIFIKATION
erfaßt das Hinzufügen neuer Produkte.
  (a) *Horizontale Diversifikation*
  bedeutet eine Erweiterung in benachbarte Bereiche und ist auch unter dem Stichwort Programmerweiterung bekannt.
  (b) *Vertikale Diversifikation*
  erfaßt eine Vergrößerung der Programmtiefe in vor- oder nachgelagerte Richtung.
  (c) *Laterale Diversifikation*
  meint neue Produkte für neue Märkte.

---

232 Vgl. zu folgenden Ausführungen KOPPELMANN (1993), S. 12 ff.. Auch HÜTTEL betrachtet als Instrumente der Produktpolitik Innovation, Diversifikation, Variation, Differenzierung und Elimination, jedoch ergänzt um die routinemäßige Betreuung. Vgl. HÜTTEL (1994), S. 159. Eine Übersicht zu diesen Instrumenten in Verbindung mit Strategieüberlegungen findet sich bei HOFMAIER (1984), S. 217.

(5) PRODUKTELIMINATION
beschreibt die Notwendigkeit, ein Produkt ganz aus dem Programm zu nehmen.

Produktdifferenzierungen können also in vertikale, horizontale und laterale Richtung erfolgen. Da die laterale Differenzierung nicht auf eine Veränderung der Produkte abzielt, ist sie hier nicht von Interesse. Die vertikale Produktdifferenzierung ist dadurch gekennzeichnet, daß es ein eindeutig "bestes" Produkt gibt, das alle Konsumenten bei einheitlichem Preis kaufen würden.[233] Sie umfaßt also verschiedene Produktqualitäten. Die horizontale Differenzierung hingegen basiert auf dem unterschiedlichen Geschmack der Kunden. Die Käufer sind sich nicht einig, welches Produkt das "beste" ist - jeder kauft bei einheitlichem Preis ein anderes Produkt. Ein Beispiel für horizontale Produktdifferenzierung sind Farben, eines für vertikale sind Airbags.

Auch das Design eines Produktes ist ein Beispiel für horizontale Produktdifferenzierung. Die Designer selbst kritisieren daran, daß Design unter diesen Bedingungen auf den schönen Schein reduziert wird.[234] Andererseits sehen sie auch die Chance, daß Design ein wichtiges Argument wird, um sich von der Konkurrenz abzusetzen, da sich die Produkte in Qualität und Technologie immer ähnlicher werden.[235]

In die gleiche Richtung zielt die Differenzierung über den Kundenservice. Da Produkte technisch austauschbarer werden, ist Differenzierung im Umfeld der Produktanwendung gefragt.[236] Ein professioneller Service ist zum Abheben von der Konkurrenz unabdingbar.

Diese Beispiele zeigen, daß vertikale Produktdifferenzierungen auf zumeist gesättigten Märkten in ihren Möglichkeiten weitestgehend ausgeschöpft sind. Auch KONERT geht davon aus, daß die wahrgenommenen Qualitätsunterschiede auf gesättigten Märkten gering sind und folglich Konzepte angewendet werden sollten, die dem Konsumenten den Produktnutzen über Erlebniswertstrategien vermitteln.[237] Welche Marketingaktivitäten am ehesten geeignet sind, die Differenzierung voranzutreiben und somit den zukünftigen Preiswettbewerb zu mildern, haben BOULDING, LEE und STAELIN untersucht. Sie kommen zu dem Ergebnis, daß es nicht vornehmlich auf die Marketinginstrumente ankommt, sondern darauf, daß die Instrumente eine einheitliche Nachricht vermitteln.[238]

---

233 Vgl. im folgenden BÖCKEM (1992), S. 3 f..

234 Vgl. hierzu beispielhaft ECKERT / MANGOLD (1994), S. 66.

235 Vgl. hierzu FLACHSMANN (1995), S. 35.

236 Vgl. hierzu MÜLLER (1995), S. 184 f..

237 Vgl. KONERT (1986), S. 23.

238 Vgl. BOULDING / LEE / STAELIN (1994), S. 168 ff..

Zusammenfassend kann aus diesen Argumenten der Schluß gezogen werden, daß in der Experimentierungsphase noch keine Produktdifferenzierung betrieben wird, da die Produktinnovation noch ohne Konkurrenz ist. In der Expansionsphase treten Imitatoren in den Markt ein, so daß erste vertikale Produktdifferenzierungen durchgeführt werden, um sich von der Konkurrenz abzusetzen. Diese Qualitätsverbesserungen werden mit fortschreitender Phasenabfolge ebenfalls imitiert, so daß auf horizontale Produktdifferenzierungen ausgewichen wird. Dies soll allerdings nicht heißen, daß sich vertikale und horizontale Produktdifferenzierungen strikt voneinander trennen lassen. Ganz im Gegenteil treten sie meistens gemeinsam auf.[239]

In diesem Fall sind Preisvergleiche für den Konsumenten schwierig, so daß Versuche unternommen wurden, den Marktwert von Produkteigenschaften zu ermitteln.[240] Diese Versuche beschränken sich hauptsächlich auf den Gebrauchtwagen- und Wohnungsmarkt, sind jedoch vom Prinzip her auch auf andere Produkte übertragbar.

Volkswirtschaftlich ist die Betrachtung differenzierter Produkte bis in das Jahr 1933 zurückzuverfolgen. In diesem Jahr hat CHAMBERLIN Aussagen zur Produktdifferenzierung durch seine Theorie der monopolistischen Konkurrenz[241] in der ökonomischen Literatur etabliert. Der erste Ansatz einer Theorie der Produktdifferenzierung geht jedoch auf LAUNHARDT[242] zurück. Ebenso wie der Aufsatz von HOTELLING[243], der die Grundlage vieler Modelle bildet, bezieht sich LAUNHARDT jedoch auf Transportkosten und die damit verbundene räumliche Produktdifferenzierung.[244]

Mit der Erwähnung der räumlichen Differenzierung sind bereits die Arten der Produktdifferenzierung angesprochen. Diese lassen sich gemäß den Bedingungen für einen vollkommenen Markt aus räumlichen, zeitlichen, persönlichen und sachlichen Präferenzen herleiten, da das Ziel der Produktdifferenzierung darin besteht, Präferenzen für das jeweilige Produkt zu schaffen, indem man es von den Produkten der Konkurrenz abhebt. Durch die Produktdifferenzierung sollen also die Bedingungen des vollkommenen Marktes systematisch aufgehoben werden.

---

239 Vgl. beispielsweise BÖCKEM (1992), S. 4.

240 Vgl. hierzu beispielhaft DICHTL (1984); WEBER (1986) und SANDER (1993).

241 Vgl. CHAMBERLIN (1933).

242 Vgl. LAUNHARDT (1885).

243 Vgl. HOTELLING (1929).

244 Eine gute Übersicht über die einzelnen Modelle der Produktdifferenzierung findet sich bei EATON / LIPSEY (1989), S. 762.

Dies geschieht durch:[245]

- *räumliche Produktdifferenzierung*:
  Ein Produkt wird deshalb von einem speziellen Kundenkreis präferiert, da für diese Kunden aufgrund der günstigen geographischen Lage des Unternehmens beim Erwerb des Produktes keine oder nur geringe Transportkosten anfallen.

- *zeitliche Produktdifferenzierung*:
  Ein Produkt wird von einem speziellen Kundenkreis bevorzugt, weil das Unternehmen beispielsweise einen 24-Stunden-Service anbietet.

- *persönliche Produktdifferenzierung*:
  Ein Unternehmen wird deshalb von einem bestimmten Kundenkreis bevorzugt frequentiert, da hier besonders freundliches Verkaufspersonal tätig ist.

- *sachliche Produktdifferenzierung*:
  Hierunter fällt die eigentliche Produktdifferenzierung, die eine Veränderung des Produktes zur Erfüllung spezieller Kundenbedürfnisse beinhaltet. Nur diese Art der Produktdifferenzierung ist in dieser Arbeit relevant.

Die sachliche Produktdifferenzierung ist über

* das Anbieten besserer Qualitäten,
* das Anbieten individueller Leistungsbündel und
* das Anbieten unvergleichbarer Leistungsbündel

zu erreichen.[246]

Diese Strategien sind nicht strikt der vertikalen oder horizontalen Produktdifferenzierung zuzuordnen, was obiges Argument erhärtet, daß beide Typen von Produktdifferenzierungen meistens gemeinsam auftreten.

Die Ursache der Produktdifferenzierung liegt in den unterschiedlichen Bedürfnissen der Nachfrager begründet.[247] Ein Unternehmen, das Produktdifferenzierung bis hin zur Einzelfertigung betreibt, sieht sich hohen Kosten gegenüber. Hingegen führt ein Verzicht auf Produktdifferenzie-

---

245 Diese Arten der Produktdifferenzierung sind u.a. erwähnt bei PFÄHLER / WIESE (1991), S. 460.

246 Vgl. zu diesen Strategien BOHN (1993), S. 65 ff.. Auf S. 114 in diesem Buch sind die Differenzierungsstrategien in ein 4-Quadranten-Schema eingebettet.

247 Vgl. hierzu im folgenden BROCKHOFF (1988), S. 238.

rung dazu, daß sich die Produkte nur für wenige Käufer mit den Idealvorstellungen decken, wobei sie jedoch wesentlich kostengünstiger produziert werden können. In der Regel wird sich ein Unternehmen für den "goldenen Mittelweg" entscheiden, aber auch Extremlösungen wie das "Anbieten individueller Leistungsbündel" sind möglich. Es kommt ganz darauf an, welche Strategie ein Unternehmen wählt.

Nach PORTER können die folgenden Strategien dazu dienen, andere Unternehmen der Branche zu übertreffen:[248]

(1) die umfassende Kostenführerschaft,
(2) die Differenzierung und
(3) die Konzentration auf Schwerpunkte.

Bei der UMFASSENDEN KOSTENFÜHRERSCHAFT wird versucht, Kostenvorsprünge aufgrund von Erfahrungskurven-Effekten und Massenproduktionsvorteilen konsequent auszunutzen. "Niedrigere Kosten im Vergleich zu den Konkurrenten werden zum roten Faden der gesamten Strategie, obwohl Qualität, Service und andere Bereiche nicht außer Acht gelassen werden dürfen."[249] Es wird also gänzlich auf Produktdifferenzierungen verzichtet.

Die STRATEGIE DER DIFFERENZIERUNG stellt darauf ab, daß die Unternehmung sich mit ihrem Produkt von der ganzen Branche abhebt. Dadurch, daß das Produkt spezielle Kundenwünsche erfüllt, werden die Abnehmer an die Marke gebunden und ihre Preisempfindlichkeit verringert, so daß sich die Ertragsspannen erhöhen und dadurch ein Kostenvorsprung überflüssig wird. Die Produktdifferenzierung wird nahezu bis zur Einzelfertigung betrieben.

Bei der KONZENTRATION AUF SCHWERPUNKTE bedient das Unternehmen spezielle Marktnischen, in denen es Differenzierungsvorteile oder Kostenvorteile geltend machen kann.

Für den Erfolg dieser Strategien ist deren konsequente Verfolgung von existentieller Wichtigkeit. Doch auch bei konsequenter Anwendung birgt jede dieser Strategien Risiken, von denen hier nur die der Differenzierungsstrategie diskutiert werden:[250]

---

[248] Vgl. zu folgenden Ausführungen PORTER (1992), S. 62 ff. und im Original PORTER (1980), S. 34 ff..

[249] PORTER (1992), S. 63.

[250] Vgl. zu folgenden Ausführungen PORTER (1992), S. 77 f. und PORTER (1980), S. 46.

(1) Der Kostenunterschied zwischen Billiganbietern und differenzierten Unternehmen kann so groß werden, daß die Markenloyalität nicht mehr aufrecht erhalten werden kann, die Preisschwelle also überschritten wird.[251]

(2) Der Bedarf der Käufer an dem differenzierenden Faktor kann aufgrund höherer Bildung bzw. höherer Ansprüche seitens der Abnehmer sinken.

(3) Imitation kann die erkennbare Differenzierung vermindern, eine Erscheinung, die umso wahrscheinlicher wird, je älter die Branche ist.

Gerade weil die Strategie der Differenzierung im Widerspruch zur Ausnutzung von Kostenvorteilen steht, gehen sowohl HEUß als auch PORTER[252] davon aus, daß vertikale Produktdifferenzierungen in der Expansionsphase am häufigsten auftreten. In der Ausreifungsphase beschränkt sich der Wettbewerb vor allem auf die horizontale Produktdifferenzierung, während in der Sättigungsphase kaum noch Produktveränderungen durchgeführt werden, sei es, weil sie durch Imitationen nachgeahmt werden oder weil die Unternehmen mit zunehmendem Alter der Branche immer mehr unter Kosten- und Preisdruck geraten.

Die Produktdifferenzierung beinhaltet sowohl einen strukturellen als auch einen strategischen Aspekt:[253]

- Differenzierung im strategischen Sinne zielt darauf ab, sich so von seinen Konkurrenten abzuheben, daß die Produkte von den Konsumenten nicht mehr als gleichwertig erachtet werden. Je stärker eine solche Heterogenisierung gelingt, um so geringer ist der Wettbewerb unter den Anbietern.[254] PFÄHLER und WIESE gehen so weit, zu behaupten, daß erst eine Differenzierung Gewinne ermöglicht, da ein Preiswettbewerb bis zur Gewinnlosigkeit vermieden wird. Diese These bestätigt sich in ihrer Untersuchung sowohl für die vertikale als auch für die horizontale Produktdifferenzierung.[255]

- Der strukturelle Aspekt bezieht sich auf die unvollkommene Substituierbarkeit zwischen konkurrierenden Gütern.[256]

---

251 Vgl. zur Erklärung der Preisschwelle Kapitel 3.7. dieser Arbeit.

252 Vgl. PORTER (1992), S. 211 und PORTER (1980), S. 159.

253 Vgl. zu diesen Ausführungen BOHN (1993), S. 16 ff..

254 Vgl. BAIN (1968), S. 223.

255 Vgl. zur vertikalen Produktdifferenzierung PFÄHLER / WIESE (1992). Zur horizontalen Produktdifferenzierung vgl. PFÄHLER / WIESE (1991).

256 Vgl. BOHN (1993), S. 16.

Die strukturelle Sichtweise beschreibt damit eine statische Betrachtungsweise, während der strategische Aspekt auf eine dynamische Sicht zielt. Statisch gesehen sind gleichzeitig heterogene Kundenwünsche zu erfüllen; dynamisch betrachtet muß man sich rasch an veränderte Wünsche der Kunden anpassen.[257] Diese Art der Differenzierung ist die in dieser Untersuchung relevante **Produkt**differenzierung.

Davon abzugrenzen ist die **Markt**differenzierung, die nicht auf eine Veränderung der Produkte setzt, sondern lediglich auf eine marktsegmentspezifische Differenzierung der Marketing-Strategie. Da für unterschiedliche Zielgruppen verschiedene Kauffaktoren von Bedeutung sind, werden die Marketing-Aktivitäten an diesen Unterschieden ausgerichtet.[258] Durch die Internationalisierung der Märkte kommt zudem die Möglichkeit der nationalen Differenzierung in einzelne Länder, der Hemisphärengestaltung (z.B. Europäisierung) oder der Weltgestaltung (wie sie Swatch oder Coca-Cola betreiben) hinzu.[259]

Produktdifferenzierung wird hier als direkte Veränderung am Produkt operationalisiert (sachliche Produktdifferenzierung). Dabei ist irrelevant, ob es sich um Qualitätsverbesserungen (vertikale Produktdifferenzierung) oder um Veränderungen handelt, die den Geschmack der Nachfrager betreffen (horizontale Produktdifferenzierung).

Die Messung von Produktdifferenzierungen erfolgt nach den Systematischen Güterverzeichnissen für Produktionsstatistiken des Statistischen Bundesamtes, obwohl darin nur technische Differenzierungen erfaßt werden, die eher der vertikalen Produktdifferenzierung zuzuordnen sind. Zur Erfassung der horizontalen Produktdifferenzierung werden die test-Jahrbücher der Stiftung Warentest herangezogen. Diese Quellen und die damit verbundenen Auswertungsmethoden werden in Kapitel 4.8.2.1. eingehend erläutert.

---

257 Vgl. KALUZA (1989), S. 408.

258 Vgl. WINTERLING (1984), S. 326 f.. Diese Marktdifferenzierung wird bei KRUSE als informatorische Produktdifferenzierung bezeichnet. Man sieht, wie schwierig die Abgrenzung von Markt- und Produktdifferenzierung ist. Vgl. KRUSE (1960), S. 47 ff..

259 Vgl. KOPPELMANN (1993), S. 89.

4. Das Marktphasenschema: Empirische Überprüfung am Markt für Elektrische Haushaltsgeräte

Im vorangegangenen Kapitel sind die wesentlichen Aussagen des Marktphasenschemas operationalisiert worden. Die für die Datensammlung verwendeten Quellen wurden dabei teilweise bereits erwähnt. Trotzdem werden zu Beginn jedes Teilkapitels die verwendeten Quellen sowie die Vorgehensweise bei der Messung und Auswertung noch einmal ausführlich dargestellt. Daran anschließend werden die Ergebnisse zu den untersuchten Aussagen präsentiert und mit den von HEUß prognostizierten Entwicklungen verglichen. Dabei soll sich herausstellen, ob die HEUß'schen Hypothesen auf dem Markt für Elektrische Haushaltsgeräte zutreffen oder nicht.

4.1. Ermittlung der Unternehmertypen

4.1.1. Pionierunternehmen und die Rolle von AEG

Zur Bestimmung der Unternehmertypen werden zwei Branchenverzeichnisse herangezogen: der Elektro-Elektronik-Einkaufsführer des ZVEI und die Jahresschau der deutschen Industrie, Elektro-Industrie, Elektronik und ihre Helfer jeweils von 1995. Die aus diesen Branchenführern ermittelten Anbieter der zehn ausgewählten Haushaltsgeräte werden schriftlich bzw. telefonisch nach dem Einführungszeitpunkt dieser Produkte in ihren Unternehmen befragt.[1] [2] [3] Dabei können folgende Hersteller als Pionierunternehmer ermittelt werden:

---

1 Bis auf die Philips GmbH haben alle Unternehmen Auskunft erteilt (vgl. Tab. 1 im Anhang). Da über Philips weder schriftlich noch telefonisch Informationen zur Verfügung stehen, kann das Unternehmen nicht in die Analyse einbezogen werden.

2 In dieser Arbeit sollen nur Hersteller- und keine Handelsmarken betrachtet werden, so daß die Produzentenliste auf Grundlage der vorliegenden Daten zunächst um die Unternehmen bereinigt wird, die nur für Großküchen, Gewerbe und Industrie produzieren oder Handelsware vertreiben, aber nicht selbst in Deutschland fertigen.
Vgl. zur Unterscheidung zwischen Hersteller- und Handelsmarken BRUHN (1994b).

3 Die ostdeutschen Produzenten werden getrennt erfaßt, da die Untersuchung 1950 beginnt und die ostdeutschen Produzenten folglich 40 Jahre nicht in den vorliegenden Daten enthalten sind. Deshalb bleiben diese Hersteller Elektrischer Haushaltsgeräte in der weiteren Analyse unberücksichtigt.

Tab. 4.1.: Pionierunternehmen ausgewählter Haushaltsgeräte

Haushaltsgerät	Pionierunternehmen	Einführungszeitpunkt
Kaffeemaschine	AEG AG	1894
Elektroherd	AEG AG	1908
Kühlschrank	AEG AG	1911
Staubsauger	AEG AG	1913
Toaster	Rowenta-Werke GmbH AEG AG	1921 1921/22
Waschvollautomat	Blomberg-Werke	1953
Mikrowellengerät	NEFF GmbH	1957
Wäschetrockner	Miele & Cie. GmbH	1958
Geschirrspülmaschine	Bauknecht Hausgeräte	1958
Dunstabzugshaube	Gaggenau-Werke	1961

Quelle: Eigene Erhebung.

Die AEG AG hat vier Produkte als alleiniges Pionierunternehmen auf den Markt gebracht und ein weiteres Produkt gleichzeitig mit einem anderen Pionier. Jede andere Unternehmung tritt nur einmal als Pionier auf, AEG ist jedoch bei fünf von zehn Produkten Pionierunternehmen. Die Bedeutung dieser Unternehmung wird durch die Betrachtung der einzelnen Produkte noch bekräftigt, denn bei weiteren drei Produkten tritt AEG als spontan imitierendes Unternehmen auf und bietet das Produkt direkt nach dem Pionierunternehmen an.

Diese Ausführungen zeigen, daß der AEG AG eine herausragende Rolle unter den Hausgeräteproduzenten zukommt. Diese Rolle rechtfertigt eine nähere Betrachtung des Unternehmens:[4]

Am **19.04.1883** gründet Emil Rathenau die "Deutsche Edison Gesellschaft für Angewandte Elektrizität" (DEG), die am **23.05.1887** in "Allgemeine Electricitäts-Gesellschaft" (AEG) umbenannt wird. Die ersten Produkte sind mit Dynamos betriebene Lichtsysteme. **1889** werden die ersten Haushaltsgeräte in Berlin vorgestellt: Bügeleisen, Eierkocher, Herdplatten, Brenn-

4 Die Informationen zu diesen Ausführungen stammen aus Quellen, die mir freundlicherweise von AEG zur Verfügung gestellt wurden.

schere, Wasserkocher und Zigarrenanzünder. Im Jahre **1896** enthält der Katalog von AEG bereits über achtzig Elektrische Haushaltsgeräte.

Die Erfindung des Drehstrommotors durch den AEG-Chefelektriker Michail von Dolivo-Dobrowolski im Jahre **1899** eröffnet AEG die Chance, weitere Elektrische Haushaltsgeräte zu entwikkeln und zu produzieren.

Bereits **um die Jahrhundertwende** werden die ersten Staubsauger entwickelt, die jedoch bis heute deutlich an Handlichkeit und Saugstärke zugenommen haben. Der erste Elektroherd besteht aus einem Elektrokocher mit drei Herdplatten, einem Fleischgrill und einem Backofen, kombiniert in einem Eisengestell, und wird **1908** für 450,- RM verkauft. **1911** wird der erste Kühlschrank produziert, **1913** der erste bedienungsfreundliche Staubsauger für private Haushalte, der für 300,- RM angeboten wird. Das erste Massenprodukt für den privaten Haushalt wird **1924** der Staubsauger "Vampyr"; das erste Produkt, das auf einem Fließband gefertigt wird. Im Jahre **1951** wird in Nürnberg die erste Waschmaschine in die Massenproduktion geschickt, die so lange den Kundenbedürfnissen angepaßt wird, bis **1958** eine vollautomatische Waschmaschine mit integrierter Schleuder auf den Markt kommt - der "Lavamat".

1965 wird AEG Mehrheitsaktionär der Küppersbusch AG, **1983** löst sich Küppersbusch jedoch wieder von AEG und baut neue Produktserien im Hausgerätebereich auf.

1967 beteiligt sich AEG an der 1965 von der Linde AG gegründeten Linde Hausgeräte GmbH mit 75%.

1969 übernimmt AEG eine Beteiligung von 51% an der AKO GmbH in Wangen und von je 75% an den Neff-Werken in Bretten und an der Neff-Vertriebs KG. **1982** wird die NEFF GmbH durch die Bosch-Siemens-Hausgeräte GmbH übernommen und ist seitdem rechtlich selbständige Tochtergesellschaft der BSHG.

1970 beteiligt sich AEG an der Zanussi S.p.A., mit der schon früh im Rahmen der internationalen Verflechtungen kooperiert wurde. **1984** wird Zanussi von Electrolux übernommen.

1971 erwirbt AEG eine Beteiligung an der Zanker KG in Tübingen und ihrer Tochtergesellschaft Forbach GmbH & Co. KG. **1985** geht ZANKER in den Besitz von Electrolux über.

1972 übernimmt AEG eine Beteiligung von 75% an der BBC Hausgeräte GmbH mit ihren Tochtergesellschaften Rondo und Süddeutsche Metallwerke. Die übrigen 25% hält die BBC

Mannheim. Inzwischen hat sich ASEA Brown Boveri ganz aus der Hausgeräteproduktion zurückgezogen und AEG diesen Bereich überlassen.

1982 wird das Vergleichsverfahren gegen AEG eröffnet, woraufhin sich einige der Unternehmen, an denen AEG beteiligt war, lösen oder von anderen Unternehmen übernommen werden. **1983** wird der Vergleichsvorschlag angenommen und am **19.09.1984** wird das Vergleichsverfahren aufgehoben.

1985 lehnt sich AEG an die Daimler-Benz AG an, die **1986** ihre Beteiligung auf 56% erhöht. AEG wird damit zu einem DB-Konzernunternehmen. Am **30.09.1994** verkauft Daimler-Benz das Geschäftsfeld AEG Hausgeräte an den schwedischen Konzern Electrolux. Electrolux übernimmt also nicht nur einige Tochtergesellschaften von AEG, sondern das ganze Geschäftsfeld Hausgeräte.

Die vielfältigen Beteiligungen und Kapitalverflechtungen zeigen, daß AEG auch am Schicksal anderer bedeutender Hausgerätehersteller mitgewirkt hat. Diese Verantwortung hat inzwischen das schwedische Unternehmen Electrolux übernommen.

4.1.2. Einordnung der Unternehmertypen

Die **Kaffeemaschine** ist das älteste Elektrische Haushaltsgerät, das hier untersucht wird. Schon 1894 wird sie von AEG als Pionierunternehmen gefertigt. Bei diesem Produkt handelt es sich tatsächlich um eine elektrische Kaffeemaschine, denn bereits 1889 hat AEG einen elektrischen Wasserkocher entwickelt - Vorgänger der Kaffeemaschine. 1928 folgt Rowenta als Imitator, auch wenn man bei einem Zeitabstand von über 30 Jahren nicht von spontaner Imitation sprechen kann. Dieser "time lag" liegt darin begründet, daß für einen sinnvollen Einsatz von Elektrischen Haushaltsgeräten zunächst die Kosten für Elektrizität gesenkt werden mußten. Erst nachdem dies geschehen war, sind Kaffeemaschinen von anderen Unternehmen imitiert worden. AEG hatte es hier als Pionier also doppelt schwer: Einerseits mußten die Konsumenten von den Vorteilen des Produktes überzeugt werden und andererseits mußten die hohen Stromkosten beseitigt werden. Dies ist ein Beispiel für die Nachteile der Innovationsstrategie, die in Kapitel 3.1. theoretisch dargestellt wurden. Der Pionier - in diesem Fall AEG - hat spezifische Aufwendungen für die Senkung der Stromkosten zu tätigen, die dem Imitator erspart bleiben. Die Innovationsstrategie muß also nicht immer das vorteilhafteste Vorgehen sein. Ismet (heute AKO-Ismet) beginnt 1946 mit der Herstellung von Kaffeemaschinen, Grossag und Wigo nehmen 1950 die Produktion auf und Severin 1952. Diese Unternehmen treten direkt nach dem Krieg in den Markt ein, um von den Neuanschaffungen der Haushalte zu profitieren. Siemens beginnt 1964 mit der Fertigung, Krups und Melitta folgen 1965, Emide 1970 und Braun 1972. Elf Jahre später tritt das letzte Unternehmen LUXOPLAST in den Markt ein. Man kann keines dieser Unternehmen als konservativ bezeichnen, da sie alle mit Erfolg die Produktion aufgenommen haben. Eine Einordnung in unter Druck reagierende und immobile Unternehmen soll hier also nicht vorgenommen werden. Fest steht, daß AEG als Pionier und Rowenta als Imitator identifiziert werden können. Es gibt noch sehr viele andere Unternehmen, die Kaffeemaschinen anbieten, sie aber nicht selbst oder nicht in Deutschland produzieren und hier deshalb nicht berücksichtigt werden.

Das Pionierunternehmen für **Elektroherde** ist ebenfalls AEG. Zwar ist der erste Elektroherd von 1908 in keiner Weise mit den heutigen Elektrovollherden zu vergleichen, doch immerhin besteht er aus einem Elektrokocher mit drei Herdplatten, einem Fleischgrill und einem Backofen, alles kombiniert in einem Eisengestell - für die damalige Zeit ein sehr komfortables Kochgerät. 1926 bringt Siemens einen Küchenherd heraus, der aus einem Zweiplattentischherd und einem runden Bratrohr in einem gemeinsamen Gestell besteht - dem von AEG sehr ähnlich, aber erst 18 Jahre später produziert. Im selben Jahr nimmt auch Küppersbusch die Fabrikation von Elektroherden auf, die Gasherdproduktion läuft weiter. Neff und Imperial treten 1931 und 1934 in den Markt ein. Die Unternehmen Siemens, Küppersbusch, Neff und Imperial sind allesamt als Imitatoren zu bezeichnen, auch wenn bei einem "time lag" von nahezu 20 Jahren ebenfalls nicht von spontaner Imitation die Rede sein kann. Der Grund für diesen großen Zeitabstand ist wiederum in den zunächst noch hohen Stromkosten zu sehen. Erst nach der Senkung der Kosten für Elektrizität treten Imitatoren in den Markt ein. 1950 beginnt WAMSLER mit der Produktion von Elektroherden, 1965 folgt Bauknecht.

Kühlschränke werden im Jahre 1911 ebenfalls von AEG als Pionierunternehmen auf den Markt gebracht. Siemens und Bosch folgen 1930 bzw. 1933 als Imitatoren. Auch hier haben Siemens und Bosch gewartet, bis die Stromkosten auf ein erschwingliches Niveau gesunken waren, bevor sie Kühlschränke imitiert haben. Electrolux nimmt 1948 die Produktion von Kühlschränken in Deutschland auf, baut jedoch bereits seit 1925 Kühlschränke in Schweden. Da der deutsche Inlandsmarkt als relevanter Markt ausgewählt wurde, kann Electrolux jedoch erst seit 1948 zu den Kühlschrankproduzenten gerechnet werden. Bauknecht folgt 1951, Liebherr und Neff beginnen 1955 mit der Fertigung von Kühlschränken und Gaggenau als letztes Unternehmen 1961. Diese fünf Unternehmen können von der Zeitskala her als unter Druck reagierende Unternehmen bezeichnet werden, doch bezieht man den Verbreitungsgrad der Produkte mit ein, so kann man davon ausgehen, daß nach dem Krieg alle Haushalte neu ausgestattet werden mußten. Electrolux, Bauknecht, Liebherr, Neff und Gaggenau sind also keine konservativen Unternehmen, sondern nutzen die Wachstumsphase der Nachkriegszeit.

Auch auf dem Markt für **Staubsauger** ist AEG Pionier. 1913 bietet AEG den ersten handlichen und preiswerten Staubsauger für Privathaushalte an. Elf Jahre später nimmt Siemens die Produktion auf, 1926 beginnen Electrolux, 1927 Miele, 1930 Vorwerk und 1933 Fakir mit der Fertigung. Die Imitatoren folgen hier dicht hintereinander. Electrolux produziert seit 1912 Staubsauger in Schweden, hat diesen Markt also in Schweden noch vor AEG begründet. In Deutschland wird jedoch erst 1926 die Fabrikation aufgenommen. 1976 stellt Rowenta erstmals Staubsauger her. Der Zeitabstand von über 40 Jahren zu dem zuletzt in den Markt eingetretenen Unternehmen Fakir ist erheblich, wobei der Grund für diesen späten Markteintritt Rowentas wahrscheinlich in einer Ergänzung der Palette an Haushaltskleingeräten liegt.

Gleichzeitig mit AEG bringt Rowenta 1921/22 den **Toaster** auf den Markt. Siemens folgt 1938 als Imitator. Erst nach dem Krieg treten die nächsten Unternehmen in den Markt ein. Severin beginnt 1952 mit der Herstellung von Toastern, Braun und Krups folgen 1961 und 1967. LUXOPLAST nimmt als letztes Unternehmen 1987 die Produktion von Toastern auf.

Der erste **Waschvollautomat** wird 1953 von den Blomberg-Werken produziert. Es nehmen 1955 Bauknecht, 1956 Miele und 1958 Bosch und AEG als spontan imitierende Unternehmen die Herstellung von Waschvollautomaten auf. Auch das Unternehmen Siemens, das 1965 in den Markt eintritt, kann noch als Imitator bezeichnet werden. Electrolux beginnt erst 1985 durch den Aufkauf von ZANKER mit der Fabrikation von Waschvollautomaten in Deutschland, obwohl Electrolux in Schweden bereits 1950 die ersten Waschautomaten herstellt - noch vor dem deutschen Pionierunternehmen Blomberg.

Mikrowellengeräte werden 1957 von den Neff-Werken als Pionierunternehmung auf der Hausratsmesse in Köln vorgestellt. Erst 20 Jahre später bringt das nächste Unternehmen eine Mikrowelle auf den Markt, Bauknecht ist Imitator. Imperial produziert Mikrowellengeräte seit 1978, ist also aufgrund des geringen Zeitabstands ebenfalls als Imitator zu bezeichnen. 1985 nimmt AEG als letztes Unternehmen die Produktion von Mikrowellengeräten auf.

Bei **Wäschetrocknern** ergibt sich ein ähnliches Bild. Miele baut 1958 als Ergänzung zu den Waschvollautomaten den ersten Wäschetrockner und ist damit Pionierunternehmen in diesem Bereich. 1966 bringt Miele den ersten Elektronik-Wäschetrockner Europas auf den Markt, noch bevor ein anderes Unternehmen mit dem Bau von Wäschetrocknern begonnen hat. Erst 1970 folgen AEG, 1974 Bauknecht und 1976 Siemens als Imitatoren.

Geschirrspülmaschinen führt 1958 Bauknecht als Pionier auf dem deutschen Markt ein. Bis 1965 treten vier weitere, spontan imitierende Unternehmen in den Markt ein: 1960 Miele, 1961

AEG, 1964 Bosch und 1965 Siemens. Alle anderen Unternehmen, die Geschirrspülmaschinen anbieten, lassen sie entweder von anderen Unternehmen oder im Ausland fertigen und werden somit in dieser Analyse nicht berücksichtigt.

Dunstabzugshauben werden in Deutschland erstmals 1961 von den Gaggenau-Werken produziert, die ihre Küchenheizsysteme um Küchenlüftungssysteme ergänzen wollen. AEG, Bauknecht und Imperial nehmen 1965, 1969 und 1973 die Produktion auf und folgen dem Pionier Gaggenau als Imitatoren. Die Unternehmen Gutmann und Homeier beginnen 1983 bzw. 1985 mit der Fertigung von Dunstabzugshauben, wobei beide sich auf dieses Produkt spezialisiert haben. 1993 tritt als letztes Unternehmen Neff in den Markt ein. Alle Unternehmen außer Gutmann und Homeier stellen außerdem Elektroherde her, so daß es für sie naheliegt, zur Ergänzung ihres Programms auch Dunstabzugshauben zu fertigen.

Bei allen Produkten ist eindeutig ein Pionierunternehmen zu identifizieren. Auch die Bestimmung der Imitatoren bringt keine Probleme mit sich. Problematisch gestaltet sich jedoch die Einordnung der konservativen Unternehmen. Die vorliegenden Daten liefern hierfür nicht genug Informationen. Wie konservativ und unflexibel sich die großen Hausgeräteproduzenten jedoch in der heutigen Zeit teilweise verhalten, zeigt die Entwicklung des FCKW-freien Kühlschranks:[5]

Die Schädlichkeit von FCKW ist bereits seit 1978 bekannt, denn in diesem Jahr wurde die Verwendung von FCKW als Treibmittel in Sprühdosen in mehreren Ländern verboten. Spätestens jedoch seit der Entdeckung des Ozonlochs über der Antarktis im Jahre 1986 hätte klar sein müssen, daß FCKW langfristig nicht mehr eingesetzt werden konnte. Doch erst 1990/91 traf sich eine informelle Gruppe von Kühlgeräteherstellern, um nach einer Alternative für FCKW zu suchen.

Geht man davon aus, daß die Hersteller von Kühlgeräten bereits frühzeitig über die Schädlichkeit von FCKW informiert waren, zeigt dieses Beispiel, daß gerade auf dem hochkonzentrierten Markt für Kühl- und Gefriergeräte auch konservative Unternehmertypen vorhanden sind. Dies bestätigt auch die weitere Entwicklung.

Die größten deutschen Hersteller einigten sich auf das von der Chemischen Industrie bevorzugte FKW-134a als Ersatzmittel für FCKW. Obwohl schon bald klar wurde, daß dieser Ersatz keine langfristige Alternative als Kühlmittel darstellte, hielt die Kühlschrankindustrie daran fest. Dies beweist auch eine Ankündigung in der Jahresschau der deutschen Industrie, AEG treibe die

---

[5] Die Informationen zu diesem Kapitel stammen aus O.V. (1994a) und JAHRESSCHAU DER DEUTSCHEN INDUSTRIE (1993), S. E6.

Entwicklung des FCKW-freien Kühlschranks voran, wobei FCKW durch ein Substitut namens R 134a ersetzt werden solle.

Es war keineswegs der Fall, daß keine Alternative zur Verfügung gestanden hätte. Doch dazu mußte erst ein Pionierunternehmen den Anstoß geben. Dieses Pionierunternehmen existierte zwar seit 50 Jahren und produzierte in dieser Zeit auch Kühlschränke, doch es war ein ostdeutsches Unternehmen und als solches nach der Wiedervereinigung auf neue Ideen angewiesen. Das Unternehmen Foron (ehemals dkk Scharfenstein) entwickelte die Isobutan/Propan-Technologie, deren physikalische Grundlagen aus dem letzten Jahrhundert stammen, zur Marktreife, so daß es auf der Domotechnica im Februar 1993 ein serienreifes Produkt präsentieren konnte.

Das Problem war allerdings die außergewöhnliche wirtschaftliche Situation des Unternehmens, die dazu führte, daß erst ab Mitte März mit der Serienproduktion begonnen werden konnte. Bosch-Siemens und Liebherr, die inzwischen auch Kühlschränke mit der Isobutan/Propan-Technologie entwickelt hatten, konnten ein paar Wochen früher die Produktion starten, so daß Foron die Vorteile eines Pionierunternehmens nicht nutzen konnte. Hier zeigt sich, daß nicht nur die Entwicklung eines innovativen Produktes, sondern auch schnelle Lieferfähigkeit für ein Pionierunternehmen entscheidend sind.

Die Entwicklung des FCKW-freien Kühlschranks macht deutlich, daß der Wettbewerb je nach Marktphase nicht ausreicht, um den Ausstieg aus einer als gefährlich erkannten Technologie zu bewirken, selbst wenn die Kosten der Einführung einer neuen Technologie gering sind. Dazu bedarf es erst eines Außenseiters, der bereit ist, das Neue zu wagen. In diesem Fall haben die Präsentation dieser Innovation auf der Domotechnica und die vorgeschaltete Werbekampagne dazu geführt, daß auch die etablierten Anbieter die Isobutan/Propan-Technologie übernehmen mußten. Doch das Pionierunternehmen Foron hatte keinen Vorteil davon; es mußte inzwischen aus dem Markt ausscheiden.

Diese Ausführungen bestätigen, daß auf dem Teilmarkt für Kühl- und Gefriergeräte auch konservative Unternehmertypen vorzufinden sind. Die auf diesem Teilmarkt führenden Unternehmen sind auch bei Elektrohausgeräten Marktführer, so daß man dieses Ergebnis unter Vorbehalt auch auf den Gesamtmarkt übertragen kann.

4.1.3. Interpretation der Ergebnisse für das Marktphasenschema

Zusammen mit der Schweizer Maschinenfabrik Oerlikon entwickelt AEG im Jahre 1891 die Möglichkeit, hochgespannten Drehstrom über weite Strecken wirtschaftlich zu übertragen.

Damit wird die Grundlage für eine breite Nutzung elektrischer Energie geschaffen. AEG beginnt daraufhin, den Markt für Elektrische Haushaltsgeräte zu erschließen. Bis 1896 werden bereits über achtzig Produkte am Markt angeboten.

Die Erfindung des Drehstrommotors im Jahre 1899 eröffnet AEG den Zugriff auf ein großes Reservoir an weiteren Haushaltsgeräten. Doch erst die Senkung des Strompreises macht die Nutzung von Elektrohausgeräten für Privathaushalte wirtschaftlich sinnvoll.

Die Innovationen, die AEG im Hausgerätesektor auf den Markt bringt, sind sehr vielfältig. Von den hier ausgewählten Produkten ist AEG Pionier für Kaffeemaschinen, Elektroherde, Kühlschränke, Staubsauger und zusammen mit Rowenta für Toaster. Erst Mitte der 20er Jahre treten Imitatoren in den Markt ein, wobei sich insbesondere Siemens als Konkurrent etabliert. Rowenta spezialisiert sich auf Elektrokleingeräte. Alle anderen Unternehmen produzieren bis zum Krieg nur eines der hier betrachteten Produkte. AEG ist also bis zum 2. Weltkrieg als Pionierunternehmung auf dem Markt für Elektrische Haushaltsgeräte unangefochten, Siemens folgt jeweils als spontaner Imitator.

Der 2.Weltkrieg unterbricht die Expansionsphase des Marktes, doch in den 50er Jahren setzt sich der Nachfrageanstieg fort. Imitierende Unternehmen treten in den Markt ein, da sie von dieser Wachstumsphase profitieren wollen und von der Expansion des Marktes angezogen werden. Noch während der Expansionsphase setzen Konzentrationstendenzen ein. Viele der neu gegründeten Unternehmen scheiden wieder aus dem Markt aus. Mitte der 60er Jahre produzieren beispielsweise zwölf Unternehmen Elektroherde, 1955 waren es noch über vierzig.[6]

In diesem Konzentrationsprozeß etablieren sich AEG, Siemens, Bosch, Bauknecht und Miele als Marktführer. Das ist sowohl Ende der 60er als auch Ende der 70er Jahre der Fall, nur daß Bosch und Siemens in den 70er Jahren durch ihren Zusammenschluß die Spitzenposition übernehmen. Diese Marktführer sind dieselben Unternehmungen, die bereits vor dem Krieg AEG Konkurrenz gemacht haben. Es scheint so, als sei auch die Ausreifungsphase des Marktes überwiegend durch initiative Unternehmen gekennzeichnet.

Heute - Mitte der 90er Jahre - sind diese Unternehmen immer noch führend auf dem Markt für Elektrische Haushaltsgeräte. Die AEG Hausgeräte AG wurde inzwischen von Electrolux übernommen, firmiert aber noch unter dem Namen AEG. Die finanziellen Probleme, die üblicherweise solchen Übernahmen zugrunde liegen, können als Indiz dafür angesehen werden, daß sich AEG von einem Pionier- zu einem konservativen Unternehmen gewandelt hat. Doch diese

---

6 Vgl. zu diesen Angaben ZVEI: Elektroeinkaufsführer 1955 und ZVEI: Elektroeinkaufsführer 1965.

Annahme kann anhand des vorliegenden Datenmaterials nicht bestätigt werden - sie bleibt eine Vermutung.

Die Bosch-Siemens-Hausgeräte GmbH kann nicht als konservatives Unternehmen bezeichnet werden, da die BSHG sowohl im Zeitraum von 1983 bis 1987 als auch von 1988 bis 1992 die meisten Patente im Bereich Elektrische Haushaltsgeräte in mehr als zwei Ländern angemeldet hat. Auch wenn nicht jedes Patent eine Produktinnovation bedeutet, ist die BSHG ein sehr innovatives Unternehmen. Gleiches gilt für Bauknecht und Miele.

Trotzdem hat das Beispiel des FCKW-freien Kühlschranks gezeigt, daß auch diese vermeintlich innovativen Unternehmen einen Hang zur Immobilität haben. Erst nachdem bekannt wurde, daß Foron die Isobutan/Propan-Technologie zur Marktreife weiterentwickelt hatte, wurden auch andere Unternehmen aktiv - als Vorreiter unter ihnen Bosch-Siemens und Liebherr. Grundsätzlich sind die führenden Unternehmen im ausgereiften Markt für Elektrische Haushaltsgeräte so lange innovativ, wie es der Sicherung ihrer Marktposition dient, darüber hinaus weisen sie Eigenschaften konservativer Unternehmen auf.

Die Zuordnung der Unternehmertypen zu den einzelnen Marktphasen kann also prinzipiell bestätigt werden: Die Experimentierungsphase wird eindeutig von AEG als Pionierunternehmung dominiert. Die Expansionsphase ist durch den Zutritt von Imitatoren gekennzeichnet, allen voran Siemens. Etliche dieser Imitatoren scheiden jedoch schnell wieder aus dem Markt. Die gegenwärtigen Marktführer in der Stagnationsphase haben sich bereits in der Expansionsphase etabliert. Es zeigt sich deutlich, daß nur die stärksten Unternehmen unbeschadet einen Konzentrationsprozeß überstehen, wie er auf dem Markt für Elektrische Haushaltsgeräte stattgefunden hat. Trotzdem haben diese Unternehmen einige Eigenschaften mit konservativen Unternehmertypen gemeinsam.

Als Ergebnis bleibt die Feststellung, daß sich die von HEUß prognostizierte Entwicklung des Unternehmertypus für den Elektrohausgerätemarkt vor allem für die Experimentierungs- und Expansionsphase bestätigt. Für die späteren Marktphasen dient das Beispiel des FCKW-freien Kühlschranks als Beleg dafür, daß die führenden Unternehmen teilweise wie unter Druck reagierende Unternehmen handeln. Andererseits widerlegt die große Zahl der Patentanmeldungen der deutschen Hausgerätehersteller diese Annahme, so daß die HEUß´sche Hypothese für die späten Marktphasen nur eingeschränkt zutrifft.

4.2. Ermittlung der Marktform

4.2.1. Quellen zur Ermittlung der Marktform

Die Marktform ist in Kapitel 3.2. anhand der Konzentrationsraten operationalisiert worden. Auf das Problem, daß diese Konzentrationsraten erst seit 1977 von der Monopolkommission veröffentlicht werden, ist bereits hingewiesen worden. Es gibt jedoch noch andere Quellen für die Analyse der Marktform.

So existiert beispielsweise eine Untersuchung von SAWALL[7] über die Unternehmenskonzentration in der Elektroindustrie aus dem Jahre 1963. Zwar analysiert SAWALL die gesamte Elektroindustrie der 50er Jahre, doch sind die grundsätzlichen Entwicklungstendenzen auch auf den Markt für Elektrische Haushaltsgeräte übertragbar.

Eine Studie, die sich speziell mit der Konzentrationsentwicklung bei Elektrohaushaltsgeräten von 1962 bis 1969 beschäftigt, wurde im Auftrag der Kommission der Europäischen Gemeinschaften vom ifo-Institut[8] erstellt. Diese Quelle liefert einerseits Informationen über die Entwicklung der Konzentrationsraten von 1963 bis 1969 und beleuchtet andererseits speziell die zu dieser Zeit wichtigsten Hersteller Elektrischer Hausgeräte.

Von 1970 bis 1975 können das erste und zweite Gutachten der Monopolkommission als Quelle für die Konzentrationsraten der Gütergruppe 25050 Herstellung von Elektrowärmegeräten, anderen Wirtschaftsgeräten und Leuchten dienen. Das Problem ist, daß diese Konzentrationsraten nicht nach dem SYPRO-Klassifikationsschema aufbereitet sind und sich auch nicht in dieses umrechnen und übertragen lassen. Ein Umrechnungsschema existiert nur für die Hauptgruppen, also für die gesamte Elektroindustrie. Außerdem sind diese Konzentrationsraten zu gering ausgewiesen, da in ihre Berechnung auch die Herstellung von Leuchten mit einbezogen wird. Trotz dieser Mängel können generelle Aussagen zur Konzentrationsentwicklung abgeleitet werden.

Ab dem dritten Gutachten der Monopolkommission liegen die Konzentrationsraten für vierstellige Wirtschaftszweige aufbereitet nach dem SYPRO-Klassifikationsschema vor. Da diese Daten nur im 2-Jahres-Turnus veröffentlicht werden, kann zur Ergänzung die Fachserie 4, Reihe 4.2.3.

---

7 Vgl. SAWALL (1963).

8 Vgl. SCHEDL (1973).

des Statistischen Bundesamtes[9] herangezogen werden, so daß ab 1976 jährliche Konzentrationsraten zur Verfügung stehen.

Allgemeine Aussagen zur Konzentrationsentwicklung einerseits und Kapitalverflechtungen spezieller Unternehmen andererseits können einer erneuten Untersuchung im Auftrag der Kommission der Europäischen Gemeinschaften[10] entnommen werden. In dieser Studie werden auch Aussagen über die Auswirkungen der Konzentrationsentwicklung auf den Wettbewerb gemacht.

Anhand dieser Quellen wird im nächsten Kapitel die Entwicklung der Marktform analysiert.

4.2.2. Entwicklung der Marktform

Das Ergebnis, zu dem SAWALL in seiner Untersuchung kommt, läßt sich in der Aussage zusammenfassen, daß bereits in den 50er Jahren in der Elektroindustrie Konzentrationsvorgänge stattgefunden haben, diese jedoch nicht zu einer Zunahme der absoluten Konzentration geführt haben.[11] Eine Tendenz zunehmender Unternehmensverflechtungen ist jedoch zu dieser Zeit schon erkennbar. Im Anhang der Arbeit von SAWALL ist eine "Chronik unternehmenspolitischer Vorgänge im Bereich der Elektroindustrie 1960 - 1963" aufgeführt.[12] Diese Chronik umfaßt zehn eng bedruckte Seiten und 78 verschiedene Vorgänge, so daß allein deshalb schon die Vermutung naheliegt, daß Unternehmensverflechtungen in der Elektroindustrie eine große Rolle spielen. Diese Vermutung wird sowohl durch die Anlage II, in der Kapitalverflechtungen ausgewählter Unternehmen dargestellt werden, als auch durch eine Studie von SIEBER bestätigt, der die Elektroindustrie als Beispiel für eine Industriegruppe mit dominanten Strukturen bezeichnet, in der also ein Übergewicht der wenigen großen Unternehmen herrscht.[13] Festzuhalten bleibt also, daß bereits in den 50er Jahren in der Elektroindustrie Konzentrationsvorgänge stattgefunden haben, die auch für den Bereich der Elektrohausgeräte zutreffen.

Diese Entwicklung setzt sich in den 60er Jahren fort. Wie aus der Studie von SCHEDL im Auftrag der Kommission der Europäischen Gemeinschaften und Tabelle 4.2. ersichtlich ist, steigt der Anteil der acht größten Unternehmen am Gesamtumsatz der Branche von 1963 bis 1969 von

---

9 Vgl. STATISTISCHES BUNDESAMT: Fachserie 4, Reihe 4.2.3., verschiedene Jahre.

10 Vgl. CZERWONKA / SCHÖPPE (1980).

11 Vgl. SAWALL (1963), S. 108.

12 Vgl. SAWALL (1963), Anlage I.

13 Vgl. SIEBER (1962), S. 137 ff..

57,0% auf 84,8%.[14] Eine solche Steigerung der Konzentrationsrate innerhalb von nur sechs Jahren kann man als "erheblich" bezeichnen. Außerdem entwickelt sich der Markt für Elektrische Haushaltsgeräte in dieser Zeit von einem weiten zu einem engen Oligopol: Die "concentration ratio" der zehn größten Unternehmen liegt seit 1963 über 60%, die Konzentrationsrate der 25 größten Unternehmen übersteigt 1966 die 85%-Marke. Für die 60er Jahre ist also eine deutliche Zunahme der Konzentration festzustellen[15], wobei die Position der größten Unternehmen zwar stark ist, jedoch (noch) nicht wettbewerbsbehindernd.

Tab. 4.2.: Entwicklung der Konzentrationsraten für Elektrohausgeräte von 1963 - 1969

Jahr	CR_8	CR_{10}	CR_{20}	CR_{25}	Marktform
1963	57,0	61,5	70,3	71,7	weites Oligopol
1964	67,3	72,3	82,4	83,8	weites Oligopol
1965	65,0	69,5	79,4	80,7	weites Oligopol
1966	73,2	77,8	86,7	87,9	enges Oligopol
1967	79,0	83,6	91,4	92,5	enges Oligopol
1968	73,1	77,4	84,3	85,4	enges Oligopol
1969	84,8	88,4	93,7		enges Oligopol

Quelle: SCHEDL (1973), S. 32.

Die wichtigsten Unternehmen im Hausgerätesektor sind Ende der 60er Jahre AEG, Siemens, Bauknecht, Bosch und Miele gefolgt von Vorwerk, BBC und Rowenta. BBC hat sich inzwischen aus dem Markt für Elektrische Hausgeräte zurückgezogen, doch die restlichen Unternehmen gehören auch heute noch zu den Marktführern. Da sich Siemens und Bosch zur Bosch-Siemens-Hausgeräte GmbH (BSHG) zusammengeschlossen haben, ist die BSHG heute der größte Anbieter von Elektrohausgeräten auf dem deutschen Markt.

Wie oben bereits erwähnt, sind die konzentrationsstatistischen Daten des ersten und zweiten Gutachtens der Monopolkommission nur bedingt verwendbar, da sie zu niedrig ausgewiesen und nicht auf das SYPRO-Klassifikationsschema umrechenbar sind. Aus diesen Gründen erfolgt 1970

---

14 Vgl. SCHEDL (1973), S. 32.

15 Vgl. SCHEDL (1973), S. 43. Auch KILGER und KARL kommen zu dem Ergebnis, daß sich gerade in den Produktionssektoren des Massenbedarfs - wie etwa Haushaltsgeräten - eine sehr deutliche Konzentrationsbewegung abzeichnet, zumal die Elektroindustrie an der Spitze der in den 60er Jahren zu verzeichnenden Unternehmenszusammenschlüsse liegt. Vgl. hierzu KILGER / KARL (1971), S. 431 f..

ein Bruch in der Konzentrationsentwicklung - die in den 60er Jahren festgestellte deutliche Konzentrationszunahme kann von 1970 bis 1975 nicht bestätigt werden. Im Gegenteil sinken die Anteile der zehn größten Anbieter am Umsatz der Branche in diesem Zeitraum kontinuierlich von 50,0% auf 46,6% (vgl. Tab. 4.3.). Dieses Ergebnis ist auf das unzureichende statistische Material zurückzuführen, so daß diese Daten nicht überbewertet werden sollten und folglich von einer weiteren Interpretation dieser Entwicklung abgesehen wird, zumal SCHEDL darauf hinweist, daß sich der Konzentrationsprozeß Anfang der 70er Jahre fortsetzt.[16]

Tab. 4.3.: Entwicklung der Konzentrationsraten der Gütergruppe 25050 bzw. 3603 Herstellung von Elektrowärmegeräten, anderen Wirtschaftsgeräten und Leuchten von 1970 - 1975

Jahr	CR_6	CR_{10}	CR_{25}	CR_{100}	Marktform
1970	40,7	50,0		86,0	weites Oligopol
1972	39,2	48,0		85,1	weites Oligopol
1973	37,9	47,3	63,4		weites Oligopol
1974	37,3	46,9		85,5	weites Oligopol
1975	36,2	46,6	63,8	85,2	weites Oligopol

Quelle: STATISTISCHES BUNDESAMT: Fachserie 4, Reihe S.9, verschiedene Jahre; MONOPOLKOMMISSION: Hauptgutachten, verschiedene Jahre.

Verläßliche Daten existieren ab 1976 einerseits vom Statistischen Bundesamt und andererseits von der Monopolkommission. Seit 1976 liegt auf dem Markt für Elektrische Haushaltsgeräte die Marktform des engen Oligopols vor - bis auf die Jahre 1977 und 1982 (vgl. Tab 4.4.). In diesen Jahren ist die Konzentrationsrate der 25 größten Anbieter unter 85% gesunken, was jedoch aufgrund der Kurzfristigkeit vernachlässigt werden kann. Der Anteil der zehn größten Unternehmen am Umsatz der Branche steigt von 1976 bis 1991 von 65,8% auf 77,5%[17] - der Konzentrationsprozeß setzt sich fort. Zu diesem Ergebnis kommen auch CZERWONKA und SCHÖPPE in ihrer Studie, die im Auftrag der Kommission der Europäischen Gemeinschaften erstellt wurde. Sie geben zu bedenken, daß es aufgrund der Kooperation zwischen Herstellern zum Austausch

16 Vgl. SCHEDL (1973), S. 43.

17 Die Diskrepanz zu den Ergebnissen von SCHEDL liegt darin begründet, daß SCHEDL nicht alle Unternehmen der Branche bei der Berechnung der Konzentrationsraten berücksichtigt, sondern aus diesen Unternehmen nur eine Stichprobe auswählt. Folglich ist die von SCHEDL berechnete "concentration ratio" nicht identisch mit der tatsächlich vorherrschenden Konzentrationsrate. In diesem Fall sind die berechneten höher als die tatsächlichen Daten.

von Teilaggregaten zur Ausnutzung von Massenproduktionsvorteilen kommt und infolgedessen die Konzentration in der Produktion wesentlich höher sein dürfte, als es die Konzentrationsraten vermuten lassen.[18] Diese Beobachtung hat sich in dieser Arbeit bestätigt, da bei den Recherchen zu Kapitel 4.1. häufig darauf hingewiesen wurde, daß man Teile von anderen Unternehmen beziehe und diese Teile dann im eigenen Hause montiere.

Tab. 4.4.: Entwicklung der Konzentrationsraten für Elektrohausgeräte von 1976 - 1993

Jahr	CR_6	CR_{10}	CR_{25}	CR_{50}	Marktform
1976	54,0	65,8	85,0	94,6	enges Oligopol
1977	54,1	64,8	84,6	94,1	weites Oligopol
1978	57,2	68,3	82,2(CR_{20})	94,5	enges Oligopol
1979	58,4	69,1	85,6	94,6	enges Oligopol
1980			85,1	94,4	enges Oligopol
1981	58,7	69,7	85,3	94,2	enges Oligopol
1982	60,9	71,5	84,9		weites Oligopol
1983	59,8	71,2	85,8	94,5	enges Oligopol
1984	60,5	71,6	85,8	94,3	enges Oligopol
1985	60,7	71,9	85,6	94,0	enges Oligopol
1986	63,1	73,9	87,1	94,6	enges Oligopol
1987	63,3	73,9	88,3	95,4	enges Oligopol
1988	63,7	74,6	89,6	95,9	enges Oligopol
1989	64,8	75,6	90,2	96,1	enges Oligopol
1990	64,2	74,8	89,9	95,8	enges Oligopol
1991	67,5	77,5	90,4	96,2	enges Oligopol
1992	67,2	77,2	90,9	96,7	enges Oligopol
1993	69,6	79,8	92,0	97,3	enges Oligopol

Quelle: STATISTISCHES BUNDESAMT: Fachserie 4, Reihe 4.2.3., verschiedene Jahre; MONOPOLKOMMISSION: Hauptgutachten, verschiedene Jahre.

---

18 Vgl. CZERWONKA / SCHÖPPE (1980), S. 102 f..

1978 sind die vier führenden Unternehmen im Hausgerätesektor die Bosch-Siemens-Hausgeräte GmbH, AEG, Miele und Bauknecht. Im Vergleich zur Untersuchung von SCHEDL hat sich hier also nicht viel verändert, außer daß Bosch und Siemens - wie bereits oben vermutet - durch die Gründung der gemeinsamen Tochtergesellschaft BSHG die Spitzenposition übernommen und Miele und Bauknecht den Platz getauscht haben. Die Marktführer sind noch dieselben Unternehmen wie Ende der 60er Jahre.

Innerhalb des Hausgerätesektors insgesamt ist seit den 50er Jahren ein fortschreitender Konzentrationsprozeß zu beobachten, in dem sich vor allem vier Unternehmen als Marktführer etabliert haben: BSHG, AEG, Miele und Bauknecht. Die Betrachtung der Gütergruppen ergibt ein differenzierteres Bild.[19]

Während sich die Konzentrationsraten bei Elektrowärmegeräten seit 1978 kaum verändert haben und hier stets ein weites Oligopol vorherrscht, sind die Konzentrationsraten bei Elektrischen Haushaltskühlmöbeln durchweg am höchsten. Betrachtet man die Produkte, die in diesen Güterklassen enthalten sind, erklärt sich dieses Ergebnis. Die Klasse der Elektrowärmegeräte umfaßt eine so große Gruppe von Erzeugnissen, daß eine geringere Konzentrationsrate bereits aus dieser Tatsache resultiert, denn Heißwasserbereiter, Raumheizgeräte sowie Klimaeinrichtungen werden zumeist von anderen Unternehmen hergestellt als Elektro-Kochgeräte, Großküchen-Einrichtungen sowie Haushalt-Elektroback- und -bratgeräte.

Auch der Markt für Elektromotorische Haus- und Wirtschaftsgeräte umfaßt differenzierte Produkte, deren Fertigung jedoch eine ähnliche Technik voraussetzt, so daß die Konzentrationsraten auf diesem Markt höher sind und seit 1978 ein enges Oligopol vorliegt. Zudem ist hier bei den "concentration ratios" der zehn größten Anbieter eine steigende Tendenz zu beobachten. Sie sind von 1978 bis 1992 um knapp 10% gestiegen.

Der Markt für Elektrische Haushaltskühlmöbel ist am höchsten konzentriert. Die "concentration ratios" der zehn größten Anbieter liegen fast bei 100%. Die einzigen Produkte, die in dieser Güterklasse angeboten werden, sind Kühl- und Gefriergeräte. Es liegt folglich auf der Hand, daß hier weniger Anbieter zusammentreffen als bei Elektrowärmegeräten, die wesentlich differenzierter sind.

Der Markt für Elektrische Haushaltswaschmaschinen und -geräte ist ebenfalls hoch konzentriert. Die Ursache für die hohe Konzentration liegt auch hier darin, daß in dieser Güterklasse lediglich

---

19 Vgl. zu den Konzentrationsraten der einzelnen Gütergruppen Tab. 2 - 5 im Anhang.

Geräte und Einrichtungen für Wäsche angeboten werden. Die Marktform ist seit 1978 ein sehr enges Oligopol.

Bestätigt werden diese Ergebnisse durch die Betrachtung der absoluten Anzahl der Unternehmen, die insgesamt auf diesen Märkten tätig sind. Wie aus Tabelle 4.5. hervorgeht, sinkt in allen Güterklassen die Anzahl der Unternehmen im Zeitablauf, doch das Ausgangsniveau ist sehr unterschiedlich. Berücksichtigt man zudem, daß etliche Unternehmen in mehreren Güterklassen agieren, ist eine deutliche Konzentrationszunahme zu beobachten.

Tab. 4.5.: Anzahl der Unternehmen in den Güterklassen 3635 - 3639[20]

Jahr	Güterklasse 3635	Güterklasse 3637	Güterklasse 3638	Güterklasse 3639
1978	158	105	19	35
1979	158	97	18	30
1980	156	90	17	29
1982	157	92	17	29
1983	155	90	17	27
1984	147	88	18	24
1985	147	86	16	23
1986	140	90	16	21
1987	146	91	15	21
1988	138	93	16	21
1989	136	92	14	21
1990	127	92	14	21
1991	125	89	15	20
1992	122	85	16	21
1993	113	86	15	20

Quelle: STATISTISCHES BUNDESAMT: Fachserie 4, Reihe 4.2.3., verschiedene Jahre; MONOPOLKOMMISSION: Hauptgutachten, verschiedene Jahre.

20 Die Güterklasse 3636 wird vom STATISTISCHEN BUNDESAMT und von der MONOPOLKOMMISSION nicht gesondert erfaßt.

Abschließend läßt sich festhalten, daß der Markt für Elektrische Haushaltsgeräte seit Anfang der 50er Jahre einer zunehmenden Konzentration unterliegt, eine kritische Schwelle jedoch noch nicht überschritten wurde. Zudem kann die steigende Konzentration verschiedene Ursachen haben, die eine vorsichtige Interpretation ratsam erscheinen lassen. Auf diese Ursachen wird im nächsten Kapitel eingegangen.

4.2.3. Interpretation der Ergebnisse für das Marktphasenschema

In der Literatur wird einhellig die Meinung vertreten, daß der starke Konzentrationsprozeß im Bereich Elektrischer Haushaltsgeräte keinen Anlaß zur Besorgnis darstellt. In Deutschland hat die Zahl der Unternehmen in allen Branchen im Zeitablauf abgenommen, obwohl insgesamt wesentlich mehr produziert wurde.[21] Dieses Phänomen beschränkt sich nicht nur auf den Hausgerätesektor, sondern ist in der industriellen Produktion unter anderem durch die Ausnutzung von Massenproduktionsvorteilen bedingt.

Bei der Beurteilung des Konzentrationsprozesses müssen zudem folgende Hinweise berücksichtigt werden:[22]

- Konzentration kann hinsichtlich ihrer Wettbewerbswirkung nicht global beurteilt werden, da sie einerseits lediglich Folge kostengünstiger Produktion sein kann, ihr andererseits jedoch auch monopolistische Tendenzen anhaften, die wettbewerbspolitisch nicht wünschenswert sind.

- Aufgrund erweiterter Märkte - so beispielsweise im Rahmen des Gemeinsamen Marktes der EU - müssen zur Beurteilung der Konzentration andere Maßstäbe angelegt werden. Die räumliche Abgrenzung des relevanten Marktes müßte über nationale Grenzen hinweg erfolgen, so daß die Konzentrationsraten durchweg geringer ausfallen würden.

- Speziell für den Markt für Elektrische Haushaltsgeräte gilt, daß technische und ökonomische Motive für die Konzentration bestimmend sind. Sowohl im Bereich Forschung und Entwicklung als auch in der Produktion können durch größere Unternehmensein-

---

21 Vgl. SIEBER (1962), S. 142.

22 Vgl. im folgenden SAWALL (1963), S. 78 f. und 108 f..

heiten "economies of scale" genutzt werden.[23] Der gegenseitige Austausch von Teilaggregaten zur Wahrnehmung von Massenproduktionsvorteilen ist hierfür ein Beispiel.[24]

Die Tatsache bleibt jedoch bestehen, daß der Markt für Elektrische Haushaltsgeräte seit Anfang der 50er Jahre einer zunehmenden Konzentration unterliegt, auch wenn innerhalb dieses Oligopolbereiches noch ein funktionsfähiger Wettbewerb besteht[25]. Dabei können für den Hausgerätesektor einige Beobachtungen gemacht werden, die eine Bestätigung der HEUß'schen Aussagen darstellen.

Zu Beginn des Elektrifizierungsprozesses gibt es nur wenige Unternehmen, die sich mit der Herstellung von Hausgeräten beschäftigen. In dieser Experimentierungsphase des Marktes bis Mitte der 20er Jahre ist AEG Pionierunternehmen für fünf der untersuchten Produkte und nahezu Monopolist. Erst nachdem der Strompreis gesunken ist, folgen imitierende Unternehmen und der Markt geht in die Expansionsphase über. Diese Phase wird zwar durch den 2. Weltkrieg unterbrochen, setzt sich jedoch danach fort. Nach Kriegsende werden viele Unternehmen gegründet, um von der zu erwartenden Wachstumsphase zu profitieren. Die vorherrschende Marktform zu dieser Zeit ist das Polypol bzw. das weite Oligopol. Doch bereits in den 50er Jahren setzt der Konzentrationsprozeß ein. Viele dieser Unternehmen scheiden wieder aus dem Markt aus.[26] Bis zur Mitte der 60er Jahre hält die Expansionsphase an, dann tritt der Markt in die Ausreifungsphase ein.[27] Mit dem Einbau elektronischer Steuerungssysteme in motorische Geräte und Herde und mit der Entwicklung der Mikrowellengeräte kann der Markt noch einmal belebt werden, doch Ende der 70er Jahre geht er endgültig in ein enges Oligopol über. Betrachtet man die Sättigungszahlen für die ausgewählten Produkte[28], so kann man nicht sagen, daß der Markt zu dieser Zeit bereits in die Stagnationsphase eintritt. Gerade die neueren Produkte haben sich erst in den 80er Jahren durchgesetzt. Doch die Entwicklung der Marktform legt den Schluß nahe, daß die Stagnationsphase 1978 beginnt. Da immer ein gewisser Ersatzbedarf befriedigt werden muß, stagniert der Markt zwar, er wird sich jedoch nicht absolut zurückbilden.

Daß sich der Konzentrationsprozeß fortsetzt, bis ein Monopol vorliegt, ist eher unwahrscheinlich. Die Marktführer - die sechs größten Unternehmen also - vereinigen jedoch 1992 bereits

---

23 Vgl. hierzu auch HUPPERT (1961), S. 194 f. und KILGER / KARL (1971), S. 432. Sehr ausführlich bei GROß / MEIER (1964), S. 27 ff..

24 Vgl. CZERWONKA / SCHÖPPE (1980), S. 102.

25 Vgl. SCHEDL (1973), S. 43.

26 Beispielsweise produzieren 1955 noch 44 Unternehmen Elektroherde, 1965 sind es nur noch zwölf. Vgl. zu diesen Angaben ZVEI: Elektroeinkaufsführer 1955 und ZVEI: Elektroeinkaufsführer 1965.

27 In der Studie von SCHEDL existiert ab 1966 ein enges Oligopol; vgl. Tab. 4.2..

28 Vgl. Tab. 6 im Anhang.

67,2% des Branchenumsatzes auf sich (vgl. Tab. 4.4.), und auch die Übernahme von AEG durch Electrolux macht deutlich, daß der Konzentrationsprozeß noch nicht zum Stillstand gekommen ist.

Der auf dem Markt für Elektrische Haushaltsgeräte beobachtete Konzentrationsverlauf stimmt mit der von HEUß prognostizierten Entwicklung überein. Für die Experimentierungs- und den Beginn der Expansionsphase können zwar nur Vermutungen aus der Beobachtung der Unternehmertypen abgeleitet werden, doch diese Annahmen decken sich mit der HEUß´schen Hypothese. Ab 1950 bestätigen die vorliegenden Daten den von HEUß vermuteten Verlauf in den einzelnen Marktphasen. Als Einschränkung sind hier lediglich die Gründe für die Konzentrationsentwicklung anzuführen.

4.3. Ermittlung der Kosten

4.3.1. Vorgehensweise bei der Ermittlung der Kosten

Die Operationalisierung der Kosten hat ergeben, daß Informationen zur Messung von Kosten nur mit sehr großem Aufwand beschafft werden können. Eine (teilweise) Lösung dieses Problems stellt die Beschränkung auf die Analyse der Kostenstruktur des gesamten Erzeugnisbereiches 3650 (Herstellung von Elektrohaushaltsgeräten) dar. In der Fachserie 4, Reihe 4.3.2., des Statistischen Bundesamtes[29] ist die Kostenstruktur des Erzeugnisbereiches 3650 in Prozent des Bruttoproduktionswertes angegeben. Die gleiche Quelle beinhaltet auch den Bruttoproduktionswert in DM, so daß mit Hilfe dieser Angaben die Produktionskosten in DM berechnet werden können. Die Entwicklung der Gesamtkosten und des Jahresüberschusses kann so einander gegenübergestellt werden.[30]

Die Kostenentwicklung ist in dieser Form aus zwei Gründen noch nicht aussagefähig: Erstens beziehen sich die Kosten auf eine unterschiedliche Produktionsmenge und zweitens handelt es sich hierbei nicht um reale, sondern um nominale Größen, die Inflationsrate muß also noch berücksichtigt werden.

Das erste Problem wird durch die Berechnung eines (Produktions-)Index gelöst, der angibt, wieviel Prozent eines Basisjahres im Berichtsjahr produziert wird. Dazu wird der Produktions-

---

29 Vgl. STATISTISCHES BUNDESAMT: Fachserie 4, Reihe 4.3.2., verschiedene Jahre.

30 Vgl. Tab. 7 im Anhang.

wert der Güterklassen 3635 bis 3639 anhand der jeweiligen Preisindizes in den *realen* Produktionswert umgerechnet. Die realen Produktionswerte der Güterklassen pro Jahr werden addiert, um den Wert für Elektrische Hausgeräte insgesamt zu ermitteln. Als Basisjahr wird 1962 gewählt und anschließend für jedes Jahr der (Produktions-)Index mit Basis 1962 = 100 berechnet. Mit Hilfe dieses Index können die vorliegenden Gesamtkosten in Kosten bei gleichbleibender Produktion umgerechnet werden, der Mengeneffekt ist damit beseitigt.

Das Einbeziehen des Erzeugerpreisindex stellt die Lösung für das zweite Problem dar. Der Erzeugerpreisindex ist im Statistischen Beiheft zu den Monatsberichten Nr. 4 der Deutschen Bundesbank[31] angegeben. Er muß auf ein Basisjahr (hier 1976) bezogen werden, damit die zuvor berechneten *nominalen* Kosten bei gleichbleibender Produktion anhand des Erzeugerpreisindex in *reale* Kosten bei gleichbleibender Produktion umgerechnet werden können. Der Inflationseffekt ist somit ebenfalls beseitigt.

Es liegen nun Kosten bei gleicher Produktion und unverändertem Preisniveau vor, deren Entwicklung im Zeitablauf im nächsten Kapitel untersucht wird. Die Berechnung eines Kostenindex mit Basisjahr 1976 erleichtert die Vergleichbarkeit.

4.3.2. Darstellung der Kostenentwicklung und Interpretation für das Marktphasenschema

In Tabelle 4.6. ist die Kostenentwicklung des Erzeugnisbereiches 3650 dargestellt und in Abbildung 4.1. der graphische Verlauf des Kostenindex.

1976 sind die Kosten am geringsten, sie sinken im Zeitverlauf nie unter diesen Betrag. Von 1976 bis 1989 verharren sie nahezu auf dem gleichen Niveau, abgesehen von einigen Schwankungen. Es sind in diesem Zeitraum zwar Kostensteigerungen, aber auch immer wieder Kostensenkungen zu beobachten. Ab 1989 steigen die Kosten jedoch stark an. 1992 kostet die Produktion der gleichen Menge gut 18% mehr als 1989.

Nach HEUß stellen Kostensenkungen in der Ausreifungsphase eher die Ausnahme dar, in der Stagnationsphase werden Kostenauftriebstendenzen wirksam. Die Entwicklung der Kosten läßt also vermuten, daß die Ausreifungsphase des Marktes für Elektrische Haushaltsgeräte bis Ende der 80er Jahre geht und dieser Markt Anfang der 90er Jahre in die Stagnationsphase eintritt. Diese Phaseneinteilung stimmt jedoch nicht mit der Entwicklung der Marktform überein. Der

31 Vgl. DEUTSCHE BUNDESBANK: Statistisches Beiheft zum Monatsbericht, Nr. 4, verschiedene Jahre.

Übergang von der Ausreifungs- zur Stagnationsphase wird aufgrund der Marktform Ende der 70er Jahre vermutet, denn seit 1978 liegt auf dem Elektrohausgerätemarkt ein enges Oligopol vor. Die Kosten hätten also bereits Ende der 70er Jahre stark ansteigen müssen, um auf den Beginn der Stagnationsphase hinzuweisen. Die Kostenauftriebstendenzen ab 1989 müssen also andere Gründe haben. Zu vermuten ist, daß durch die Wiederbelebungstendenzen aufgrund der Wiedervereinigung Deutschlands im Oktober 1990 Produktivitätsgesichtspunkte hinter den Aspekt der schnellen Lieferbereitschaft zurücktreten mußten.

Kritisch muß außerdem angemerkt werden, daß die Kostenentwicklung in den 50er und 60er Jahren nicht analysiert werden kann, da die entsprechenden Daten erst ab 1976 zur Verfügung stehen. Die Expansionsphase bringt nach HEUß große Kostensenkungen mit sich, so daß eine Untersuchung des Kostenverlaufs in dieser Phase dazu geeignet wäre, die HEUß´sche Hypothese zu überprüfen. Da die vorliegenden Daten hierzu jedoch nicht ausreichen, kann die von HEUß prognostizierte Kostenentwicklung weder bestätigt noch verworfen werden. Zudem hat die Wiedervereinigung eine Phasenverschiebung bewirkt, die die Analyse zusätzlich behindert.

Tab. 4.6.: Preisbereinigte Produktionskostenentwicklung des Erzeugnisbereiches 3650 (Herstellung von Elektrohaushaltsgeräten) bei gleichbleibender Produktion

Jahr	Gesamtkosten in 1.000 DM	Kostenentwicklung bei gleichbleibender Produktion	Erzeugerpreisindex mit Basis 1976	preisbereinigte Kostenentwicklung bei gleicher Produktion	Kostenindex mit Basis 1976
1976	7.733.597	3.411.379	100,0	3.411.379	100,0
1977	8.405.568	3.534.722	102,7	3.441.794	100,9
1978	8.734.766	3.794.425	103,9	3.651.997	107,1
1979	9.504.165	3.971.653	108,9	3.647.064	106,9
1980	10.784.376	4.398.196	117,1	3.755.932	110,1
1981	11.095.322	4.778.347	126,2	3.786.329	111,0
1982	10.915.272	5.000.125	133,6	3.742.609	109,7
1983	10.769.934	4.949.418	135,6	3.650.013	107,0
1984	11.443.334	5.138.453	139,6	3.680.840	107,9
1985	12.191.888	5.126.950	143,0	3.585.280	105,1
1986	12.899.821	4.999.931	139,5	3.584.180	105,1
1987	13.807.056	5.231.927	136,0	3.847.005	112,8
1988	14.576.610	5.217.112	137,7	3.788.752	111,1
1989	15.620.260	5.173.985	142,0	3.643.651	106,8
1990	17.915.561	5.655.164	144,5	3.913.608	114,7
1991	20.706.367	5.968.973	147,9	4.035.817	118,3
1992	21.095.579	6.394.537	150,0	4.263.025	125,0
1993	19.833.918		150,0		

Quelle: Eigene Berechnungen anhand der Daten aus:
STATISTISCHES BUNDESAMT: Fachserie 4, Reihe 4.3.2., verschiedene Jahre und
DEUTSCHE BUNDESBANK: Statistisches Beiheft Nr. 4, verschiedene Jahre.

Abb. 4.1.: Kostenentwicklung seit 1976

real bei gleichbleibender Produktion

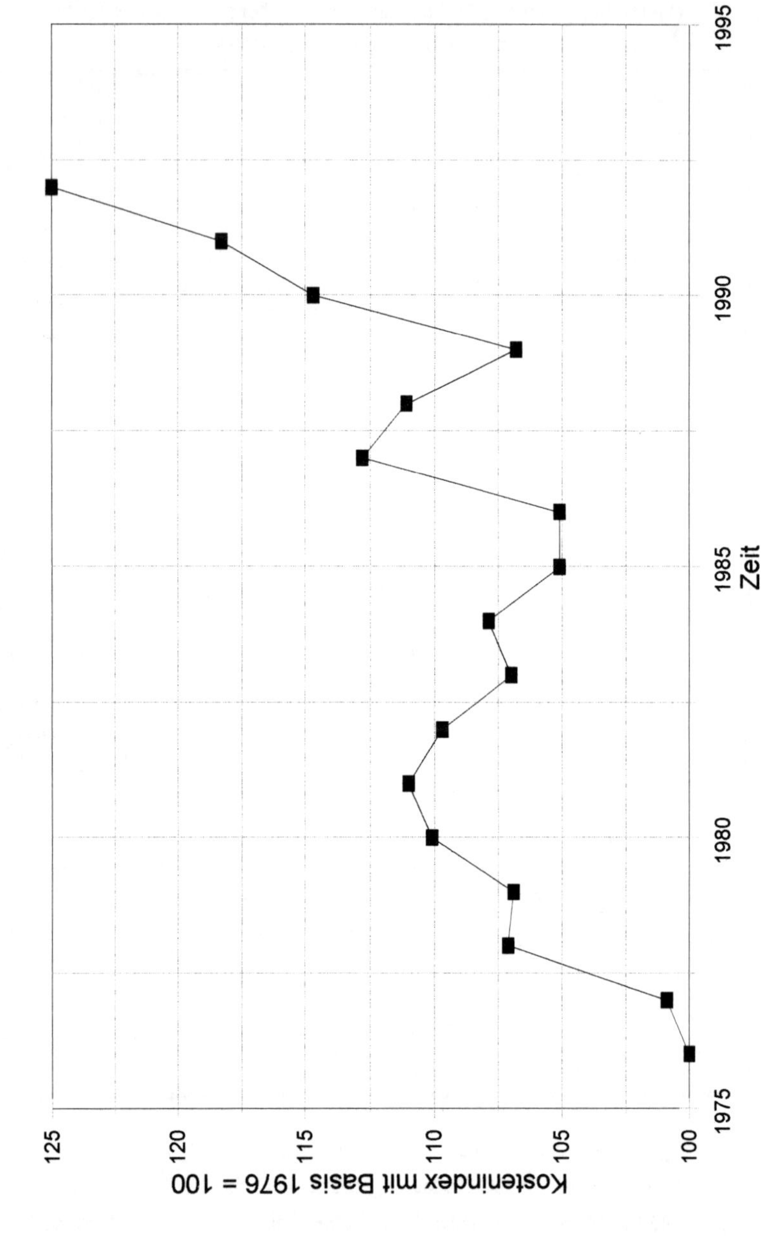

4.4. Ermittlung des Produktivitätsverlaufs

4.4.1. Vorgehensweise bei der Ermittlung der Produktivität

Die Arbeitsproduktivität ist als preisbereinigter Produktionswert pro Beschäftigten definiert worden. Als Quelle für die entsprechenden Daten stehen die Jahresberichte des Zentralverbandes Elektrotechnik- und Elektronikindustrie[33] (ZVEI) zur Verfügung. Der dort angegebene *nominale* Produktionswert für jede Güterklasse wird in einem ersten Schritt anhand der jeweiligen Preisindizes in den *realen* Produktionswert transformiert. In einem zweiten Schritt wird dieser reale Produktionswert durch die Beschäftigten jeder Güterklasse dividiert, so daß sich daraus die Produktivität in DM pro Beschäftigten für die einzelnen Güterklassen ergibt. Die Berechnung eines Index mit Basis 1950 erleichtert die Vergleichbarkeit.[34]

Die Aussagefähigkeit des Produktivitätsverlaufs der einzelnen Güterklassen ist dadurch eingeschränkt, daß die Klassen 3637 und 3639 bis einschließlich 1962 und die Klassen 3635 und 3636 bis einschließlich 1974 noch zusammengefaßt sind und erst dann getrennt werden. Aus diesem Grund wird die Produktivität der Erzeugnisgruppe 3650 berechnet, indem für jedes Jahr jeweils die realen Produktionswerte und die Beschäftigten aller fünf Güterklassen addiert werden und durch Division die Produktivität gebildet wird.[35]

Nach HEUß empfiehlt sich ein Vergleich mit der gesamtwirtschaftlichen Produktivität, da ein Kennzeichen der Stagnationsphase das Zurückbleiben hinter der gesamtwirtschaftlichen Durchschnittsrate ist. Die gesamtwirtschaftliche Produktivität in DM pro Beschäftigten berechnet sich aus dem realen Bruttoinlandsprodukt dividiert durch die abhängig Beschäftigten.[36] Die Quelle sowohl für das Bruttoinlandsprodukt als auch für die abhängig Beschäftigten ist das Statistische Jahrbuch.[37] Zur Berechnung der gesamtwirtschaftlichen Produktivität wird nicht das Bruttosozialprodukt sondern das Bruttoinlandsprodukt herangezogen, da die abhängig Beschäftigten auch Ausländer umfassen, die in Deutschland arbeiten. Folglich müssen auch die Inlandseinkommen von Ausländern berücksichtigt werden, was beim Inlandskonzept der Fall ist. Diese gesamtwirtschaftliche Produktivität kann anschließend mit dem Produktivitätsverlauf der Erzeugnisgruppe Elektrohaushaltsgeräte verglichen werden.

---

33 Vgl. ZVEI: Statistischer Bericht, verschiedene Jahre.

34 Vgl. Abb. 1 im Anhang.

35 Vgl. Tab. 8 im Anhang.

36 Vgl. Tab. 9 im Anhang.

37 Vgl. STATISTISCHES BUNDESAMT: Statistisches Jahrbuch für die Bundesrepublik Deutschland, verschiedene Jahre.

Dieses Ergebnis befriedigt insofern noch nicht, als hier Arbeitszeitverkürzungen nicht berücksichtigt sind. Das Deutsche Institut für Wirtschaftsforschung[38] (DIW) hat eine Reihe mit Statistischen Kennziffern herausgebracht, in der sowohl die geleisteten Stunden pro Beschäftigten in der Elektroindustrie als auch in der Industrie insgesamt enthalten sind. Multipliziert man die Beschäftigten mit den geleisteten Stunden pro Beschäftigten, erhält man einerseits die geleisteten Beschäftigtenstunden im Erzeugnisbereich 3650 und andererseits die geleisteten Beschäftigtenstunden in der Gesamtwirtschaft. Aus diesen Daten läßt sich zusammen mit dem Produktionswert bzw. dem Bruttoinlandsprodukt die Produktivität in DM pro Beschäftigtenstunde berechnen, so daß Arbeitszeitverkürzungen neutralisiert werden.

Diese Vorgehensweise kann auch auf die einzelnen Güterklassen angewendet werden, indem dort die Beschäftigten ebenfalls mit den geleisteten Stunden pro Beschäftigten in der Elektroindustrie multipliziert werden und der Produktionswert durch diese Stundenzahl dividiert wird. Als Ergebnis erhält man die Produktivität für jede Güterklasse in DM pro Beschäftigtenstunde.[39]

Darstellung und Interpretation der Ergebnisse dieser Berechnungen erfolgen im nächsten Kapitel.

4.4.2. Darstellung des Produktivitätsverlaufs und Interpretation für das Marktphasenschema

Der Produktivitätsverlauf in DM pro Beschäftigten und der um Arbeitszeitverkürzungen bereinigte Produktivitätsverlauf in DM pro Beschäftigtenstunde für die einzelnen Güterklassen sind nahezu identisch. Dies resultiert daraus, daß sich die Bereinigung um Arbeitszeitverkürzungen bei allen Güterklassen gleich auswirkt, da die Stundenproduktivität jeweils mit der geleisteten Stundenzahl pro Beschäftigten in der Elektroindustrie berechnet wird. Da die tendenzielle Entwicklung also in beiden Fällen gleich ist, wird hier nur die Stundenproduktivität für die Güterklassen 3635 bis 3639 in Abbildung 4.2. dargestellt.

---

38 Vgl. DIW: Produktionsvolumen und -potential, Produktionsfaktoren des Bergbaus und des Verarbeitenden Gewerbes in der Bundesrepublik Deutschland, verschiedene Folgen.

39 Vgl. Tab. 10 im Anhang.

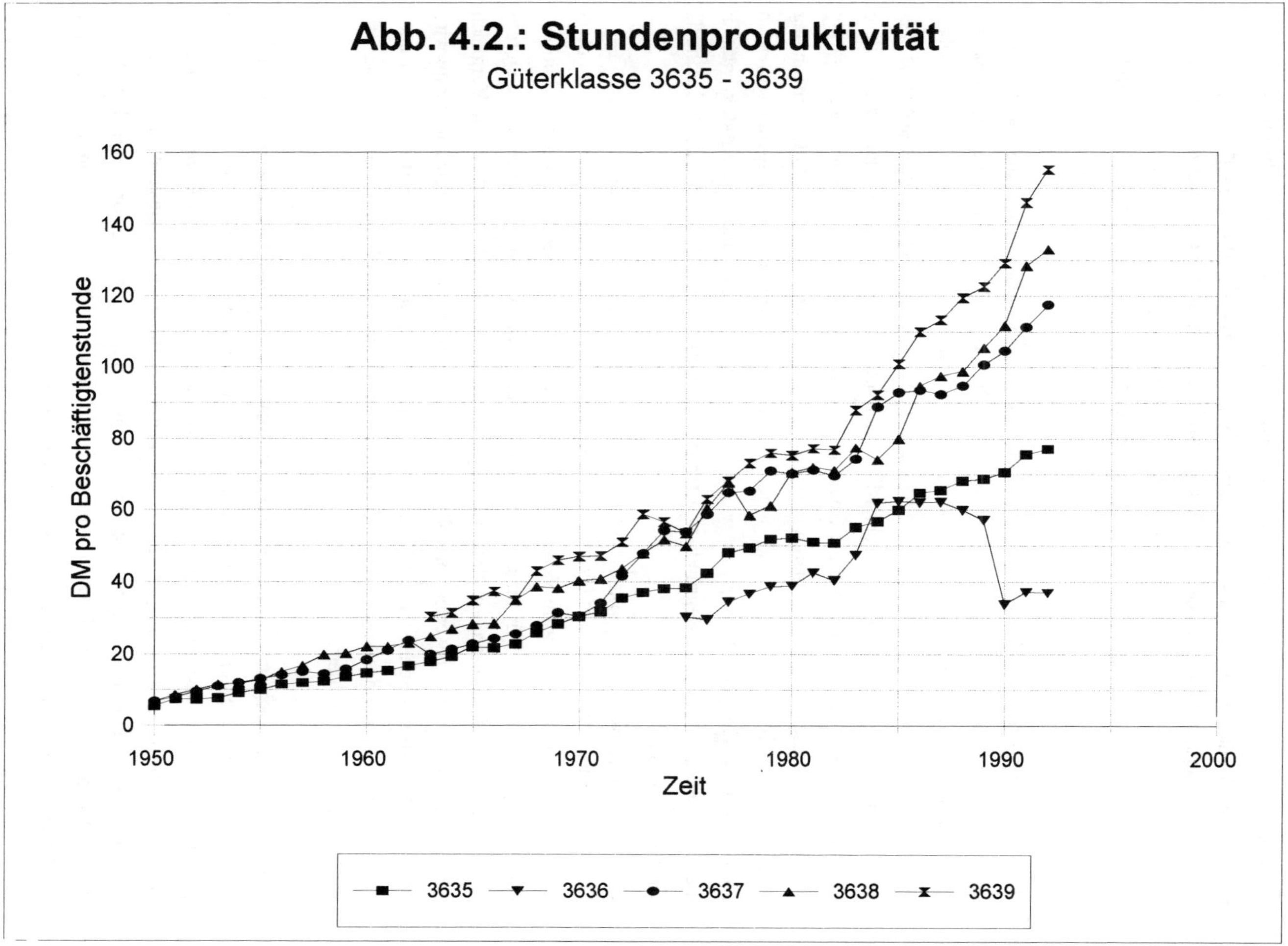
Abb. 4.2.: Stundenproduktivität
Güterklasse 3635 - 3639
DM pro Beschäftigtenstunde
0
20
40
60
80
100
120
140
160
1950
1960
1970
1980
1990
2000
Zeit
3635
3636
3637
3638
3639

Die Güterklasse 3639 weist im gesamten Untersuchungszeitraum die höchste Produktivität auf. In der Güterklasse 3636 ist bis auf die Jahre 1984 und 1985 die geringste Produktivität zu beobachten, und zudem sinkt sie 1989 deutlich ab. Der Produktivitätsverlauf der Güterklasse 3635 zeigt eine steigende Tendenz, auch wenn die Kurve insgesamt recht flach verläuft. Die Güterklassen 3637 bis 3639 weisen ab Anfang der 80er Jahre eine stark steigende Produktivität auf.

Bei Elektrowärmegeräten (Güterklasse 3635) und Gewerblichen Elektrowärmegeräten (Güterklasse 3636) ist also eine eher unterdurchschnittliche Produktivität zu beobachten, während die Produktivität bei Elektromotorischen Wirtschaftsgeräten (Güterklasse 3637), Elektrischen Haushaltskühlmöbeln (Güterklasse 3638) und Elektrischen Haushaltswaschmaschinen und -geräten (Güterklasse 3639) überdurchschnittlich hoch ist. Eine mögliche Erklärung für diese Entwicklung kann darin liegen, daß die Güterklassen 3637 bis 3639 eine höhere Konzentration aufweisen. Auf diesen Märkten agieren also weniger Unternehmen, so daß pro Unternehmung größere Stückzahlen produziert und somit Massenproduktionsvorteile ausgenutzt werden können. Da die Konzentration immer weiter voranschreitet, steigt auch die Produktivität in diesen Güterklassen. Diese Begründung ist nur eine Vermutung, sie wird jedoch durch die vorliegenden Daten gestützt.

Da sich Arbeitszeitverkürzungen in der Gesamtwirtschaft und bei Elektrohausgeräten unterschiedlich auswirken, wird zum Vergleich der Wachstumsraten die Stundenproduktivität herangezogen (vgl. Abb. 4.3.). Für die gesamtwirtschaftliche Produktivität wird hierzu eine Durchschnittsrate über den gesamten Untersuchungszeitraum gebildet, da HEUß einen Vergleich anhand dieses Durchschnittswertes vorschlägt. Bei der Berechnung dieser Durchschnittsrate wird die hohe Wachstumsrate im Jahre 1960 nicht berücksichtigt, da diese Steigerung auf der erstmaligen Einbeziehung des Saarlandes und West-Berlins beruht, also lediglich aus einer statistischen Umstellung resultiert.

Das Produktivitätswachstum der Erzeugnisgruppe 3650 fällt 1966 erstmals unter die gesamtwirtschaftliche Durchschnittsrate. Interessant ist dieses Ergebnis insofern, als Mitte der 60er Jahre der Übergang von der Expansions- zur Ausreifungsphase vermutet wird. Im Jahre 1975 sinkt die Änderungsrate für Elektrohausgeräte sehr deutlich unter die Rate der Gesamtwirtschaft, was zudem mit einer erstmaligen Abnahme der Produktivität im Hausgerätesektor verbunden ist. Aus dieser Beobachtung ist jedoch kein weiterer Phasenübergang abzuleiten, da im nächsten Jahr wieder eine Steigerungsrate von 13,2% zu verzeichnen ist.

Abb. 4.3.: Stundenproduktivität
Gruppe 3650 und Gesamtwirtschaft

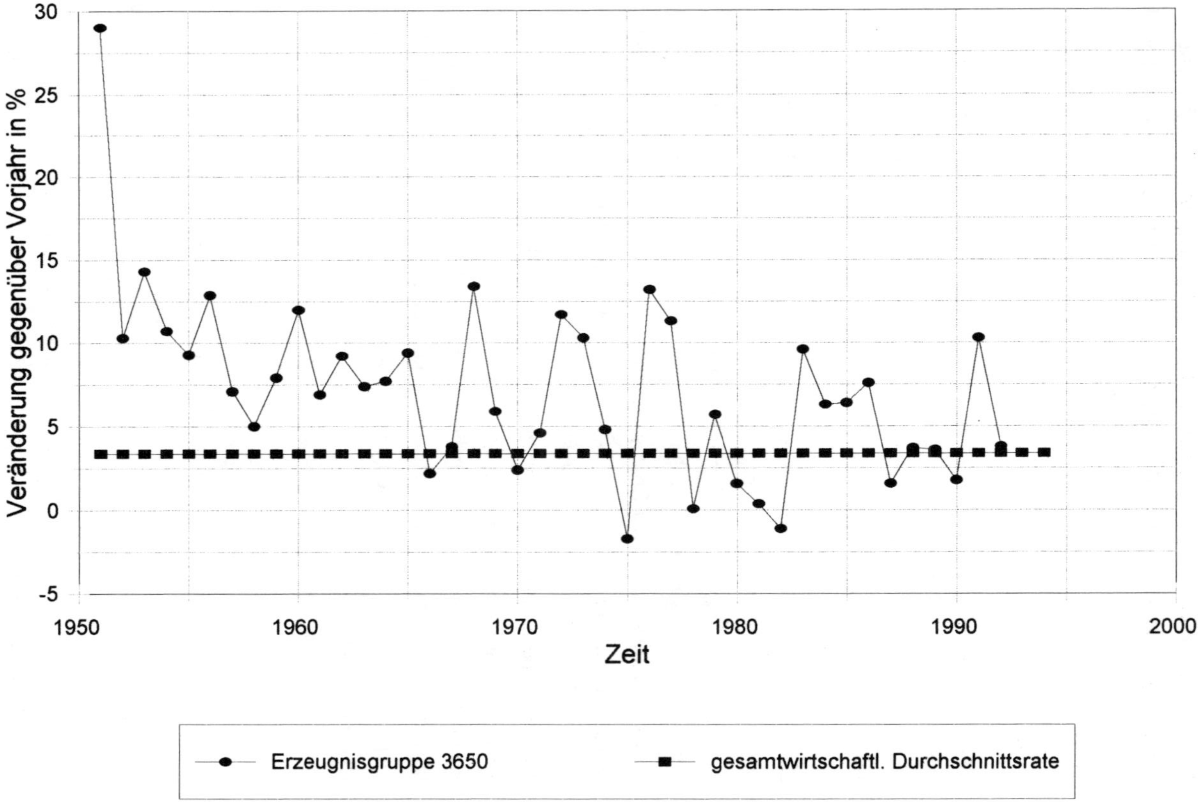

Insgesamt sinkt die Produktivitätssteigerung der Erzeugnisgruppe 3650 neunmal unter den gesamtwirtschaftlichen Durchschnitt. Diese unterdurchschnittlichen Wachstumsraten beginnen Mitte der 60er Jahre - also erst in der Ausreifungsphase. Ende der 70er Jahre wird der Übergang zur Stagnationsphase vermutet. Hier liegt die Produktivitätssteigerung der Erzeugnisgruppe 3650 gleich drei Jahre hintereinander unter dem gesamtwirtschaftlichen Durchschnitt. Ab 1983 ist jedoch wieder eine überdurchschnittliche Produktivität zu beobachten, bis 1987 erneut ein Einbruch zu verzeichnen ist. Durch die Wiedervereinigung und die damit verbundene Nachfragebelebung steigt die Produktivität im Jahre 1991 um über 10%. Es kann jedoch davon ausgegangen werden, daß nach Abklingen der Wachstumsimpulse die Elektrohausgeräteindustrie wieder in die Stagnationsphase eintritt und die Produktivitätszuwächse dann unter die gesamtwirtschaftliche Durchschnittsrate sinken.

Zusammenfassend bleibt festzuhalten, daß die Expansionsphase bis Mitte der 60er Jahre überdurchschnittliches Produktivitätswachstum aufweist. In der Ausreifungsphase bis Ende der 70er Jahre ist die Produktivität noch hoch, jedoch nicht mehr überdurchschnittlich. Teilweise sinkt sie unter das gesamtwirtschaftliche Niveau. Die Stagnationsphase beginnt mit unterdurchschnittlichen Produktivitätsraten der Erzeugnisgruppe 3650, ist jedoch zu Beginn der 90er Jahre durch erneutes Wachstum aufgrund der Wiedervereinigung gekennzeichnet. Diese neuen Wachstumsimpulse sind auf äußere Einflüsse zurückzuführen, die den Verlauf zwar zeitweise stören, ihn jedoch nicht aufheben, so daß davon auszugehen ist, daß sich die Stagnationsphase nach Abklingen dieser Impulse fortsetzt. Die Experimentierungsphase fällt nicht in den Betrachtungszeitraum, so daß hierzu keine Ergebnisse vorliegen. Die HEUß'sche Hypothese zur Produktivitätsentwicklung kann anhand der vorliegenden Daten also bestätigt werden. Die Produktivität folgt insgesamt dem von HEUß prognostizierten Verlauf, auch wenn dieser durch die Wiedervereinigung unterbrochen wird.

4.5. Ermittlung des Absatzverlaufs

4.5.1. Vorgehensweise bei der Ermittlung des Absatzverlaufs

Die Absatzentwicklung wurde als Produktionsverlauf über die Zeit operationalisiert, in diesem speziellen Fall als Entwicklung des Produktionswertes der fünf Güterklassen. Dabei erfolgt eine Bewertung der Produktion "zu jeweiligen (tatsächlichen oder erwarteten) Verkaufspreisen einschließlich Verpackung, jedoch ohne in Rechnung gestellte Umsatz- (Mehrwert)-steuer sowie abzüglich gewährter Rabatte und evtl. Verbrauchsteuern (z.B. Leuchtmittelsteuer)."[41] Da es sich um eine wertmäßige Produktionsmessung handelt, schlagen sich im Absatzverlauf Preisänderungen nieder, die zu einem verzerrten Phasenablauf führen können. Eine Ausschaltung von Preisveränderungen ist durch die Bereinigung des Produktionswertes mit dem Preisindex möglich. Der *nominale* Produktionswert wird dabei in den *realen* Produktionswert transformiert.

Der so ermittelte *reale* Produktionswert gibt zwar den Produktionsverlauf wieder, zeigt aber nicht den Absatzverlauf an. Dazu muß der Produktionswert noch um Ex- und Importe bereinigt werden; erst dann spiegelt er die Inlandsversorgung wider. Ex- und Importe liegen ebenfalls als Wertgrößen vor, in denen sich Preisveränderungen niederschlagen. Die Inlandsnachfrage wird deshalb berechnet, indem vom *nominalen* Produktionswert der Saldo aus Ex- und Importen subtrahiert wird. Erst danach wird die so berechnete *nominale* Inlandsnachfrage anhand der Preisindizes der einzelnen Güterklassen in eine *reale* Größe transformiert. Sowohl der *nominale* Produktionswert, als auch Ex- und Importe, als auch der Preisindex sind jeweils für die Güterklassen 3635 bis 3639 im Statistischen Bericht des ZVEI[42] enthalten, so daß die entsprechende Datenbasis für die Berechnung der *realen* Inlandsnachfrage zur Verfügung steht.

Damit ist zwar noch immer keine vollständige Übereinstimmung mit der Absatzentwicklung erzielt, da Lagerzu- und -abgänge nicht berücksichtigt sind. Lagerbestandsveränderungen werden jedoch nicht veröffentlicht, so daß die erzielte Übereinstimmung als Basis für die weitere Untersuchung ausreichen muß.

Häufig wird der Absatzverlauf nicht - wie gerade beschrieben - anhand der jährlichen Nachfrage dargestellt, sondern als kumulierter Absatz in einer logarithmischen Skala abgebildet. Dieser Vorgehensweise wird auch in dieser Arbeit gefolgt, indem die Inlandsnachfrage der einzelnen Güterklassen durch Addition zur Inlandsnachfrage der Erzeugnisgruppe 3650 zusammengefaßt und anschließend kumuliert wird. Der Absatzverlauf kann dann in Form einer Kurve mit logarith-

---

41 ZVEI: Statistischer Bericht '93, S. 49.

42 Vgl. ZVEI: Statistischer Bericht, verschiedene Jahre.

mischer Ordinate abgebildet werden, so daß nicht nur ein idealtypisch glockenförmiger Verlauf entsteht, sondern zum Vergleich auch ein idealtypisch S-förmiger Verlauf für die gesamte Erzeugnisgruppe Hausgeräte vorliegt.

HEUß vergleicht den Absatzverlauf des betrachteten Marktes zur Phaseneinteilung mit der durchschnittlichen Wachstumsrate der Volkswirtschaft. Auch hier soll dieser Maßstab angelegt werden. Die Wachstumsrate einer Volkswirtschaft ist mit der Wachstumsrate ihres realen Bruttosozialproduktes bzw. Bruttoinlandsproduktes gleichzusetzen. Hier wird als Vergleichsmaßstab für die Inlandsnachfrage nach Hausgeräten das Bruttosozialprodukt gewählt, da man davon ausgehen kann, daß hauptsächlich Inländer, also Personen mit ständigem Wohnsitz in Deutschland, im Inland einkaufen, auch wenn sie ihr Einkommen im Ausland erwirtschaften. Da das Bruttosozialprodukt auch das Auslandseinkommen von Inländern berücksichtigt, ist es geeigneter als das Bruttoinlandsprodukt.

Als Quelle für das Bruttosozialprodukt dient das Statistische Jahrbuch.[43] Da die Inlandsnachfrage der einzelnen Güterklassen auf das Basisjahr 1962 bezogen ist, wird auch das *reale* Bruttosozialprodukt in einem ersten Schritt in Preise von 1962 transformiert, um eine Vergleichsbasis zu schaffen. In einem zweiten Schritt werden die Veränderungen gegenüber dem Vorjahr in Prozent berechnet. Aus diesen Veränderungen wird der Durchschnitt ermittelt, allerdings ohne die hohe Wachstumsrate des Bruttosozialprodukts 1960 zu berücksichtigen, da diese übermäßige Steigerung aus einer statistischen Umstellung resultiert - der erstmaligen Einbeziehung des Saarlandes und West-Berlins. Diese volkswirtschaftliche Durchschnittsrate wird anschließend den jährlichen Veränderungen der Erzeugnisgruppe 3650 gegenübergestellt.

Zusätzlich zur Absatzentwicklung der Güterklassen wird auch die Absatzentwicklung der ausgewählten zehn Produkte betrachtet. Der Vorteil ist, daß bei dieser Betrachtung Mengenangaben vorliegen, man also nicht das Problem der wertmäßigen Produktionserfassung hat. Die Produktion, Exporte und Importe der einzelnen Produkte sind im Zahlenspiegel der deutschen Hausgeräteindustrie vom ZVEI[44] ab 1970 in Stück angegeben. Die Produktionsdaten von 1958 bis 1970 in Stück (und in DM)[45] sind den Produktionsberichten des ZVEI[46] zu entnehmen, wobei allerdings die Jahre 1966 und 1969 nicht mehr aufzufinden waren, so daß diese Daten fehlen. Die Angaben für Ex- und Importe für die Jahre 1958 bis 1970 mußten in den Akten des ZVEI

43 Vgl. STATISTISCHES BUNDESAMT: Statistisches Jahrbuch für die Bundesrepublik Deutschland, verschiedene Jahre.

44 Vgl. ZVEI: Zahlenspiegel der deutschen Hausgeräteindustrie, verschiedene Jahre.

45 Die Angabe der Produktionsdaten in Stück **und** in DM ist für die Berechnung des Stückpreises in Kapitel 4.6. wichtig.

46 Vgl. ZVEI: Statistische Mitteilungen, Produktions-Bericht, verschiedene Jahre.

nachgeschlagen werden.[47] Wie bereits erwähnt, sind die Daten nicht ganz vollständig, doch soweit sie vorliegen, werden sie in die Berechnung der Inlandsnachfrage der zehn Produkte einbezogen.

Auf die graphische Darstellung des mengenmäßigen Absatzverlaufs der zehn Produkte wird im nächsten Kapitel verzichtet, da aufgrund der unterschiedlichen verkauften Stückzahlen eine Abbildung für jedes einzelne Produkt erforderlich wäre. Stattdessen werden die Sättigungszahlen der Produkte betrachtet. Diese geben an, wieviele von hundert Haushalten das entsprechende Produkt bereits besitzen. Die Abbildung der Sättigungszahlen ist in einer einzigen Graphik möglich, weil die Einheiten auf der Ordinate für alle Produkte gleich sind.

4.5.2. Darstellung des Absatzverlaufs und Interpretation für das Marktphasenschema

Die preisbereinigte Inlandsnachfrage der Güterklassen 3635 bis 3639 in Mio. DM ist in Abbildung 4.4. dargestellt. In dieser Graphik wird das geringe Volumen der Güterklasse 3636 deutlich. Gewerbliche Elektrowärmegeräte können folglich in die Betrachtung des Elektrohausgerätemarktes einbezogen werden, ohne daß dadurch Verzerrungen im Kurvenverlauf hervorgerufen werden. Alle anderen Güterklassen weisen, ausgehend von einem sehr geringen Niveau, steigende Tendenzen auf, allerdings begleitet von starken Schwankungen. Sowohl in absoluten Zahlen als auch relativ gesehen, hat die Güterklasse 3635 das größte Volumen erreicht, was unter anderem damit zusammenhängt, daß diese Güterklasse äußerst breit gefächert ist. Bei keiner der abgebildeten Güterklassen ist jedoch der idealtypische glockenförmige Verlauf zu erkennen.

Eine einheitliche Entwicklung, die allen Güterklassen gemeinsam ist, läßt sich aus dem Verlauf der Inlandsnachfrage nicht ablesen, was möglicherweise an den durch die Trennung der Güterklassen hervorgerufenen Schwankungen liegt. Um dieser Frage nachzugehen, wird eine Graphik erstellt, die die Entwicklung der Inlandsnachfrage für die gesamte Erzeugnisgruppe 3650 zeigt.[48] Die Inlandsnachfrage für Hausgeräte weist bis Anfang der 80er Jahre tatsächlich einen glockenförmigen Verlauf auf, wenn man von einigen Schwankungen absieht. Allerdings steigt der Absatz ab 1985 so stark an, daß man auch hier von einem untypischen Verlauf sprechen muß.

---

47 Für die Akteneinsicht beim ZVEI gebührt mein besonderer Dank Herrn Polzin von der Statistischen Abteilung des ZVEI, der mir diese Möglichkeit eingeräumt hat.

48 Vgl. hierzu Abb. 2 im Anhang.

Abb. 4.4.: Inlandsnachfrage (real)
Güterklasse 3635 - 3639

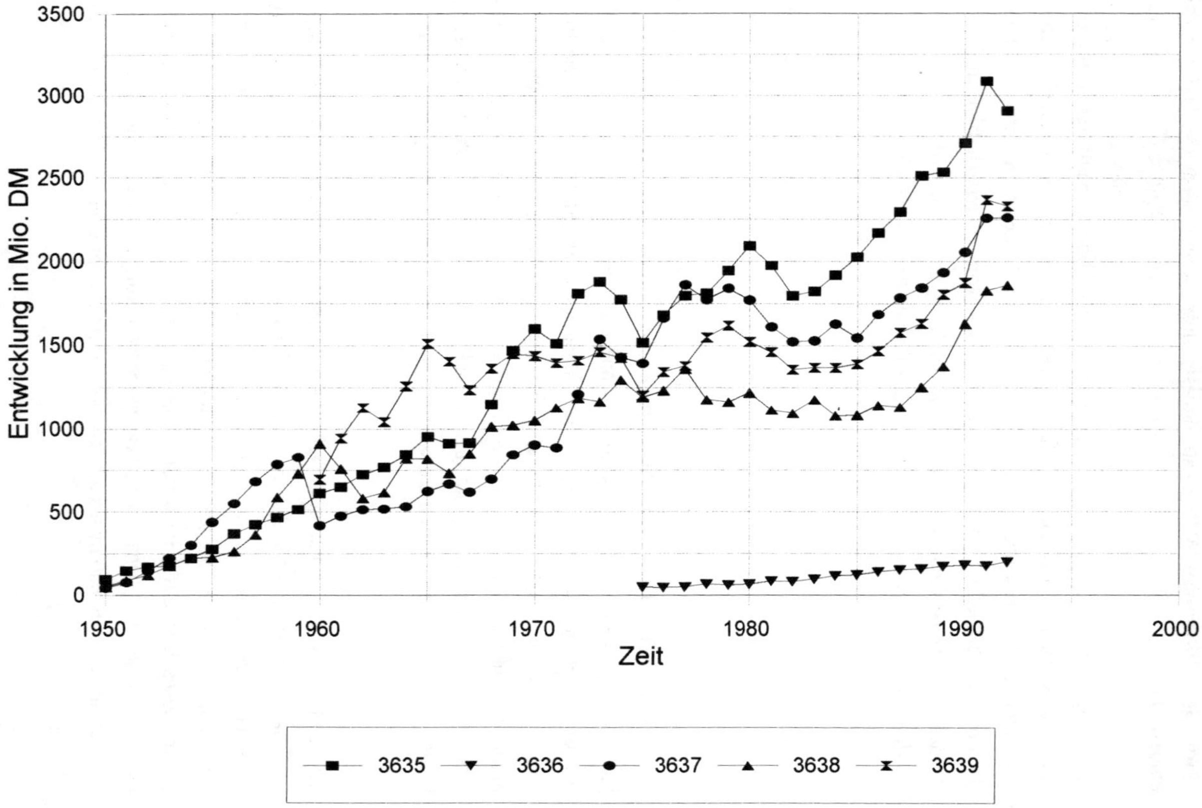

In Abbildung 4.5. ist der kumulierte Absatzverlauf für Hausgeräte logarithmisch dargestellt. Der idealtypische S-förmige Verlauf tritt in dieser Graphik anfangs deutlich hervor. Bis Anfang der 60er Jahre steigt der kumulierte Absatz stark an und verläuft dann immer flacher, um sich asymptotisch einer imaginären Sättigungsgrenze anzunähern. Diese Annäherung verläuft jedoch nicht wie erwartet, da auch bei der logarithmischen Darstellung ab 1985 noch einmal eine deutliche Steigung zu verzeichnen ist.

Zur Phasenabgrenzung muß Abbildung 4.6. herangezogen werden, die die durchschnittliche Wachstumsrate des Bruttosozialproduktes von 3,9% mit den Raten der Erzeugnisgruppe 3650 vergleicht. Die Wachstumsrate der Inlandsnachfrage für Hausgeräte sinkt 1963 erstmals unter die durchschnittliche Wachstumsrate des Bruttosozialproduktes, was zudem mit einem absoluten Rückgang der Inlandsnachfrage um 0,2% verbunden ist. Die Expansionsphase, die nach HEUß durch eine Selbstentzündung der Nachfrage und jährliche Wachstumsraten von 10, 20 und mehr Prozent gekennzeichnet ist, endet also 1963. Die durchschnittliche Wachstumsrate der Erzeugnisgruppe 3650 liegt in dieser Phase bei 26,6%, also weit über dem volkswirtschaftlichen Durchschnitt von 3,9%. Der Zeitraum von 1963 bis Ende der 70er Jahre ist durch ein ständiges Auf und Ab der Inlandsnachfrage nach Hausgeräten gekennzeichnet. Wachstumsraten von über 10% wechseln mit ebenso hohen Rückgängen der Nachfrage ab. Bei dieser Phase handelt es sich um die Ausreifungsphase, in der nach HEUß die absolute Nachfrage nicht abnehmen muß, jedoch die relative Zunahme sinkt. Das durchschnittliche Wachstum in dieser Phase liegt bei 5,7%, ist also noch nicht geringer als die Durchschnittsrate des Bruttosozialproduktes, hat aber gegenüber der Expansionsphase deutlich nachgelassen. In der Sättigungsphase liegt die relative Zunahme der Nachfrage nach Hausgeräten dann endgültig unter dem Niveau der durchschnittlichen Wachstumsrate der Volkswirtschaft. Dies ist in Abbildung 4.6. von 1979 bis 1985 der Fall. Die durchschnittliche Wachstumsrate für Hausgeräte ist in dieser Phase sogar negativ; der Rückgang beträgt durchschnittlich 0,6% pro Jahr. Von 1986 bis 1991 ist eine Nachfragebelebung zu beobachten, die die Wachstumsraten des Erzeugnisbereichs 3650 wieder über die des Bruttosozialproduktes steigen läßt. 1991 wächst der Inlandsabsatz um 15,1% - eine Wachstumsrate wie in der Expansionsphase. Diese hohen Steigerungsraten werden unter anderem durch die Wachstumsimpulse des Hausgerätesektors aufgrund der Wiedervereinigung hervorgerufen, verursacht durch die geringe und veraltete Ausstattung der privaten Haushalte in Ostdeutschland. Die Sättigungsphase, die Ende der 70er Jahre beginnt, wird also durch erneuete Wachstumsimpulse unterbrochen.

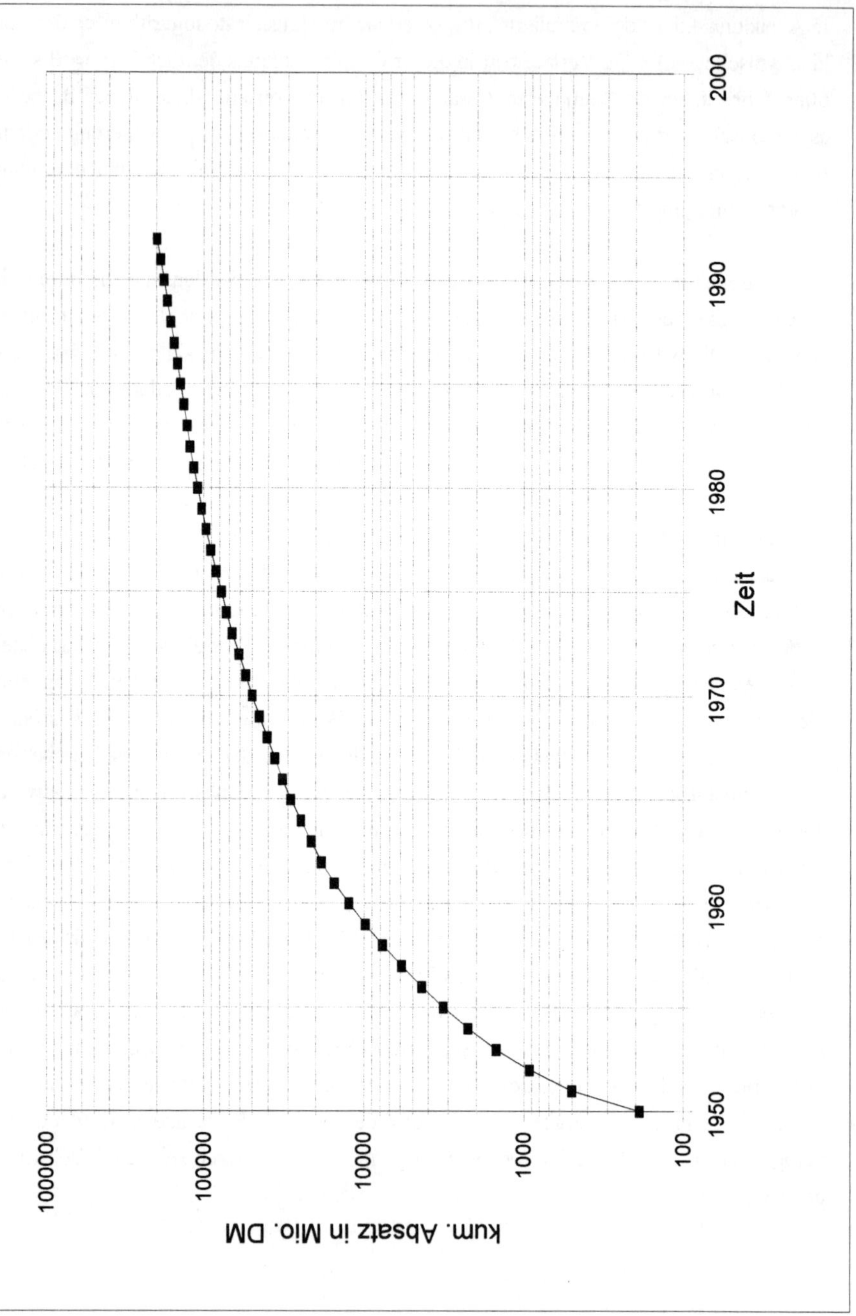

Abb. 4.5.: kumulierter Absatz
der Erzeugnisgruppe 3650

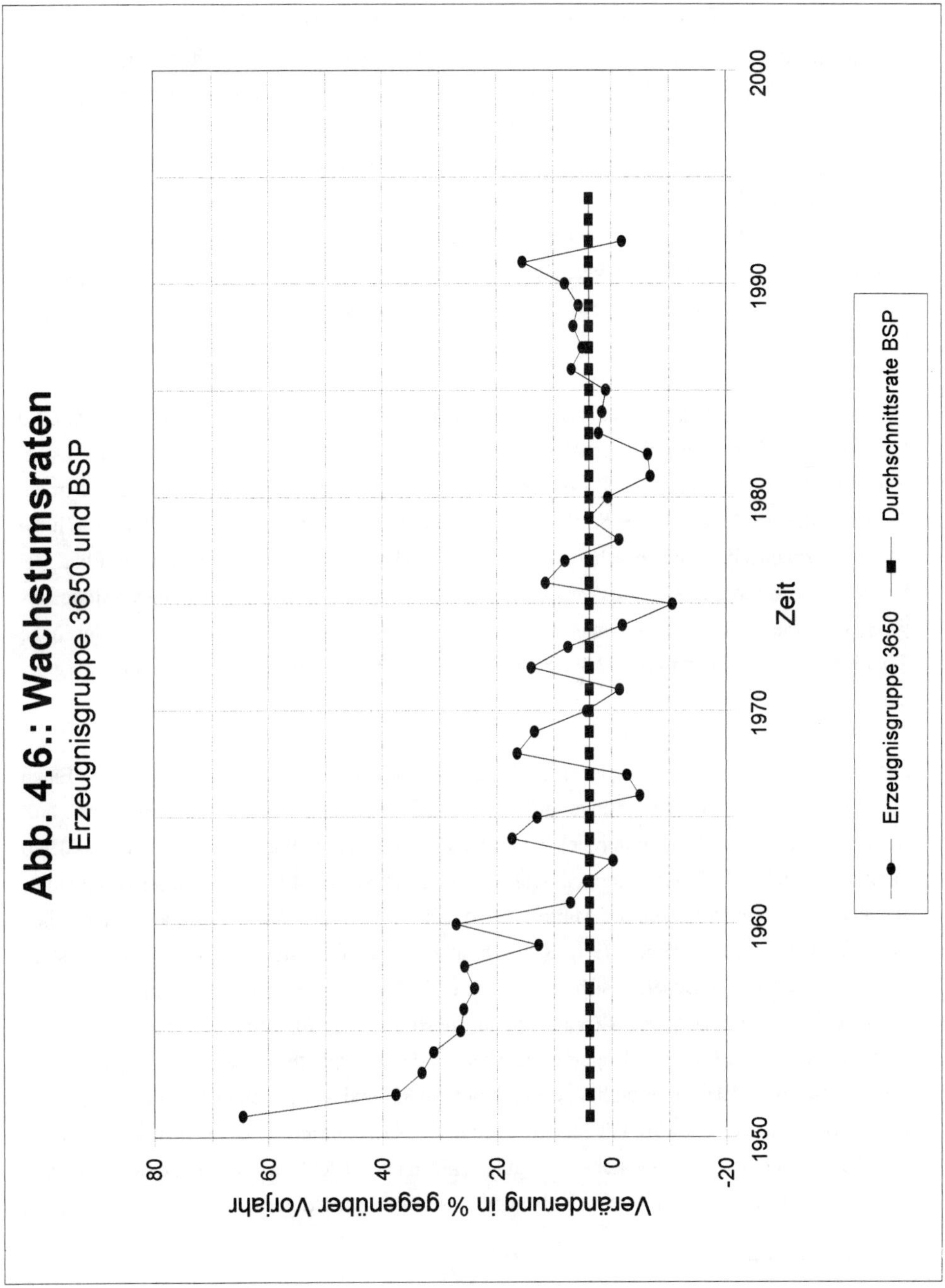
Abb. 4.6.: Wachstumsraten
Erzeugnisgruppe 3650 und BSP
Veränderung in % gegenüber Vorjahr
80
60
40
20
0
-20
1950
1960
1970
1980
1990
2000
Zeit
Erzeugnisgruppe 3650
Durchschnittsrate BSP

Da diese neue Wachstumsphase bereits 1986 beginnt, kann die Wiedervereinigung nicht der einzige Grund für den erneuten Anstieg des Inlandsabsatzes sein. Ein weiterer Grund ist die steigende Zahl von Haushalten insgesamt, die auf die Tendenz zu geringeren Haushaltsgrößen zurückzuführen ist. 1985 gibt es im alten Bundesgebiet 26,4 Millionen Haushalte, 1994 sind es schon nahezu 30 Millionen - eine Steigerung um 3,6 Millionen.[49] Diese zusätzlichen Haushalte müssen sich mit Hausgeräten ausstatten, so daß sich hieraus eine erhöhte Nachfrage ergibt. Außerdem sind seit 1985 einige grundlegende Produktverbesserungen erfolgt, die ebenfalls einen erneuten Anstieg der Inlandsnachfrage zur Folge hatten. Die Wachstumsimpulse des Hausgerätesektors seit Mitte der 80er Jahre sind also durch eine Kombination verschiedener Gründe hervorgerufen worden.

Bis jetzt sind nur wertmäßige und keine mengenmäßigen Entwicklungen betrachtet worden. Im folgenden wird deshalb die Inlandsnachfrage der einzelnen Produkte in Stück untersucht.[50] Dabei zeigt sich, daß die Nachfrage der Produkte nicht dem idealtypischen Verlauf folgt. Vor allem die Produkte, die sich bereits in der Sättigungsphase befinden, weisen ab Mitte der 80er Jahre hohe Steigerungsraten auf, nachdem sich ihr Absatz zuvor mehrere Jahre lang kaum verändert hat. Bei Staubsaugern verdoppelt sich die Absatzzahl von 1986 bis 1991 sogar. Einen annähernd idealtypischen Verlauf weisen Kaffeemaschinen auf, wenn man die zwischenzeitlichen Einbrüche ignoriert. Sie haben ihren maximalen Absatz 1990 überschritten und befinden sich am Übergang zur Stagnationsphase.

Die Sättigungszahlen für die einzelnen Produkte sind in Abbildung 4.7. dargestellt. Einen idealtypischen S-förmigen Kurvenverlauf weisen Kaffeemaschinen und Mikrowellengeräte auf. Kaffeemaschinen sind 1965 in nur sieben von hundert Haushalten vorhanden, wachsen bis 1970 ganz allmählich auf 12% und steigen dann jährlich stark an. 1994 existieren in 94 von hundert Haushalten Kaffeemaschinen, der Markt ist also nahezu gesättigt. Sättigungstendenzen machen sich außerdem bei Staubsaugern (98), Kühlschränken (97), Waschmaschinen (94) und Toastern (94) bemerkbar. Dabei handelt es sich um Produkte, die bereits sehr lange relativ unverändert am Markt existieren und für die es (noch) keine Substitute gibt. Elektroherde hingegen können beispielsweise durch Mikrowellengeräte, Gasherde oder Zweiplattenkocher ersetzt werden. Die Sättigungszahl für Elektroherde liegt deshalb nur bei 82, und es ist auch nicht zu erwarten, daß sie sehr viel höher steigen wird. Für Mikrowellengeräte, Geschirrspüler, Dunstabzugshauben und Wäschetrockner sind ebenfalls keine Sättigungszahlen nahe 100% zu erwarten, da diese Geräte keine grundlegenden Bedürfnisse wie Kühlen oder Waschen befriedigen. Die stark steigende Zahl

---

49 Vgl. zu diesen Angaben STATISTISCHES BUNDESAMT: Statistisches Jahrbuch für die Bundesrepublik Deutschland, verschiedene Jahre.

50 Vgl. zur Inlandsnachfrage der einzelnen Produkte in Stück Abb. 3 - 7 im Anhang.

an Toastern und Kaffeemaschinen ist unter anderem darauf zurückzuführen, daß es sich hierbei um relativ preiswerte Produkte handelt, die sich auch einkommensschwache Haushalte leisten können und die deshalb auch häufig verschenkt werden.

Zusammenfassend liefert die Betrachtung des Absatzverlaufs ein einheitliches Ergebnis, gleich ob eine wert- oder mengenmäßige bzw. jährliche oder kumulierte Darstellung gewählt wird. Bis Mitte der 80er Jahre folgt die Absatzentwicklung sowohl dem idealtypischen glockenförmigen als auch dem idealtypischen S-förmigen Verlauf. Auch die Phasenabgrenzung bereitet bis zu dieser Zeit keine Schwierigkeiten: Die Expansionsphase endet 1963, die Ausreifungsphase 1978, und die Sättigungsphase wird 1985 durch erneute Wachstumsimpulse unterbrochen. Die Experimentierungsphase und der Beginn der Expansionsphase fallen nicht in den Beobachtungszeitraum. Die Wachstumsimpulse ab 1986 haben vielfältige Gründe (steigende Anzahl von Haushalten, Produktverbesserungen, Wiedervereinigung etc.). Diese erneute Nachfragebelebung des Hausgerätesektors spricht für den von mehreren Autoren[51] vertretenen zweihöckrigen Absatzverlauf. Dem ist entgegenzuhalten, daß auch HEUß jeder Branche Platz für die individuelle Entwicklung einräumt. Die neuen Wachstumsimpulse sind somit nach HEUß - genau wie der 2. Weltkrieg - auf äußere Einflüsse zurückzuführen, die den idealtypischen Verlauf kurzzeitig verzögern, jedoch insgesamt nicht hemmen können, so daß davon auszugehen ist, daß sich die Stagnationsphase nach Abklingen dieser Impulse fortsetzt. Welche dieser Hypothesen sich in Zukunft bestätigen wird, kann nur die weitere Beobachtung des Marktes für Elektrische Haushaltsgeräte ergeben.

Bis 1986 folgt die Nachfrage dem von HEUß prognostizierten idealtypischen Verlauf. Die HEUß´sche Hypothese zur Absatzentwicklung kann anhand der vorliegenden Daten für den Markt für Elektrische Haushaltsgeräte also bis 1986 bestätigt werden. Die Deutung der daran anschließenden Entwicklung erfordert jedoch weitere Untersuchungen.

---

[51] Vgl. beispielsweise COX (1967), S. 381 ff. oder WEINHOLD-STÜNZI (1964), S. 143 ff..

Abb. 4.7.: Sättigungszahlen
für die einzelnen Produkte

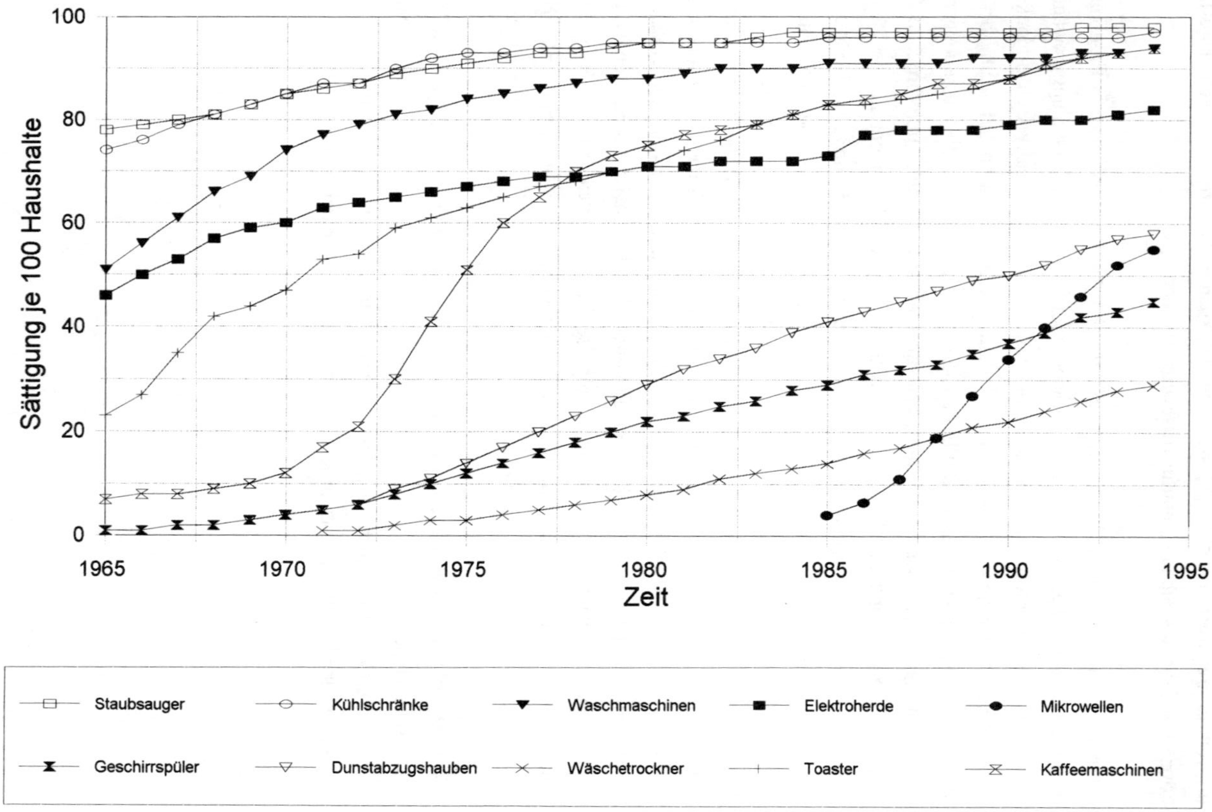

4.6. Ermittlung der Preise

4.6.1. Vorgehensweise bei der Ermittlung der Preise

Die Betrachtung der Preisentwicklung erfolgt über den Preisindex für die einzelnen Güterklassen. Dieser Preisindex ist im Statistischen Bericht des ZVEI[52] jeweils für ein Basisjahr angegeben. Da sich das Basisjahr im Laufe von 45 Jahren mehrmals geändert hat, gilt es in einem ersten Schritt, den Preisindex auf das Jahr 1962 umzurechnen. 1962 wird deshalb als Basis gewählt, da erst ab diesem Jahr ein getrennter Preisindex für die Güterklasse 3639 vorliegt. Mit der Umrechnung auf ein gemeinsames Basisjahr ist die Grundlage für einen Preisvergleich geschaffen.

Zusätzlich kann die Preisentwicklung der ausgewählten Produkte betrachtet werden, da die Produktionsdaten sowohl in DM als auch in Stück vorliegen. Quelle für diese Daten ist ab 1970 der Zahlenspiegel der deutschen Hausgeräteindustrie, der vom ZVEI[53] herausgegeben wird. Die Produktionszahlen von 1958 bis 1969, ebenfalls in DM und in Stück, sind den Produktionsberichten des ZVEI[54] zu entnehmen, wobei die Daten der Jahre 1966 und 1969 fehlen.[55] Aus den wert- und mengenmäßigen Produktionsdaten kann der Durchschnittspreis pro Stück berechnet und dessen Entwicklung im Zeitverlauf untersucht werden.

4.6.2. Darstellung der Preisentwicklung und Interpretation für das Marktphasenschema

Die Entwicklung der Preisindizes der Güterklassen 3635 bis 3639 für das Basisjahr 1962 ist in Abbildung 4.8. dargestellt, wobei für Elektrowärmegeräte für Haushalt und für Gewerbe ein einheitlicher Preisindex gilt. Man kann hier deutlich den U-förmigen Verlauf der Preisindizes erkennen. Ausgehend vom Preisniveau im Jahre 1950 sinkt der Preis so lange, bis er 1968 bzw. 1969 sein Minimum erreicht. In den 70er und 80er Jahren steigt der Preis stark an und zwar weit über sein ursprüngliches Niveau hinaus.

---

52 Vgl. ZVEI: Statistischer Bericht, verschiedene Jahre.

53 Vgl. ZVEI: Zahlenspiegel der deutschen Hausgeräteindustrie, verschiedene Jahre.

54 Vgl. ZVEI: Statistische Mitteilungen, Produktions-Bericht, verschiedene Jahre.

55 Dieses Problem wurde bereits in Kapitel 4.5. erläutert!

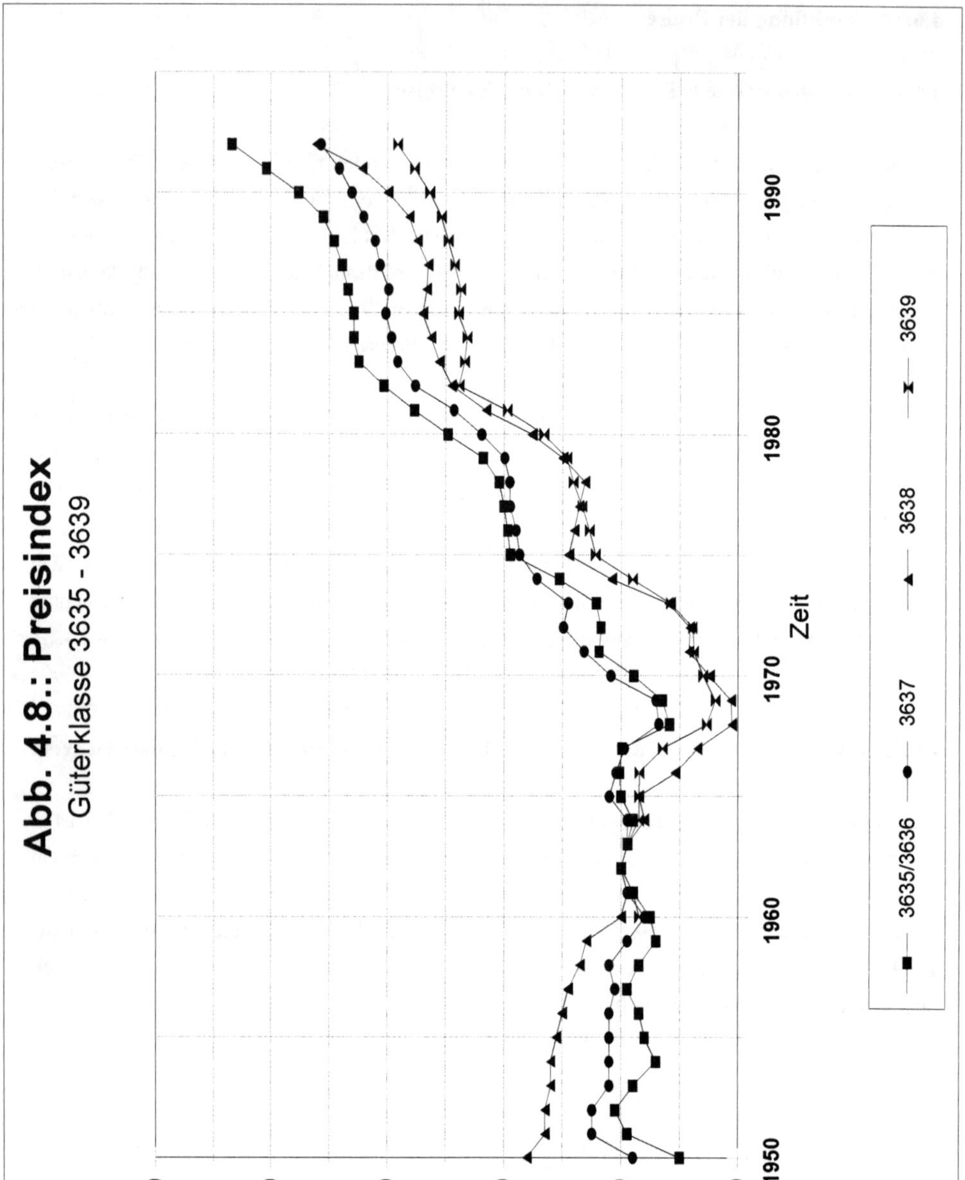

Abb. 4.8.: Preisindex
Güterklasse 3635 - 3639

Diese Entwicklung entspricht dem von HEUß prognostizierten Verlauf: Die Experimentierungsphase ist durch zunächst noch sehr hohe Preise gekennzeichnet. In der Expansionsphase werden sie stark gesenkt, da die Anbieter von einer elastischen Nachfrage ausgehen. In der Ausreifungsphase sind die Preissenkungsspielräume weitestgehend ausgenutzt, was jedoch gelegentliche Preissenkungen nicht ausschließt. Die Sättigungsphase ist durch Preisauftriebstendenzen sowohl von der Angebots- als auch von der Nachfrageseite her gekennzeichnet.

Die Experimentierungsphase liegt nicht im Beobachtungszeitraum, auch nicht der Beginn der Expansionsphase. Hierüber können also keine Aussagen gemacht werden. Nach Auswertung des Absatzverlaufs endet die Expansionsphase 1963, die Ausreifungsphase reicht bis Ende der 70er Jahre; hier beginnt die Sättigungsphase, die jedoch 1986 durch neue Wachstumsimpulse unterbrochen wird. Abbildung 4.8. zeigt, daß Preissenkungen bei Hausgeräten in der Expansionsphase und zu Beginn der Ausreifungsphase erfolgen. Ende der 60er Jahre sind die Preissenkungsspielräume ausgenutzt, so daß sich Preissteigerungen durchsetzen, die bis heute anhalten.

Am deutlichsten ist der U-förmige Verlauf bei Elektrischen Kühl- und Gefriergeräten (Güterklasse 3638) zu erkennen. Diese Güterklasse weist zudem die höchste Konzentrationsrate auf, so daß sich Preissteigerungen hier am einfachsten durchsetzen lassen. Elektrowärmegeräte zeigen eine von den anderen Güterklassen abweichende Preisentwicklung, denn sie haben ihr Preisminimum bereits im Jahre 1950 erreicht. Der Preis schwankt bis Ende der 60er Jahre um dieses Niveau und steigt dann - ebenso wie die Preise der anderen Güterklassen - ab Anfang der 70er Jahre stark an.

Vergleicht man den Verlauf der Preisindizes der Güterklassen mit dem Preisverlauf der einzelnen Produkte[56], erhält man folgende Ergebnisse:[57]

1.) Die Preisentwicklung des **Kühlschranks** ist mit dem in Abbildung 4.8. beobachteten Preisverlauf der Klasse 3638 nahezu identisch, was insofern nicht verwundert, als diese Güterklasse nur Kühl- und Gefriergeräte beinhaltet. Zudem ist der Kühlschrank eines der ältesten Elektrohausgeräte, so daß der Produktlebenszyklus für Kühlschränke und das Marktphasenschema für die gesamte Branche in etwa übereinstimmen. Der Preisverlauf des Kühlschranks ist beispielhaft für alle Produkte in Abbildung 4.9. dargestellt. Im Verhältnis zur Reallohnentwicklung ist der Kühlschrank von 1958 bis 1993 sehr viel preiswerter geworden: Im Jahre 1958 mußte ein Arbeiter noch durchschnittlich 212

---

56 Vgl. zum Preisverlauf der einzelnen Produkte Abb. 8 - 11 im Anhang.

57 Für Mikrowellengeräte liegen keine entsprechenden Daten vor, so daß diese hier nicht betrachtet werden.

Stunden und 4 Minuten für einen Kühlschrank arbeiten, 1993 sind es nur noch 28 Stunden und 22 Minuten.[58]

2.) Der **Waschvollautomat** wird erst seit Mitte der 50er Jahre produziert, so daß er sich bis Anfang der 60er Jahre noch in der Experimentierungsphase befindet. In der Expansionsphase setzen sich starke Preissenkungen durch, die 1971 ihr Minimum erreichen. 1971 kostet ein Waschvollautomat nur noch halb soviel wie 1964. In den 70er Jahren gewinnen Preissteigerungen zunehmend an Bedeutung, die sich bis heute fortsetzen.

3.) Der **Wäschetrockner** zählt zur Güterklasse 3639. Seine Preisentwicklung entspricht in keiner Weise dem idealtypischen Verlauf. 1970 wird der Wäschetrockner erstmals statistisch erfaßt und zu dieser Zeit ist sein Preis am geringsten. Bis 1974 steigt der Preis um fast 350,- DM an und erreicht sein Maximum. Danach wechseln Preissenkungen und -steigerungen in einer Bandbreite zwischen 730,- und 860,- DM ab.

4.) Der Preis des **Elektroherdes** verharrt zunächst auf einem Niveau um 250,- DM. Ab 1970 setzen sich dann Preissteigerungen durch - genau wie beim Verlauf des Preisindex der Güterklasse 3635. Der Elektroherd ist wie der Kühlschrank ein Hausgerät, dessen Preisverlauf im Produktlebenszyklus mit dem der Branche im Marktphasenschema übereinstimmt.

5.) **Toaster** werden 1958 zu einem Durchschnittspreis von 18,09 DM angeboten. Danach steigt der Preis tendenziell an, bis er 1992 ein Maximum von 47,49 DM erreicht. Bei Toastern sind also, abgesehen von kurzfristigen geringen Preissenkungen, überwiegend Preissteigerungen zu beobachten.

6.) **Kaffeemaschinen** erreichen ihren maximalen Preis 1960; danach sinkt der Preis, unterbrochen von geringen Preissteigerungen. Auffallend sind die Preisstürze 1964 und 1980. 1980 wird zudem das Preisminimum von 26,83 DM erreicht. Die Preisentwicklung von Kaffeemaschinen ist nicht mit dem idealtypischen Verlauf zu vereinbaren, da hier in der Ausreifungs- und Sättigungsphase Preissenkungen erfolgen.

---

58 Vgl. o.V.(1994b), S. 2.

Abb. 4.9.: Preisentwicklung
Kühlschrank

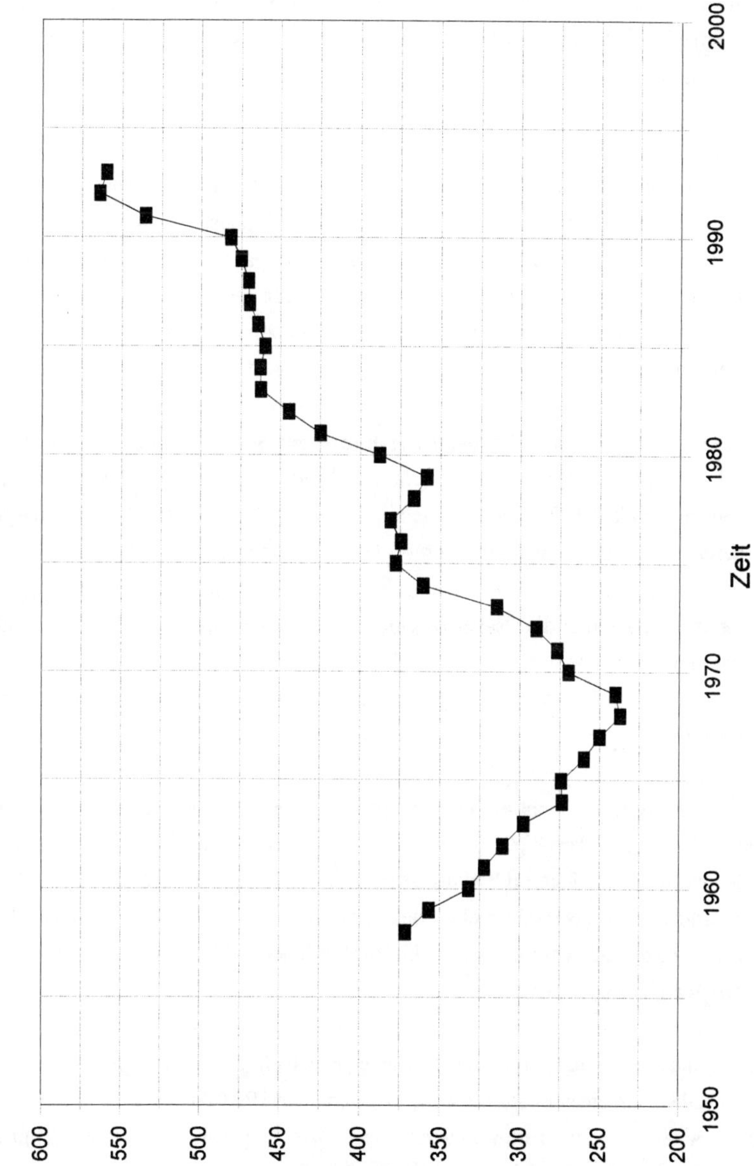

7.) **Staubsauger** erreichen 1959 ihr Preisminimum, in den 60er Jahren schwankt der Preis um 115,- DM, ab 1970 setzen sich dann vermehrt Preissteigerungen durch. 1981 wird der maximale Preis von 218,- DM erreicht. Bis zu diesem Punkt ist die Preisentwicklung des Staubsaugers mit der der Güterklasse 3637 im Einklang, doch die anschließenden Preissenkungen entsprechen nicht dem von HEUß prognostizierten Verlauf.

8.) **Geschirrspülmaschinen** werden erst seit 1963 statistisch ausgewiesen. Sie befinden sich bis Mitte der 60er Jahre in der Experimentierungsphase, weshalb die Preise hier auch noch entsprechend hoch sind. Mit Beginn der Expansionsphase sinken die Preise dann stark, bis sie in der Reifephase Anfang der 80er Jahre nahezu stagnieren. Die Preisentwicklung der Geschirrspülmaschine entspricht somit grundsätzlich dem idealtypischen Verlauf.

9.) Die Preisentwicklung der **Dunstabzugshaube** entspricht zwar der der Güterklasse 3637, jedoch nicht dem idealtypischen Verlauf im Produktlebenszyklus. Die Dunstabzugshaube befindet sich in den 70er Jahren noch in der Expansionsphase und trotzdem erfolgen hier bereits Preissteigerungen, die sich bis heute fortsetzen.

Insgesamt ergibt sich, daß die Preisentwicklung der meisten Produkte mit dem idealtypischen Verlauf zu vereinbaren ist. Nur zwei Produkte weisen eine Preisentwicklung auf, die in keiner Weise mit dem von HEUß prognostizierten Verlauf übereinstimmt: Wäschetrockner und Kaffeemaschinen.

Wäschetrockner scheinen nicht auf eine entsprechende Bedarfslücke zu stoßen, was durch ihre geringen Verkaufszahlen bestätigt wird. Ein Platz zum Trocknen der Wäsche findet sich in jedem Haushalt, und das Aufhängen der Wäsche bereitet nicht so viel Arbeit, daß hierfür ein Gerät benötigt wird. Zudem übersteht nicht jedes Kleidungsstück die Prozedur im Trockner. Diese Gründe führen dazu, daß Wäschetrockner im Produktlebenszyklus eine andere Preisentwicklung aufweisen als andere Hausgeräte.

Eine Kaffeemaschine hingegen besitzt fast jeder Haushalt, mitunter sogar mehrere. Die Nachfrage nach Kaffeemaschinen ist so rapide angestiegen (von 192.000 Stück 1962 auf 8,6 Millionen 1990), daß allein von der Produktionsseite her Kostenersparnisse durch Massenproduktionsvorteile und Erfahrungskurveneffekte realisiert werden konnten. Diese wurden an die Nachfrager durch Preissenkungen weitergegeben, so daß sich auch dieser Preisverlauf erklärt.

Als abschließendes Ergebnis bleibt festzuhalten, daß die Preisindizes der Güterklassen eindeutig dem von HEUß prognostizierten U-förmigen Verlauf folgen. Einschränkungen müssen bei der

Preisentwicklung der Produkte hingenommen werden. Nur der Preisverlauf von Kühlschränken, Elektroherden, Waschvollautomaten und Geschirrspülmaschinen kann als Bestätigung für das Marktphasenschema gelten. Alle anderen Produkte weisen eine Preisentwicklung auf, die man zwar übereinstimmend mit den Aussagen des Marktphasenschemas erklären kann, die jedoch vom idealtypischen Verlauf abweichen. Die HEUß'sche Hypothese zur Preisentwicklung läßt sich mit dem vorhandenen Datenmaterial also nur teilweise bestätigen.

4.7. Ermittlung der Preiselastizität

4.7.1. Vorgehensweise bei der Ermittlung der Preiselastizität

Die Preiselastizität ist definiert als ′relative Mengenänderung dividiert durch relative Preisänderung′. Zunächst wird die Preiselastizität der einzelnen Güterklassen betrachtet. Dabei ergibt sich die Mengenänderung durch den *realen* Produktionswert, wie er bereits im Kapitel zur Kostenentwicklung für die vier Güterklassen berechnet wurde.[59] Es wird der *reale* und nicht der *nominale* Produktionswert herangezogen, weil sich im Produktions**wert** Preissteigerungen werterhöhend auswirken. Um Wertsteigerungen auszuschalten, die auf Preiserhöhungen zurückzuführen sind, wird mit dem preisbereinigten Produktionswert gerechnet. Die **relative** Mengenänderung ergibt sich, indem man den Saldo aus Produktionswert des Betrachtungs- und des Vorjahres durch den Produktionswert des Vorjahres dividiert. Es wird also die prozentuale Mengenänderung gegenüber dem Vorjahr ermittelt.

Bei der Berechnung der **relativen** Preisänderung wird ebenso verfahren. Als Preise liegen die Preisindizes der einzelnen Güterklassen vor, wie sie im Kapitel zur Preisentwicklung dargestellt wurden. Man bildet den Saldo aus Preisindex des Betrachtungs- und des Vorjahres und dividiert diesen Saldo durch den Preisindex des Vorjahres. Hier wird die prozentuale Preisänderung gegenüber dem Vorjahr berechnet. Die Preiselastizität erhält man, indem man relative Mengenänderung durch relative Preisänderung teilt und anschließend das Vorzeichen ändert.[60] So wird

---

59 Güterklasse 3635 und 3636 werden hier zusammen betrachtet, da der Preisindex für beide Güterklassen gemeinsam ausgewiesen ist.

60 Da sich Preis und Menge üblicherweise in entgegengesetzte Richtung ändern, wäre der numerische Wert der Preiselastizität negativ. Um dies zu vermeiden, wird die Elastizität in der wirtschaftswissenschaftlichen Literatur häufig mit negativem Vorzeichen definiert. Vgl. zum Vorzeichen der Preiselastizität auch Kapitel 3.7.!

für jedes Jahr verfahren, bis die Preiselastizitäten für die einzelnen Güterklassen vollständig ermittelt sind.[61]

Zusätzlich kann die Preiselastizität für die ausgewählten Produkte betrachtet werden. Dazu werden die Produktionszahlen der Produkte in Stück für die Mengenänderung und die in Kapitel 4.6. berechneten Preise für die Preisänderung herangezogen. Hier werden die Produktionszahlen und nicht die Inlandsnachfrage verwendet, da die Preise auf Basis dieser Produktionsdaten berechnet wurden. Ebenso wird auch bei der Berechnung der Preiselastizität der Güterklassen nicht die Inlandsnachfrage, sondern der Produktionswert herangezogen. Da die Preise in beiden Fällen auf Inlandsdaten beruhen[62], kann die Berücksichtigung von Ex- und Importen zu Verzerrungen der Preiselastizität führen. Um diese Verzerrungen zu vermeiden, werden die im Inland produzierten Mengen zur Berechnung der Elastizitäten benutzt.

Die Vorgehensweise bei der Berechnung der Preiselastizität für die Produkte ist mit derjenigen für die Güterklassen identisch, so daß sie hier nicht noch einmal beschrieben wird.

4.7.2. Darstellung der Preiselastizität und Interpretation für das Marktphasenschema

Die Entwicklung der Preiselastizitäten der Güterklassen ist in Abbildung 4.10. dargestellt. Der Plausibilitätsbereich und die üblichen Werte der Preiselastizität sind bereits in Kapitel 3.7. diskutiert worden. Vergleicht man diese Ausführungen mit den hier ermittelten Preiselastizitäten, gelangt man zu folgenden Ergebnissen:

Grundsätzlich nehmen Preiselastizitäten aufgrund des negativen Vorzeichens positive Werte an, da sich Preis und Menge im Normalfall in entgegengesetzte Richtung bewegen. Diese Aussage trifft nicht einmal bei der Hälfte der berechneten Elastizitäten zu. Das heißt, daß sich in der Hälfte der Fälle Menge und Preis in die gleiche Richtung bewegen, prinzipiell also das Problem der unendlichen Gewinnsteigerung auftreten kann (wie in Kapitel 3.7. erwähnt). Andererseits wurde darauf hingewiesen, daß es kurzfristig auch zu negativen Preiselastizitäten aufgrund des Giffen-Gut-, des Snob-, des Erwartungs- und des Qualitätsindikator-Effektes kommen kann. Bis auf den ersten können diese Effekte auch bei Elektrohausgeräten auftreten. Teilweise halten sich

---

61 Hier muß die Einschränkung gemacht werden, daß die Preiselastizität nicht berechnet werden kann, falls keine Preisänderung stattgefunden hat. Wie sich später noch zeigen wird, ist dies in einigen Jahren der Fall.

62 Vgl. hierzu auch ZVEI: Statistischer Bericht '94, S. 52. Hier wird darauf hingewiesen, daß der Preisindex die "Preisbewegungen der elektrotechnischen Erzeugnisse für das Inland" widerspiegelt. Es ist sehr wahrscheinlich, daß die importierten Produkte eine andere Preisentwicklung aufweisen als die inländischen und gerade deshalb gekauft werden.

die negativen Preiselastizitäten jedoch über mehrere Jahre hinweg, so daß nicht mehr von einem kurzfristigen Auftreten gesprochen werden kann.

Die Preiselastizität soll zudem zwar größer als eins sein, um eine elastische Nachfrage abzubilden, doch ist eine Preiselastizität über 70 erstaunlich hoch. Eine einprozentige Preissenkung ruft somit eine über siebzigprozentige Nachfragesteigerung hervor. Insgesamt gesehen können die Werte der berechneten Preiselastizitäten nicht überzeugen.

Die Überprüfung der Entwicklung der Preiselastizität im Phasenablauf zeigt auch kein anderes Bild: Allein in der Expansionsphase bis 1963 treten beispielsweise bei Güterklasse 3635 und 3636 insgesamt achtmal negative Preiselastizitäten auf. Nach HEUß müßten die Elastizitäten in dieser Phase auf jeden Fall positiv sein. Die einzige Güterklasse, die eine solche Entwicklung in der Expansionsphase in etwa aufweist, ist die Klasse 3638. Hier ist lediglich 1961 eine negative Preiselastizität zu beobachten.

In der Ausreifungsphase bis Ende der 70er Jahre nimmt nach HEUß die Preiselastizität zwar ab, doch ist sie immer noch größer als eins. Auch für die Ausreifungsphase kann die HEUß'sche These nicht bestätigt werden. Positive und negative Preiselastizitäten wechseln einander in unberechenbarer Folge ab. Selbst die Güterklasse 3638 weist in dieser Phase siebenmal negative Elastizitäten auf.

Die Sättigungsphase ist nach HEUß durch eine sehr geringe Preiselastizität nahe Null gekennzeichnet. Auch hier wechseln sich positive und negative Elastizitäten ab, jedoch sind sie tatsächlich nicht besonders hoch. Dieses Ergebnis gilt nur bis 1986 - bis zum Beginn der erneuten Wachstumsphase des Elektrohausgerätemarktes. In diesem Jahr weisen die Güterklassen 3637 bis 3639 hohe positive Preiselastizitäten auf.

Es ergibt sich also bei der Überprüfung der HEUß'schen These ein sehr unbefriedigendes Bild: Die Entwicklung der Preiselastizität der Güterklassen entspricht in keiner Weise dem von HEUß prognostizierten Verlauf. Mögliche Ursache kann die wertmäßige Mengenerfassung sein. Üblicherweise sollte die Menge in Stück (nicht in DM) herangezogen werden, so daß zum Vergleich die Preiselastizitäten der ausgewählten Produkte dargestellt werden, um Unterschiede aufzudecken.

Abb. 4.10.: Preiselastizität

Güterklasse 3635 - 3639

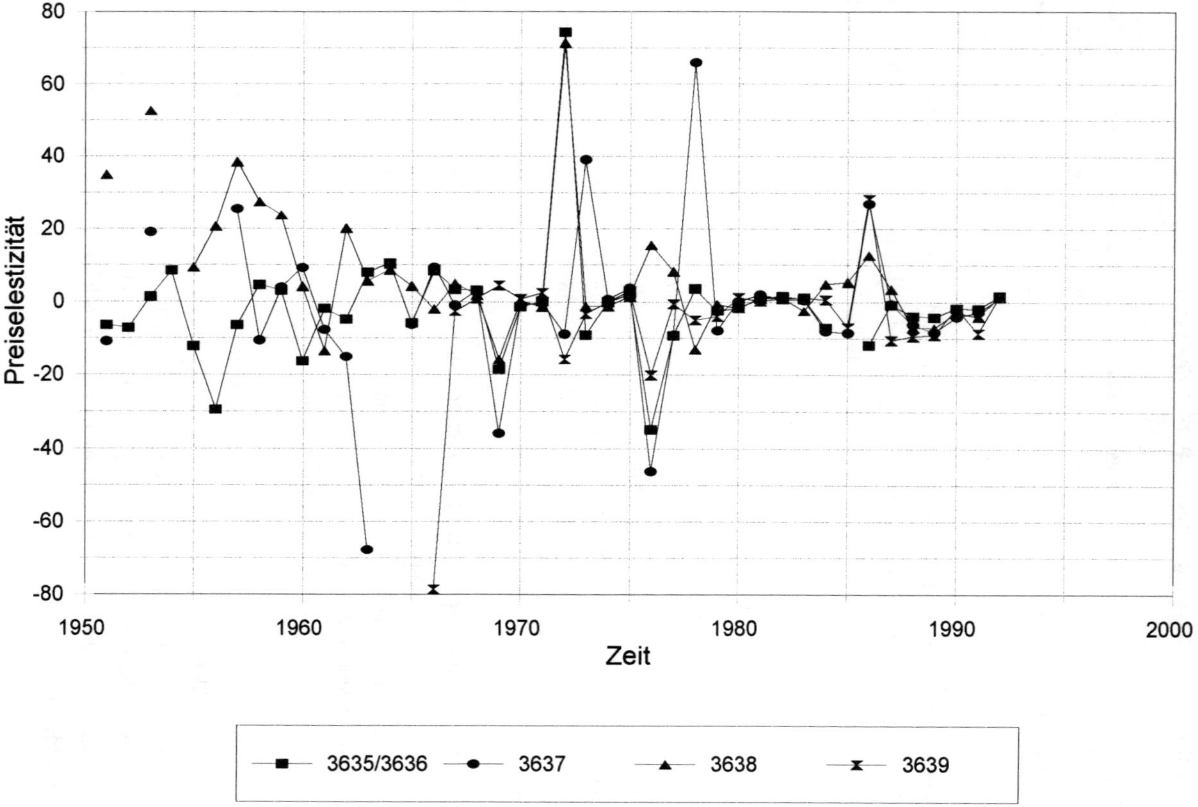

Die Analyse der Preiselastizitäten der ausgewählten Produkte ergibt jedoch, daß auch kein Produkt näherungsweise den idealtypischen Elastizitätsverlauf aufweist (vgl. zu den Preiselastizitäten der Produkte Tab. 11 im Anhang). Negative und positive Elastizitäten wechseln einander ab, unabhängig davon, in welcher Lebenszyklusphase sich das Produkt befindet. Beispielhaft ist in Abb. 4.11. der Elastizitätsverlauf des Wäschetrockners dargestellt. Betrachtet man diese Graphik, fallen sofort der unregelmäßige Verlauf und die zum Teil hohen negativen Werte auf. Der Lebenszyklus des Wäschetrockners beginnt in den 60er Jahren, so daß gerade in den 70er Jahren - in der Expansionsphase also - hohe positive Preiselastizitäten zu erwarten sind. Doch das Gegenteil ist der Fall: Von 1971 bis 1978 sind durchgehend negative Preiselastizitäten zu beobachten, 1979 bis 1981 sind die Elastizitäten dann positiv, doch bereits 1982 tritt wieder eine negative Preiselastizität auf. Auch die Erfassung der Menge in Stück bringt also keine neuen Erkenntnisse.

Es liegt die Schlußfolgerung nahe, daß entweder die Operationalisierung der Preiselastizität oder die HEUß'sche Hypothese zur Elastizitätsentwicklung nicht stimmig sind. Aufgrund der Ausführungen in Kapitel 3.7.[63] wird davon ausgegangen, daß hier das Problem der Validität aufgetreten ist: Es ist nicht das gemessen worden, was gemessen werden sollte!

Problematisch ist beispielsweise die Berechnung der Preisänderungen, da es sich bei den ermittelten Preisen nicht um Endverkaufspreise handelt und innerhalb einer Produktkategorie die Preise der einzelnen Hersteller variieren können. Zudem treten die bereits in Kapitel 3.7. erwähnten Probleme wie das Ausweichen auf mindere Qualitäten oder Veränderungen der Werbestrategie auf. Prinzipiell müßte die Preiselastizität für jede spezielle Marke eines jeden Produktes berechnet werden, um auf plausible Werte zu kommen. Da jedoch die entsprechenden Daten nicht zur Verfügung stehen, müssen Abstriche bei der Auswertung der Preiselastizität hingenommen werden. Der von HEUß prognostizierte Absatz- und Preisverlauf konnte im Rahmen dieser empirischen Analyse zum Teil bestätigt werden, so daß davon auszugehen ist, daß auch die Preiselastizität tendenziell dem idealtypischen Verlauf folgt. Diese Annahme beruht allerdings nur auf Plausibilitätsüberlegungen und wird durch die vorliegenden Daten nicht unterstützt.

63 Bei diesen Ausführungen wurden noch andere namhafte Autoren zitiert, die einen ähnlichen Verlauf der Preiselastizität unterstellen, wie HEUß ihn prognostiziert. Da nicht davon auszugehen ist, daß alle diese Autoren irren, liegt der unbefriedigende Verlauf der Elastizitäten wohl in der Operationalisierung begründet.

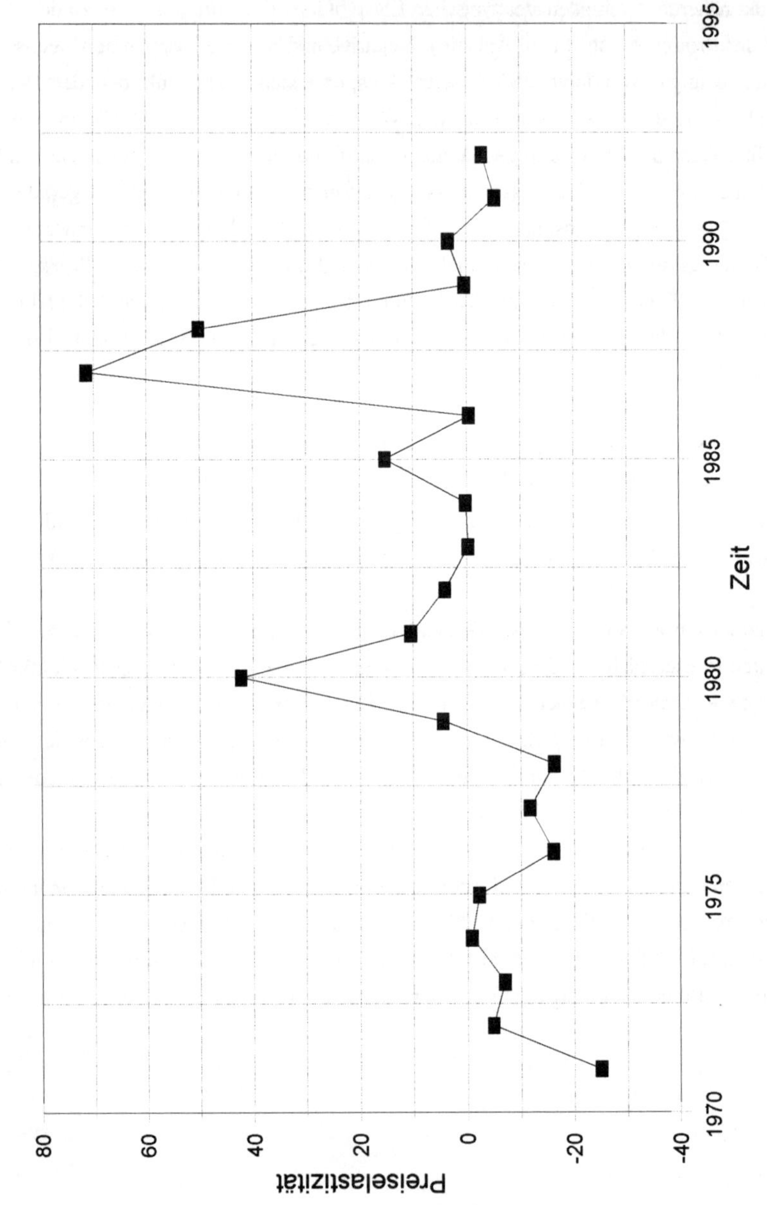

Abb. 4.11.: Preiselastizität
Wäschetrockner

4.8. Ermittlung der Produkteigenschaften

4.8.1. Qualitätsentwicklung

4.8.1.1. Vorgehensweise bei der Ermittlung der Qualität

Die Entwicklung der Qualität wird anhand der Veränderung der Testurteile der Stiftung Warentest im Zeitablauf gemessen. Dazu werden die Tests der ausgewählten Produkte ab 1973 betrachtet. Die Auswertung kann erst in diesem Jahr beginnen, da die test-Jahrbücher erst seit 1973 zur Verfügung stehen.

In dieser Untersuchung werden zur Beobachtung der Qualitätsentwicklung die Gesamtnoten der Testergebnisse herangezogen, da diese von potentiellen Käufern als Entlastungsangebot häufig genutzt werden.[64] Zu Beginn des Untersuchungszeitraums setzt sich das Gesamtergebnis aus den Kategorien "Technische Prüfung", "Funktionsprüfung", "Sicherheit" und "Handhabung" zusammen, wobei die Gewichtung der Einzelergebnisse variiert. Repräsentativ ist die Berücksichtigung der "Technischen Prüfung" mit 20%, der "Funktionsprüfung" mit 50%, der "Sicherheitsprüfung" mit 20% und der "Handhabung" mit 10%. Ein mangelhaftes Ergebnis in der Sicherheitsprüfung führt dabei zumeist zu einer Abwertung des Produktes insgesamt. 1976 werden erstmals zusätzlich "Verbrauchswerte" bei der Bildung der Gesamtnoten als eigenständiges Teilergebnis berücksichtigt. Anfangs werden diese Umweltaspekte nur sporadisch in das Gesamtergebnis einbezogen, doch seit Beginn der 80er Jahre haben sie einen festen Platz als fünfte Kategorie erlangt.[65] Die Gewichtung und Berücksichtigung dieser fünf Teilkategorien wird von Produkt zu Produkt sehr flexibel gehandhabt.

Das Gesamtergebnis drückt sich in den Noten "sehr gut", "gut", "zufriedenstellend", "mangelhaft" und "sehr mangelhaft" aus. Statt "mangelhaft" und "sehr mangelhaft" finden auch die Noten "weniger zufriedenstellend" und "nicht zufriedenstellend" Anwendung, deren Bedeutung mit den erstgenannten identisch ist.

Die Testergebnisse von 1973 bis 1995 werden für jedes Produkt ausgewertet und die Entwicklung in Tabellenform dargestellt. In den Spalten sind dabei die Testergebnisse und in den Zeilen die Jahre abgetragen. In der ersten Spalte ist zudem die Größe der Stichprobe und der Mittelwert des Testergebnisses angegeben. Zur Berechnung des Mittelwertes werden den Noten Zahlen von

---

64 Vgl. Kapitel 3.8.1. und SILBERER (1985).

65 Vgl. zur Entwicklung von Prüfmethoden der Stiftung Warentest dargestellt am Beispiel der Geschirrspülmaschine BIRKHOLZ (1986). Speziell zu ökologischen Aspekten vgl. SEIFRIED (1986).

1 "sehr gut" bis 5 "sehr mangelhaft" zugeordnet.[66] Diese Werte werden mit der absoluten Anzahl der entsprechenden Note (Wert in Klammern) multipliziert, anschließend addiert und durch die Größe der Stichprobe dividiert. Dadurch ergibt sich der Mittelwert.

4.8.1.2. Darstellung der Qualitätsentwicklung und Interpretation für das Marktphasenschema

Die Qualitätsentwicklung kann nicht allgemein für Elektrische Haushaltsgeräte beobachtet werden, sondern nur am speziellen Beispiel der ausgewählten zehn Produkte. Beispielhaft ist die Entwicklung der Qualität in Tabelle 4.7. für Mikrowellengeräte und in Tabelle 4.8. für Kühlschränke dargestellt.[67] Bei beiden Geräten ist eine Qualitätsverbesserung im Zeitverlauf abzulesen. **Mikrowellengeräte** weisen bei den ersten Tests 1978 und 1979 jeweils zwei Geräte auf, die mit "sehr mangelhaft" bewertet wurden. Beim nächsten Test 1987 wird nur noch ein Gerät mit "mangelhaft" beurteilt und ab 1988 kein Gerät mehr - bis auf das Jahr 1994. In diesem Jahr ist noch einmal ein "mangelhaftes" Mikrowellengerät im Test, dafür jedoch auch erstmals acht "sehr gute" Geräte. Die Qualitätsverbesserung macht sich einerseits durch sinkende Mittelwerte der Testurteile und andererseits durch eine Linksverschiebung der Urteile innerhalb der Tabelle bemerkbar.

Die Entwicklung ist bei **Kühlschränken** ähnlich. Zwar wird kein Kühlschrank mit "sehr mangelhaft" bewertet, doch ist bei den ersten fünf Tests immer mindestens ein Gerät "mangelhaft". Auch bei Kühlschränken steigt der Mittelwert der Testergebnisse im Zeitablauf an, und die besetzten Zellen innerhalb der Tabelle verschieben sich nach links.

Qualitätsverbesserungen sind nicht bei allen Produkten so eindeutig abzulesen wie bei Mikrowellengeräten und Kühlschränken. Ganz im Gegenteil ist beispielsweise bei **Staubsaugern** ein Qualitätsverlust zu beobachten, denn zu Beginn der Untersuchung werden noch Geräte mit der Note "sehr gut" beurteilt, während in den 80er und 90er Jahren kein Gerät mehr besser als "gut" abschneidet.

---

66 Ähnlich geht auch SILBERER vor. Vgl. SILBERER (1985), S. 63.

67 Vgl. zur Qualitätsentwicklung der übrigen Hausgeräte Tab. 12 - 19 im Anhang.

Tab. 4.7.: Qualitätsentwicklung Mikrowellengeräte

Testurteil / Jahr	sehr gut	gut	zufrieden-stellend	mangelhaft	sehr man-gelhaft
1978; n = 13 MW = 3,1		23,1% (3)	61,5% (8)		15,4% (2)
1979; n = 17 MW = 2,5		70,6% (12)	17,6% (3)		11,8% (2)
1987; n = 22 MW = 2,9		18,2% (4)	77,3% (17)	4,5% (1)	
1988; n = 7 MW = 2,0		100% (7)			
1989; n = 14 MW = 2,8		21,4% (3)	78,6% (11)		
1990; n = 19 MW = 3,0			100% (19)		
1991; n = 26 MW = 2,3		65,4% (17)	34,6% (9)		
1993; n = 13 MW = 3,0			100% (13)		
1994; n = 30 MW = 2,1	26,7% (8)	43,3% (13)	26,7% (8)	3,3% (1)	
1995; n = 16 MW = 2,2		81,3% (13)	18,7% (3)		

Quelle: Eigene Darstellung anhand der Testergebnisse der STIFTUNG WARENTEST: test-Jahrbücher, verschiedene Jahre.

Tab. 4.8.: Qualitätsentwicklung Kühlschränke

Testurteil Jahr	sehr gut	gut	zufrieden- stellend	mangelhaft	sehr man- gelhaft
1973; n = 7 MW = 2,6	14,3% (1)	28,6% (2)	42,8% (3)	14,3% (1)	
1976; n = 19 MW = 2,9		26,3% (5)	52,6% (10)	21,1% (4)	
1978; n = 15 MW = 2,7		40% (6)	53,3% (8)	6,7% (1)	
1983; n = 36 MW = 2,3		77,8% (28)	19,4% (7)	2,8% (1)	
1987; n = 24 MW = 2,7		45,8% (11)	37,5% (9)	16,7% (4)	
1988; n = 25 MW = 2,0		96% (24)	4% (1)		
1989; n = 16 MW = 1,9	12,5% (2)	87,5% (14)			
1990; n = 25 MW = 2,3		72% (18)	28% (7)		
1993; n = 21 MW = 2,4		61,9% (13)	38,1% (8)		
1994; n = 28 MW = 2,1		89,3% (25)	10,7% (3)		
1995; n = 10 MW = 1,9	10% (1)	90% (9)			

Quelle: Eigene Darstellung anhand der Testergebnisse der STIFTUNG WARENTEST: test-Jahrbücher, verschiedene Jahre.

Nach HEUß ist das Produkt in der Experimentierungsphase technisch noch nicht ausgereift, also noch mit Qualitätsmängeln behaftet. In der Expansionsphase werden diese Mängel weitestgehend beseitigt. Sowohl die Ausreifungs- als auch die Sättigungs- bzw. Rückbildungsphase sind durch eine negative Qualitätsentwicklung gekennzeichnet, Obsoleszenz macht sich bemerkbar.

Für die hier betrachteten Produkte bedeutet dies, daß die 1973 relativ jungen Produkte wie Mikrowellengeräte, Geschirrspülmaschinen, Wäschetrockner und Dunstabzugshauben im Untersuchungszeitraum deutliche Qualitätsverbesserungen aufweisen müßten, während bei den älteren Produkten zu Beginn der Beobachtungsperiode ein höherer Qualitätsstandard herrschen müßte als am Ende. Ein Problem hierbei ist, daß durch die Einführung von Produkttests die Obsoleszenz der Qualität für den Verbraucher offensichtlich wird. Eine Unternehmung, die eine Qualitätsstrategie verfolgt und einen hohen Standard beibehält, kann sich damit von den Konkurrenten abheben. Dadurch wird Druck auf die anderen Unternehmen ausgeübt, ebenfalls die Qualität nicht zu vernachlässigen. Die Veröffentlichung der Testergebnisse bewirkt also eine Abschwächung der Obsoleszenz.[68]

Die Entwicklung bei **Kaffeemaschinen** beispielsweise zeigt von 1974 bis 1990 eine stetige Verbesserung der Qualität, obwohl sich dieses Produkt bereits in der Reife- bzw. Stagnationsphase seines Lebenszyklus befindet. 1995 sinkt die Qualität zwar leicht ab, es ist jedoch kein “mangelhaftes” Gerät im Test.

Bei **Toastern** ist von 1976 bis 1984 eine deutliche Verschlechterung der Qualität zu beobachten. Der Test 1990 ist eine Ausnahme, denn hier schneiden alle Geräte mit der Note "gut" ab. 1993 steigt der Mittelwert wieder auf das ursprüngliche Niveau. Insgesamt weisen Toaster eine mäßige Qualität auf.

Die Testergebnisse für **Elektroherde** sind sehr kontinuierlich. Es ist von 1974 bis 1995 nie ein "mangelhaftes" oder "sehr mangelhaftes" Gerät getestet worden. Selbst die Elektroherde mit einem "zufriedenstellenden" Ergebnis fallen aus dem Rahmen. 1995 gibt es erstmals zwei Geräte mit dem Testurteil "sehr gut". Generell ist bei Elektroherden weder eine negative noch eine positive Qualitätsentwicklung zu beobachten - sie ist vielmehr gleichbleibend "gut".

Kühlschränke und Staubsauger wurden bereits erwähnt. Während bei **Kühlschränken** eine Qualitätsverbesserung zu beobachten ist, sind **Staubsauger** ein Beispiel für Produkte mit Qualitätsverlust. Dabei ist die Obsoleszenz bei Handstaubsaugern noch wesentlich deutlicher als

---

68 Vgl. zur Qualitätssicherung in den Unternehmen beispielhaft NESTLER / SCHMISSRAUTER (1994).

bei Bodenstaubsaugern. **Handstaubsauger** weisen immer mindestens ein Gerät mit einem "mangelhaften" Testurteil auf. Auch der Mittelwert sinkt von 1973 bis 1993 - zwar nicht kontinuierlich, aber doch fast um eine ganze Note. Bei **Bodenstaubsaugern** ist die Entwicklung nicht ganz so eindeutig, doch gibt es 1990, 1991 und 1993 auffallend viele Geräte mit dem Testurteil "mangelhaft". In diesen Jahren ist auch ein extremes Ansteigen des Mittelwertes zu beobachten. Bodenstaubsauger weisen also ebenfalls eine negative Qualitätsentwicklung auf.

Waschvollautomaten sind ungewöhnlich häufig getestet worden, was auf ein hohes Aufklärungsbedürfnis der Verbraucher schließen läßt. Auffallend sind die häufig vergebenen "sehr guten" Qualitätsurteile für Waschmaschinen. Auch die Mittelwerte liegen zumeist zwischen "sehr gut" und "gut". Allerdings sind auch immer wieder "mangelhafte", 1973, 1978 und 1982 sogar "sehr mangelhafte" Geräte im Test. Insgesamt scheint die Technik bei Waschvollautomaten jedoch ausgereift zu sein. Eine Qualitätsverbesserung ist jedoch nur begleitet von etlichen Schwankungen zu beobachten.[69]

Die neueren Geräte, die sich zu Beginn der Arbeit der Stiftung Warentest noch in den frühen Phasen ihres Lebenszyklus befinden, sollten nach HEUß eine deutliche Qualitätsverbesserung in der Expansionsphase zeigen. Bei **Mikrowellengeräten** ist diese positive Qualitätsentwicklung prinzipiell zu beobachten. **Dunstabzugshauben** hingegen weisen zunächst eine Zunahme der Qualität auf, die im Jahre 1994 jedoch wieder deutlich sinkt. Sie sind insgesamt nur fünfmal getestet worden: Bei den ersten beiden Tests wurden noch Geräte mit "mangelhaft" beurteilt, 1988 und 1991 werden die meisten Dunstabzugshauben jedoch mit "gut", nur wenige mit "zufriedenstellend" bewertet. 1994 gibt es dann wieder drei "mangelhafte" Geräte im Test.

Bei Geschirrspülmaschinen und Wäschetrocknern ist die Entwicklung nicht eindeutig. Zwar ist bei **Geschirrspülmaschinen** eine leichte Verbesserung des Mittelwertes im Zeitverlauf zu beobachten, doch 1989 sind vier der getesteten Geräte "mangelhaft", 1995 ebenfalls ein Gerät. "Ausreißer" treten also immer wieder auf, insgesamt bewegen sich die Qualitätsurteile jedoch um die Note "gut". **Wäschetrockner** hingegen weisen einen sehr ungleichmäßigen Verlauf der Testergebnisse auf. Der Mittelwert sinkt hier zunächst bis auf einen Wert von 1,5 ab, was gleichbedeutend mit einer Qualitätssteigerung ist, und steigt dann wieder auf das Ausgangsniveau an, die Qualität nimmt also wieder ab.

---

69 Dieses Ergebnis steht im Gegensatz zur Untersuchung von LÖSENBECK und REITER, die eine deutliche Qualitätsverbesserung bei Waschmaschinen festgestellt haben. Vgl. LÖSENBECK / REITER (1992), S. 59. Ihre Untersuchung geht zwar nur bis 1990, so daß der Qualitätseinbruch 1995 nicht in ihren Beobachtungszeitraum fällt, doch ist die Aussage, von 1986 bis 1990 habe keine der getesteten Waschmaschinen schlechter als zufriedenstellend abgeschnitten, eindeutig falsch. Im Test 5/1986, der im test-Jahrbuch von 1987 enthalten ist, sind fünf Geräte mit "mangelhaft" beurteilt worden.

Die Qualitätsentwicklung von **Wäschetrocknern** entspricht dem von HEUẞ prognostizierten Verlauf. Die Qualität steigt bis zu einem Maximum am Ende der Expansionsphase an und sinkt dann in der Ausreifungs- und Sättigungsphase wieder ab. Die Expansionsphase des Wäschetrockners endet in diesem Fall 1989, was mit dem Absatzverlauf dieser Hausgeräte übereinstimmt, denn in diesem Jahr wird das Maximum der Inlandsnachfrage erreicht. Es kann hier allerdings nicht beurteilt werden, ob der Anfang der 90er Jahre stattfindende Absatzrückgang von Dauer ist oder ob ein erneuter Anstieg der Nachfrage auch eine erneute Qualitätszunahme nach sich zieht.

Geschirrspülmaschinen befinden sich ebenso wie **Dunstabzugshauben** während des ganzen Beobachtungszeitraums in der Expansionsphase, denn ihr Absatzverlauf hat sein Maximum noch nicht erreicht. Gleiches ist auch für **Mikrowellengeräte** anzunehmen, doch da für dieses Hausgerät kein Absatzverlauf vorliegt, handelt es sich nur um eine Vermutung, die jedoch durch die Betrachtung der Sättigungszahlen bestätigt wird. Die zu beobachtende Qualitätsverbesserung dieser drei Produkte in der Expansionsphase ist nicht sehr ausgeprägt, so daß die HEUẞ'sche Hypothese für diese Produkte nur eingeschränkt unterstützt werden kann.

Bei den älteren Geräten kann der von HEUẞ prognostizierte Verlauf ebenfalls nicht eindeutig beobachtet werden:

Es ist zwar davon auszugehen, daß sich Toaster, Kaffeemaschinen, Elektroherde, Staubsauger, Waschmaschinen und Kühlschränke in der Ausreifungs- bzw. Sättigungsphase befinden, doch wurde in Kapitel 4.5. über den Absatzverlauf bereits erwähnt, daß sich seit 1986 bei allen diesen Geräten neue Wachstumsimpulse bemerkbar machen. Deshalb ist auch die zu erwartende Qualitätsentwicklung nicht eindeutig zu bestimmen: **Kaffeemaschinen** und **Kühlschränke** weisen Qualitätsverbesserungen auf; bei **Staubsaugern** ist ein Qualitätsverlust zu beobachten; **Toaster** zeigen eine gleichbleibend mäßige Qualität, während **Elektroherde** technisch ausgereift erscheinen und die Qualität von **Waschmaschinen** so stark schwankt, daß keine eindeutige Aussage gemacht werden kann.

Als Ergebnis bleibt festzuhalten, daß nur die Qualitätsentwicklung des Wäschetrockners den von HEUẞ prognostizierten Verlauf bestätigt, bei den anderen Produkten ist kein eindeutiges Ergebnis abzuleiten. Eine mögliche Erklärung für die mangelnde Übereinstimmung ist bereits angesprochen worden: Durch die Veröffentlichung der Testergebnisse wird Druck auf die Unternehmen ausgeübt, der zu einer Abschwächung der Obsoleszenz führt. Berücksichtigt man diesen Einwand, ist die beobachtete Qualitätsentwicklung der einzelnen Produkte insgesamt mit dem

Marktphasenschema zu vereinbaren. Die HEUß'sche Hypothese zur Qualitätsentwicklung kann anhand der vorliegenden Daten jedoch nicht belegt werden.

4.8.2. Produktdifferenzierungen

4.8.2.1. Vorgehensweise bei der Ermittlung der Produktdifferenzierungen

Produktdifferenzierungen sind bei Hausgeräten nicht so offensichtlich, wie man meinen könnte. Deshalb ist bei ihrer Ermittlung ein unkonventionelles Vorgehen erforderlich. Hier werden drei verschiedene Quellen herangezogen, deren Kombination die Produktdifferenzierungen bei den ausgewählten Elektrohausgeräten weitgehend offenlegt. Diese Quellen sind zum einen die Systematischen Güterverzeichnisse für Produktionsstatistiken des Statistischen Bundesamtes[70] ab 1952, zum anderen der Elektro-Elektronik-Einkaufsführer des ZVEI seit 1955, der auch zur Ermittlung der Unternehmertypen herangezogen wurde, und zudem die test-Jahrbücher der Stiftung Warentest. Vor allem die letzte Quelle mag überraschen, doch da **eine** Aufgabe der Stiftung Warentest darin liegt, die Vergleichbarkeit der getesteten Güter zu gewährleisten, ist sie gezwungen, eine Gruppierung nach bestimmten Kriterien durchzuführen.[71] Diese Kriterien werden in den Tests genannt, so daß sie für die Aufdeckung von Produktdifferenzierungen genutzt werden können.

Bei den anderen beiden Quellen handelt es sich einerseits um ein Branchenverzeichnis des ZVEI und andererseits um ein Klassifikationsschema des Statistischen Bundesamtes. Sowohl das Branchenverzeichnis als auch das Güterverzeichnis für Produktionsstatistiken sind bis zu sechsstelligen Güterarten unterteilt. Beispielsweise gehört die Güterart 363521 "Elektrobrotröster" zur Güterklasse 3635 "Elektrowärmegeräte und -einrichtungen für den Haushalt" in der Gütergruppe 36 "Elektrotechnische Erzeugnisse". Der Unterschied zwischen beiden Verzeichnissen liegt darin, daß im Branchenverzeichnis des ZVEI Elektrowärmegeräte für Haushalt und Großküchen in der Güterklasse 3636 zusammengefaßt sind. Da diese Abweichung lediglich im Branchenverzeichnis und nicht im Statistischen Jahresbericht des ZVEI auftritt, kann sie vernachlässigt werden, zumal es hier nicht um die Numerierung der Güterarten geht, sondern um die Aufdeckung von Produktdifferenzierungen. Zudem sind vor 1975 die Güterklassen 3635 "Elektrowärmegeräte für den

---

70 Vgl. STATISTISCHES BUNDESAMT: Systematisches Güterverzeichnis für Produktionsstatistiken, Stuttgart, Mainz 1995, 1989, 1982. Davor: STATISTISCHES BUNDESAMT: Systematisches Warenverzeichnis für die Industriestatistik, Stuttgart, Mainz 1975, 1970, 1967, 1963, 1957, 1952.

71 Vgl. hierzu auch PETERMANN (1976), Sp. 4349.

Haushalt" und 3636 "Gewerbliche Elektrowärmegeräte" auch beim Statistischen Bundesamt in der Güterklasse 3636 zusammengefaßt.

Alle drei Quellen werden dahingehend untersucht, welche Produktdifferenzierungen genannt werden. Dabei kommt es nicht auf den genauen Zeitpunkt einer Produktdifferenzierung an, da dieser mit den vorhandenen Quellen nicht bestimmt werden kann und zudem nur die Art der Differenzierung analysiert werden soll.

Die Darstellung der Produktdifferenzierungen erfolgt im nächsten Kapitel. Es wird nicht immer angegeben, aus welcher der drei Quellen die Informationen stammen, da dieser Hinweis keinen Erkenntnisfortschritt bringt. Im darauffolgenden Kapitel werden die beobachteten Produktdifferenzierungen für das Marktphasenschema interpretiert.

4.8.2.2. Darstellung der Produktdifferenzierungen

Die Produktdifferenzierungen können nicht graphisch aufbereitet, sondern nur für jedes einzelne Produkt beschrieben werden:

Das jüngste Produkt sind **Mikrowellengeräte**. Sie werden 1986 erstmals im Branchenverzeichnis des ZVEI ausgewiesen. Getestet werden Mikrowellengeräte seit 1978. 1988 werden *Mikrowellengeräte mit und ohne Grill* unterschieden, wobei diejenigen mit Grill auch Kombi-Mikrowelle genannt werden. Außerdem untersucht die Stiftung Warentest 1989 *Kompakt-Mikrowellengeräte* und 1991 *Mikrowellengeräte mit Elektronik.*

Dunstabzugshauben werden seit 1965 sowohl im Branchenverzeichnis des ZVEI als auch im Klassifikationsschema des Statistischen Bundesamtes weitgehend unverändert und ohne Differenzierung statistisch erfaßt. Die Stiftung Warentest jedoch trifft mehrere Unterscheidungen: Grundsätzlich wird seit 1976 in *Abluft- und Umluftmodelle* differenziert. Hinzu tritt 1988 eine Unterscheidung zwischen *Einzel- und Einbaugeräten.* 1991 werden außerdem *Klapphauben und Flachschirmhauben* untersucht.

Wäschetrockner sind ungefähr so alt wie Dunstabzugshauben - sie werden seit 1965 in beiden Verzeichnissen weitgehend unverändert ausgewiesen. Die Unterscheidung zwischen *Abluft- und Kondensationstrocknern* wird von der Stiftung Warentest bereits seit 1975 gemacht. Bei Kondensationstrocknern wird 1983 zwischen *Luft- und Wasserkondensation* unterschieden. Sowohl Abluft- als auch Kondensationstrockner können *zeit- oder feuchtigkeitsabhängig gesteuert* sein.

Das *Gewicht an Trockenwäsche*, das der Trockner aufnehmen kann, ist ein weiteres Differenzierungskriterium.

Geschirrspülmaschinen sind bereits etwas länger auf dem Markt. Sie werden 1955 erstmals aufgeführt. Grundsätzlich werden Geschirrspülmaschinen in *Geräte für den Haushalt und in Geräte für Großküchen* eingeteilt. Bei Geräten für den Haushalt unterscheidet man seit 1975 *Einbau-, Stand- und Auftischgeräte sowie Spülzentren.* Eine zusätzliche Produktdifferenzierung ist die Breite des Gerätes, denn im Zuge der Zunahme von Single-Haushalten haben sich neben *Geräten in Normalgröße (60cm breit)* auch *Geräte in Schmalbauweise (45cm breit)* etabliert. Diese Differenzierung wird erstmals 1989 getroffen.

Toaster werden vom Statistischen Bundesamt als "Elektrobrotröster" seit Beginn der Untersuchung unverändert statistisch erfaßt. Der ZVEI hingegen unterscheidet ab 1965 *Brotröster und Automatische Brotröster.* 1986 wird diese Differenzierung aufgegeben. "Toaster und Toastautomaten" werden künftig gemeinsam betrachtet. Die Stiftung Warentest indessen unterscheidet *2-Scheiben- und 4-Scheiben-Toaster* sowie *Geräte mit Parallel- bzw. Langschlitz.* Der *Hitzeschutzmantel* zur Wärmeisolierung und *bunte Dekore* sind weitere Differenzierungskriterien.

Kaffeemaschinen gibt es wie Toaster seit Untersuchungsbeginn statistisch unverändert, jedoch werden sie gemeinsam mit Teemaschinen als "Elektrische Haushalts-Kaffee- und -Teebereiter mit einem Nutzinhalt bis 2 l" erfaßt. Der ZVEI unterscheidet seit 1986 *Kaffeemaschinen, Espressomaschinen und Teemaschinen*; Kaffeemaschinen selbst werden nicht weiter differenziert. Auch die Stiftung Warentest betrachtet lediglich 1990 *normale Geräte und 2-Tassen-Geräte* (auch ein Hinweis auf vermehrte Single-Haushalte). Allerdings wird 1981 das *Design* der Kaffeemaschinen beurteilt, das mit Sicherheit als Produktdifferenzierung zu werten ist. Bekannt sind außerdem *Geräte mit Warmhaltekanne* und *Duo-Geräte*, die flexibel als Kaffee- oder Teemaschine zu verwenden sind.

Elektroherde haben sich im Beobachtungszeitraum sehr verändert: *Einbau- und Standgeräte* werden seit 1970 unterschieden, *Glaskeramikkochmulden* werden 1982 erstmals erwähnt, seit 1986 gibt es *Herde mit Heißluftumwälzung*, 1989 kommen *Herde mit Mikrowellenausrüstung* dazu. *Elektroherd-Spüle-Kombinationen* haben sich seit 1965 etabliert und bis heute einen festen Platz im Branchenverzeichnis - ein erneuter Hinweis auf die Zunahme von Single-Haushalten. Elektro-Kohle- und -Gas-Herde gibt es auch heute noch, doch ist ihre Bedeutung so weit zurückgegangen, daß sie zusammengefaßt als "Kohle-, Gas-, Öl-Beistellherde" betrachtet werden. Die Stiftung Warentest unterscheidet ebenfalls *Einbau- und Standgeräte* und *Geräte mit konventioneller Ober-/Unterhitze bzw. mit Umluft.*

Kühlschränke werden grundsätzlich in *Absorber- und Kompressor-Kühlschränke* unterteilt, wobei sich die Kompressor-Technik für Haushaltskühlschränke eindeutig durchgesetzt hat. Absorber-Kühlschränke werden heute hauptsächlich noch für Camping-Wagen produziert. Seit 1955 werden bereits *Einbau- und Standgeräte* unterschieden, 1965 kommen *Tischkühlschränke* dazu. Weitere Differenzierungsmerkmale sind das *Fassungsvermögen des Kühlschranks*, die *Leistungsfähigkeit des integrierten Gefrierfaches* und die unterschiedliche *Breite des Geräts* (55cm vs. 60cm). Eine bedeutende Produktdifferenzierung ist die Einführung des *FCKW-freien Kühlschranks*.

Die Unterscheidung zwischen *Bottichwaschmaschinen, Trommelwaschmaschinen und Waschvollautomaten* gibt es seit 1965. Davor werden **Waschmaschinen** insgesamt betrachtet. 1975 werden erstmals *Frontlader (frontbeschickt) und Toplader (mantelbeschickt)* erwähnt. 1982 kommt die jeweilige Differenzierung in *mit und ohne Trockengang* dazu. Die Stiftung Warentest unterscheidet zusätzlich *Geräte in Normalgröße (60cm breit) und Raumsparmodelle*, die sich in *Untertischmodelle und Modelle in Schmalbauweise (45cm breit)* gliedern. Die *Leistung in U/min.* ist ein weiteres Differenzierungsmerkmal, wobei die Leistung zumeist mit dem Preis steigt. Zusätzlich gibt es *elektromechanische und elektronische Modelle*.

Staubsauger werden in *Hand- und Bodenstaubsauger* differenziert. Davon zu unterscheiden sind Industriestaubsauger, die hier nicht betrachtet werden. Zusätzlich gibt es noch *Klopf-/Bürstensauger*, die im Gegensatz zu Industriestaubsaugern als Produktdifferenzierung gelten können. Als eigenständiges Gerät tritt der Klopf-/Bürstensauger erstmals 1982 auf, doch bereits seit 1967 gibt es Klopf- und Bürstenvorsätze als Zusatzgeräte zu Staubsaugern. Die Stiftung Warentest unterscheidet 1988 *Handstaubsauger mit Akku-Betrieb und solche mit Netzanschluß*. Bei Bodenstaubsaugern existieren außer Klopf- und Bürstensaugern noch Allzwecksauger, die auch als *Naß-/Trockensauger* bezeichnet und von der Stiftung Warentest nur auf ihre Funktionsfähigkeit als Bodenstaubsauger überprüft werden. 1979 werden zudem *Bodenstaubsauger mit und ohne elektronische Saugkraftregulierung* untersucht.

Preisunterschiede sind ebenfalls ein Unterscheidungsmerkmal. Einhergehend mit Qualitätsverbesserungen werden sie als vertikale Produktdifferenzierung bezeichnet. Auch auf das *Design* der Produkte ist im Laufe der Zeit immer mehr Wert gelegt worden. Beispielsweise sind bereits einige Unternehmen dazu übergegangen, die Haushaltsgeräte, die im Fachjargon als "Weiße Ware" bezeichnet werden, eben nicht nur in der Farbe "weiß" anzubieten, sondern eine Farbpalette zur Auswahl zu stellen. Man sieht also, wie vielfältig die Produktdifferenzierungen bei Elektrohausgeräten sind, wobei hier nicht der Anspruch auf Vollständigkeit erhoben wird.

4.8.2.3.Interpretation für das Marktphasenschema

Betrachtet man die im vorherigen Kapitel beschriebenen Produktdifferenzierungen, so scheint sich die Hypothese zu bestätigen, daß auf zumeist gesättigten Märkten vertikale Produktdifferenzierungen weitestgehend ausgeschöpft sind und folglich das Gewicht auf horizontale Differenzierungen gelegt wird.

Zu Beginn des Untersuchungszeitraums überwiegen technische Produktdifferenzierungen wie Abluft- und Umlufttechnik bei Dunstabzugshauben oder Absorber- und Kompressor-Technik bei Kühlschränken. Hierbei handelt es sich eindeutig um vertikale Produktdifferenzierungen.

Mit dem Durchbruch der Einbauküche in den 60er Jahren beginnt die Unterscheidung der Küchengroßgeräte in Einbau- und Standmodelle. Diese Produktdifferenzierung bedingt keine große technische Umstellung, so daß sie als horizontale Differenzierung einzustufen ist.

Ein weiterer Komplex an Produktdifferenzierungen resultiert aus der steigenden Zahl an Single-Haushalten und dem damit verbundenen Bedürfnis nach kleineren Geräten. Vor allem Geschirrspülmaschinen und Waschmaschinen gibt es aus diesem Grund als Raumsparmodelle, der Elektroherd wird deshalb als Herd-Spüle-Kombination angeboten und auch Kühlschränke werden nach ihrem Fassungsvermögen differenziert. Genau wie Einbau- und Standgeräte sind diese Produkte technisch identisch, so daß es sich hier um eine horizontale Produktdifferenzierung handelt, zumal sie sich direkt aus den Kundenbedürfnissen ableitet.

Ein weiterer, mehreren Produkten gemeinsamer Komplex an Produktdifferenzierungen ist der Einzug der Elektronik in die Steuerung vieler Hausgeräte. Dabei handelt es sich eindeutig um eine vertikale Produktdifferenzierung, da elektronische Steuerungssysteme den herkömmlichen überlegen sind. Beispielsweise sind bei Waschvollautomaten alle elektronischen Modelle mit dem Qualitätsurteil "sehr gut" bewertet worden.

Das Design der Produkte steht vor allem bei Elektro-Kleingeräten wie Toastern und Kaffeemaschinen im Vordergrund. Seit Einführung des Hitzeschutzmantels bei Toastern sind der Dekorvielfalt keine Grenzen mehr gesetzt, denn da diese Wärmeisolierung aus Kunststoff besteht, kann sie farblich sehr unterschiedlich gestaltet werden. Toaster und Kaffeemaschinen sind inzwischen in fast allen Farben, vor allem in den beliebtesten Geschirr-Dekoren erhältlich. Mehr als bei Toastern steht bei Kaffeemaschinen die Form zur Disposition. Der Phantasie sind hierbei zwar technische Grenzen gesetzt, doch werden diese sehr weit gesteckt. Wie bereits erwähnt, wird auch bei den Elektrogroßgeräten versucht, vermehrt das Design zu betonen. Gebremst wird diese Entwicklung durch den großen Anteil von Einbaumodellen, deren Design nicht sichtbar ist. Aus diesem Grund wird die äußere Form der Elektrogroßgeräte häufig vernachlässigt. Die Variation des Designs stellt eine horizontale Produktdifferenzierung dar, da sie nur den Geschmack der Kunden und keine technischen Aspekte betrifft.

Die wichtigsten Produktdifferenzierungen sind hier zusammenfassend noch einmal dargestellt worden. Man kann daran den von HEUß prognostizierten Verlauf teilweise nachvollziehen:

Zu Beginn der Untersuchung überwiegen eindeutig vertikale Produktdifferenzierungen einhergehend mit Qualitätsverbesserungen. Der Kühlschrank ist hierfür ein Bei-spiel: Zunächst sind Absorber- und Kompressor-Kühlschränke gleichwertig vertreten, bis sich die überlegene Kompressor-Technik im Laufe der Zeit durchsetzt. Mit der Differenzierung zwischen Einbau- und Standgeräten und der Produktion von Raumsparmodellen wird den Kundenbedürfnissen Rechnung getragen und somit der Übergang zu horizontalen Produktdifferenzierungen eingeleitet. Allerdings erfolgt mit dem Einzug elektronischer Steuerungssysteme in viele Hausgeräte erneut eine vertikale Produktdifferenzierung. Hierbei handelt es sich jedoch nur um eine marginale Produktverbesserung[72], so daß ihre Einführung nicht als Abweichung vom prognostizierten Verlauf anzusehen ist. Grundsätzlich läßt sich also beobachten, daß vertikale Produktdifferenzierungen zunehmend von horizontalen abgelöst werden.

Berücksichtigt ist hierbei jedoch nicht die Entwicklung des FCKW-freien Kühlschranks. Ohne Zweifel stellt dieses Produkt einen großen technischen Fortschritt dar und wird sich mit Sicherheit gegenüber der herkömmlichen Technik durchsetzen, da das Umweltbewußtsein der Bevölkerung weiter zunimmt. Wenn die Bedingungen es erfordern, sind also offensichtlich immer wieder grundlegende vertikale Produktdifferenzierungen möglich.

Die von HEUß prognostizierte Entwicklung der Produktdifferenzierungen kann anhand des dargestellten Verlaufs bei Elektrohausgeräten also grundsätzlich bestätigt werden. Die Möglichkeit zu Innovationen ist jedoch bei entsprechenden Voraussetzungen gegeben, so daß die idealtypische Entwicklung unterbrochen werden kann.

---

72 Vgl. CZERWONKA / SCHÖPPE (1980), S. 101.

5. Abschließende Beurteilung

5.1. Zusammenfassung und kritische Würdigung der Ergebnisse

Die empirische Überprüfung wesentlicher Aussagen des Marktphasenschemas am Beispiel des Marktes für Elektrische Haushaltsgeräte hat folgende Ergebnisse erbracht:

Der von HEUß prognostizierte vorherrschende UNTERNEHMERTYPUS kann für die Experimentierungs- und Expansionsphase bestätigt werden: AEG etabliert sich bis zum 2. Weltkrieg unangefochten als Pionierunternehmen, Siemens folgt bei den betrachteten Hausgeräten jeweils als Imitator. In der Ausreifungs- und Stagnationsphase herrscht ebenfalls ein initiativer Unternehmertyp vor, obwohl das Beispiel der Entwicklung des FCKW-freien Kühlschranks zeigt, daß sich initiative Unternehmer auch konservativ verhalten können. Erst als Bosch-Siemens und Liebherr bemerken, daß Foron Erfolg mit der Einführung der Isobutan/Propan-Technologie hat, reagieren sie und forcieren diese Technologie ebenfalls; vorher gehörten auch sie zu der Gruppe, die FKW 134a als Ersatzkühlmittel favorisierte. Trotz dieses abwartenden Verhaltens können die Unternehmen der Hausgerätebranche nicht als konservativ bezeichnet werden, da sie bei den Patentanmeldungen im Hausgerätesektor weltweit führend sind. Die Aussagen des Marktphasenschemas über den vorherrschenden Unternehmertyp stimmen also nur für die frühen Phasen mit den vorliegenden Ergebnissen überein. In den späten Marktphasen gibt es sowohl Belege für ein konservatives als auch für ein initiatives Verhalten der marktführenden Unternehmen, so daß sich die HEUß´sche Hypothese für die Ausreifungs- und Sättigungsphase nicht bestätigen läßt.

Die Entwicklung der MARKTFORM folgt dem von HEUß prognostizierten idealtypischen Verlauf: In der Experimentierungsphase des Elektrohausgerätemarktes ist AEG nahezu Monopolist. Erst in der Expansionsphase (nach Sinken des Strompreises) treten Imitatoren in den Markt ein, so daß er die Form eines Oligopols annimmt. Unterbrochen vom 2. Weltkrieg setzt sich die Expansionsphase nach Kriegsende fort. Ausgehend von vielen Marktteilnehmern auf der Anbieterseite beginnt in den 50er Jahren ein Konzentrationsprozeß. Der Markt wandelt sich von einem Polypol bzw. weiten Oligopol zu einem engen Oligopol. Der Übergang von der Expansions- zur Ausreifungsphase findet Mitte der 60er Jahre statt, die Ausreifungsphase endet 1978, denn hier nimmt der Markt endgültig die Form eines engen Oligopols an. Der zu beobachtende Konzentrationsprozeß hat jedoch vor allem technische Gründe und ist nicht auf eine unabänderliche Entwicklung des Marktes zurückzuführen.

Problematisch gestaltet sich die Beurteilung des KOSTENVERLAUFS, weil entsprechende Daten erst ab 1976 vorliegen. Zudem handelt es sich bei diesen Daten um die Kosten der gesamten

Branche, die Entwicklung einzelner Unternehmen ist nicht nachzuvollziehen. Bis Ende der 80er Jahre sind die Kosten relativ stabil, ab 1989 jedoch sind starke Kostenauftriebstendenzen zu beobachten, was nach HEUß auf den Beginn der Stagnationsphase hinweist. Der Marktform nach zu urteilen, beginnt die Sättigungsphase jedoch bereits Ende der 70er Jahre und nicht erst 1989. Eine Übereinstimmung mit dem im Marktphasenschema prognostizierten Kostenverlauf kann einerseits aufgrund des kurzen Beobachtungszeitraums und andererseits wegen des abweichenden Phasenübergangs nicht festgestellt werden.

Die Elektrohausgeräteindustrie hat in der Expansionsphase bis Mitte der 60er Jahre ein überdurchschnittliches Produktivitätswachstum zu verzeichnen. Bis Ende der 70er Jahre bleibt die PRODUKTIVITÄT hoch, doch ihr Zuwachs ist nur noch durchschnittlich - so wie HEUß es für die Ausreifungsphase vermutet. Die Stagnationsphase beginnt Anfang der 80er Jahre mit unterdurchschnittlichen Produktivitätsraten, wird aber durch neue Wachstumsimpulse aufgrund der Wiedervereinigung unterbrochen. Bis Ende der 80er Jahre folgt die Produktivität also dem von HEUß prognostizierten Verlauf, weicht dann jedoch von der idealtypischen Entwicklung ab.

Die Beurteilung des ABSATZVERLAUFS zeigt ein eindeutiges Ergebnis: Bis Mitte der 80er Jahre folgt die Absatzentwicklung sowohl dem idealtypischen glockenförmigen als auch dem idealtypischen S-förmigen Verlauf. Doch ab 1986 machen sich Wachstumstendenzen bemerkbar, die den Absatz ungewöhnlich stark ansteigen lassen. Da die Wiedervereinigung erst 1990 stattfindet, kann sie nicht die einzige Erklärung für den erneuten Anstieg sein. Diese Beobachtung spricht für einen von vielen Autoren vertretenen zweihöckrigen Absatzverlauf. Wenn sich diese Entwicklung auch zukünftig fortsetzt, wäre die HEUß´sche Hypothese widerlegt.

Der PREIS folgt dem von HEUß prognostizierten U-förmigen Verlauf. Dieses Ergebnis gilt vor allem für die Preisindizes der Güterklassen: In der Expansionsphase bis Mitte der 60er Jahre sind deutliche Preissenkungen zu beobachten, so daß die Preise zum Beginn der Ausreifungsphase ihre minimalen Werte erreichen. Ende der 60er Jahre sind die Preissenkungsspielräume ausgenutzt, so daß Preissteigerungen erfolgen, die bis heute anhalten. Auch die Preise der einzelnen Produkte weisen grundsätzlich die idealtypische Entwicklung auf, wobei bei einigen Produkten jedoch Abweichungen zu beobachten sind.

Die Analyse der PREISELASTIZITÄTEN ergibt, daß weder die Preiselastizitäten der Güterklassen noch die der Produkte auch nur annähernd den von HEUß prognostizierten Verlauf aufweisen. Die unplausiblen Werte legen den Schluß nahe, daß die Operationalisierung der Preiselastizität nicht gelungen ist. Die mangelnde Übereinstimmung liegt also vermutlich nicht in der HEUß'schen Theorie begründet, sondern in Validitätsproblemen.

Die QUALITÄTSENTWICKLUNG kann nur am Beispiel der einzelnen Produkte beobachtet werden. Bei den neueren Produkten sind dabei deutliche Qualitätsverbesserungen und bei den älteren Qualitätsobsoleszenz zu erwarten. Die Qualitätsverbesserungen sind bei Geschirrspülmaschinen, Dunstabzugshauben und Mikrowellengeräten nicht sehr ausgeprägt. Bei den älteren Produkten ist die Entwicklung uneinheitlich. Problematisch wirkt sich auf die Überprüfung des idealtypischen Qualitätsverlaufs die Veröffentlichung der Testergebnisse aus. Diese Veröffentlichung macht Qualitätsobsoleszenz für die Konsumenten sichtbar, die daraufhin besonders schlechte Qualitäten mit Nachfrageentzug sanktionieren. Dieser Nachfrageentzug übt Druck auf die Anbieter zur Abschwächung der Obsoleszenz aus, so daß die Qualitätsentwicklung dadurch beeinflußt wird. Die Aussagen des Marktphasenschemas zur Qualität der Produkte können also nicht eindeutig belegt werden. Zudem liegen entsprechende Daten erst ab 1973 vor.

Vertikale PRODUKTDIFFERENZIERUNGEN werden zunehmend von horizontalen abgelöst, der von HEUß prognostizierte Verlauf läßt sich also grundsätzlich bestätigen. Einschränkend ist hier anzumerken, daß bei entsprechenden Voraussetzungen auch vertikale Produktdifferenzierungen und Innovationen möglich sind, wie das Beispiel des FCKW-freien Kühlschranks zeigt. Allerdings beweist gerade dieses Beispiel, daß Innovationen entweder durch staatlich verordnete Verbote oder durch Pionierunternehmen, die bereit sind, das Risiko der Anwendung einer neuen Technologie auf sich zu nehmen, angestoßen werden müssen.

Uneingeschränkt läßt sich also keine Aussage des Marktphasenschemas am Beispiel des Marktes für Elektrische Haushaltsgeräte belegen.

Einige datentechnische Probleme beeinträchtigen zusätzlich das Ergebnis. Teilweise stehen die Daten erst ab Mitte des Untersuchungszeitraums zur Verfügung wie beispielsweise bei der Kosten- und Qualitätsentwicklung. Die mangelnde Validität bei der Messung der Preiselastizität ist ebenso problematisch wie die unzureichenden Quellen zur Ermittlung der Produkteigenschaften.

Die Einordnung der Unternehmertypen erfordert zudem eine Vorgehensweise, die auf einer rein subjektiven Einschätzung beruht. Zwar sind die Einführungszeitpunkte der Produkte objektiv zu ermitteln, das Pionierunternehmen steht also fest, doch welche Unternehmen noch zu den Imitatoren gezählt werden und welche bereits konservativ sind, obliegt einer subjektiven Beurteilung.

Die Phaseneinteilung - in der Literatur häufig kritisiert - bringt ebenfalls Probleme mit sich. Die Absatzentwicklung macht eine präzise Einteilung nahezu unmöglich, da die starken Wachstumstendenzen seit Mitte der 80er Jahre und die zwischenzeitlich starken Schwankungen die Analyse verzerren. Zudem ist problematisch, daß beispielsweise die Kostenentwicklung eine andere Phaseneinteilung nahelegt als der Absatzverlauf. Wenn keine für alle Aussagen plausible Phaseneinteilung nachvollzogen werden kann, kann sich auch der von HEUß prognostizierte idealtypische Verlauf nicht bestätigen. Die Aussagekraft des Marktphasenschemas steht und fällt mit der Phaseneinteilung.

Der Bestätigung der empirischen Relevanz des Marktphasenschemas stehen also viele Vorbehalte entgegen. Trotz der genannten Probleme kann das Marktphasenschema sowohl für die Unternehmensstrategie als auch für die Wettbewerbspolitik Anregungen geben.

5.2. Anregungen für Unternehmens- und Wettbewerbspolitik

5.2.1. Unternehmensstrategie

Elektrische Haushaltsgeräte gehören innerhalb der Elektroindustrie zu den Erzeugnisbereichen mit im internationalen Vergleich überdurchschnittlicher Wettbewerbsposition. Trotzdem muß davon ausgegangen werden, daß dieser Markt langfristig keine größeren Wachstumschancen haben wird.[1]

Nachfragehemmend wirkt,

- daß die Realeinkommen in den verbleibenden 90er Jahren langsamer wachsen und die Preise wichtiger Güter stärker steigen werden als in den 80er Jahren, so daß der Ausgabenanteil für Elektrohausgeräte sinkt.
- daß nur bei wenigen Geräten, wie z.B. Kühl- und Gefrierschränken, von der Mehrfachausstattung Impulse ausgehen.

Nachfragefördernd wirkt

- die weiterhin steigende Zahl der Privathaushalte, insbesondere der Ein-Personen-Haushalte. Die Steigerungsraten werden jedoch abnehmen.
- der Ersatzbedarf, der bei der erreichten hohen Marktsättigung eine immer größere Rolle spielt.

---

1 Vgl. im folgenden BERGER (1993), S. 261 ff. und BERGER (1995b), S. 17 ff..

- die Entwicklung leistungsstärkerer, aber umweltfreundlicherer Haushaltsgeräte, die zu einem früheren Ersatz der alten Geräte führt.[2]
- die Wiedervereinigung im Oktober 1990. Da in Ostdeutschland der Ersatzbedarf hoch und die Marktsättigung geringer als in Westdeutschland sind (vgl. hierzu Tab. 5.1.), wird die Nachfragebelebung noch eine Weile anhalten. Ein bedeutender Markt für Elektrische Haushaltsgeräte ist zum Inlandsmarkt geworden.

"Unter den dargelegten Annahmen über die positiven und negativen Einflußfaktoren auf die voraussichtliche Entwicklung der Inlands- und Auslandsnachfrage kann für die Produktion elektrischer Haushaltsgeräte bis zum Ende des Jahrzehnts mit einem durchschnittlichen realen Wachstum von 2% pro Jahr gerechnet werden."[3] Dieses Wachstum ist im Vergleich zum erwarteten Wachstum der ganzen Branche unterdurchschnittlich[4], der Elektrohausgerätemarkt setzt also vermutlich nach Abklingen der erneuten Wachstumsimpulse seine Stagnationsphase fort.

Tab. 5.1.: Gegenüberstellung der Sättigungszahlen ostdeutscher und westdeutscher Haushalte

Produkte	1991		1992		1993		1994	
	W	O	W	O	W	O	W	O
Mikrowellengeräte	40	10	46	15	52	20	55	27
Geschirrspülmaschinen	39	2	42	3	43	5	45	9
Dunstabzugshauben	52	17	55	20	57	24	58	26
Wäschetrockner	24	1	26	2	28	3	29	4
Elektroherde	80	46	80	48	81	50	82	51
Kühlschränke	96	96	96	97	96	97	97	97
Waschmaschinen	92	92	93	92	93	92	94	94
Staubsauger	97	96	98	97	98	97	98	97
Toaster	90	59	92	65	93	69	94	74
Kaffeemaschinen	91	90	92	91	93	91	94	93

W = Westdeutschland; O = Ostdeutschland

Quelle: ZVEI: Zahlenspiegel der deutschen Hausgeräteindustrie 1995, Tab. 5.

---

2 Vgl. hierzu auch SCHMITT-RINK (1967), S. 101 ff..

3 BERGER (1995b), S. 18.

4 Vgl. BERGER (1993), S. 264.

Auf gesättigten Märkten gibt es drei Strategien, die die auf dem Markt verbliebenen Unternehmen verfolgen können:[5]

(1) Die INVESTITIONS- UND WACHSTUMSSTRATEGIE empfiehlt eine Erhöhung der Investitionen zum Aufbau einer Marktführerschafts-Position.[6]

(2) Die REPOSITIONIERUNGSSTRATEGIE beinhaltet den Rückzug aus unvorteilhaften Bereichen und die Besetzung von lukrativen Marktnischen.

(3) Die AUSTRITTSSTRATEGIE ist dann zu empfehlen, wenn die Marktnachteile des Unternehmens überwiegen. Der rechtzeitige Rückzug ist dabei von entscheidender Bedeutung.

Welche Strategien sich für das einzelne Unternehmen eignen, muß individuell entschieden werden.

HEUß empfiehlt die Austrittsstrategie, da er davon ausgeht, daß stagnierende Märkte keine oder nur geringe Gewinne versprechen. Für Märkte, die sich absolut zurückbilden, weil es überlegene Substitute gibt, trifft diese Hypothese zu. Doch der Markt für Elektrische Haushaltsgeräte kann (noch) nicht substituiert werden, so daß der Ersatzbedarf bestehen bleibt. Folglich kann noch mit Gewinnen gerechnet werden. Den Unternehmen der Hausgerätebranche stehen also alle Strategien offen.

Eine der wichtigsten Aufgaben der Unternehmen ist nach HEUß das Auffinden und die Wahrnehmung von Chancen in wachsenden Bereichen und der Rückzug in technologische Nischen auf schrumpfenden Märkten. In der Elektroindustrie handelt es sich bei den wachsenden Bereichen um Mikroelektronik sowie Informations- und Kommunikationstechnik - Sparten mit momentan unterdurchschnittlicher bzw. durchschnittlicher Wettbewerbsposition im internationalen Vergleich. Hier sollten die Unternehmen ihre Bemühungen verstärken.

---

5 Vgl. im folgenden AL-LAHAM / HÜTTEMANN (1993), S. 41 ff..

6 Zum Aufbau einer Marktführerschafts-Position notwendige Strategien bei BIERACH (1995).

5.2.2. Wettbewerbspolitik

Die Aufgabe der Wettbewerbspolitik besteht ganz allgemein darin, einen freien Leistungswettbewerb zu gewährleisten. Dazu können je nach Marktphase andere Maßnahmen erforderlich sein:[7]

In der EXPERIMENTIERUNGSPHASE steht die *Offenhaltung der Märkte* im Vordergrund der Wettbewerbspolitik. Die EXPANSIONSPHASE erfordert zusätzlich die Sicherung des Wettbewerbs durch eine *präventive Fusionskontrolle*. Je weiter der Markt in seiner Entwicklung voranschreitet, desto häufiger setzen die Marktteilnehmer wettbewerbsbeschränkende Maßnahmen ein. Um wirksamen Wettbewerb aufrechtzuerhalten, müssen in der AUSREIFUNGSPHASE vor allem *Konzentrations- und Behinderungstendenzen ausgeschaltet* werden. In der STAGNATIONSPHASE kann zusätzlich der *Einsatz der Preismißbrauchsaufsicht* und die *Kontrolle der Verhandlungsstrategie* erforderlich sein.

Diese Maßnahmen sind lediglich als Anhaltspunkte für die Wettbewerbspolitik zu verstehen, sie sind nicht empirisch belegt. Sie beruhen auf Plausibilitätsüberlegungen, die auf das Marktphasenschema zurückgehen:

Die Marktstruktur gibt nach HEUß noch keine Hinweise auf das Vorliegen wettbewerbsbeschränkender Verhaltensweisen. Beispielhaft sei hier das zeitlich befristete Monopol des Pionierunternehmers genannt. Ein voreiliges Eingreifen des Staates kann in dieser Phase mehr schaden als nützen. Deshalb sollte nicht direkt von der Marktstruktur auf das Marktergebnis geschlossen werden, das Marktverhalten sowie die Marktphase sind nach HEUß bei der Durchführung wettbewerbspolitischer Maßnahmen ebenfalls zu berücksichtigen.

Mit der Ausreifungs- und Stagnationsphase verbindet HEUß automatisch ein wettbewerbsbeschränkendes Verhalten der Unternehmen. Die Vermutung liegt in einem "engen" Oligopolmarkt nahe, da durch die hohe Reaktionsverbundenheit typischerweise friedliches Parallelverhalten ausgelöst wird. Doch in Zeiten gemeinsamer Märkte müssen die Wettbewerber nicht aus dem Inland kommen, auch ausländische Konkurrenz kann wettbewerbsfördernd wirken. In den späten Marktphasen sind die Strategieempfehlungen, die aus dem Marktphasenschema abgeleitet werden können, folglich zu global. HEUß mißachtet hier seine eigene Empfehlung, nicht unreflektiert von der Marktstruktur auf das Marktergebnis zu schließen.

---

7 Vgl. im folgenden SCHMIDT / RITTALER. (1987), S. 601 f..

Die ökonomische Funktion des Wettbewerbs ist die Gewährleistung einer guten Marktversorgung. Im Widerstreit stehen dabei der Aspekt der internationalen Wettbewerbsfähigkeit der deutschen Unternehmen einerseits und die Verhinderung von marktbeherrschenden Stellungen und Verhaltensabsprachen andererseits. Beide Gesichtspunkte müssen bei der Durchführung wettbewerbspolitischer Maßnahmen berücksichtigt werden.

ANHANG

Tab. 1: Einführungszeitpunkte der Produkte

Produkte / Unternehmen	Mikro-wellen-geräte	Wäsche-trockner	Dunst-abzugs-hauben	Spülma-schinen	Elektro-voll-herde	Wasch-vollau-tomaten	Kühl-schränke	Staub-sauger	Toaster	Kaffee-ma-schinen
AEG Hausgeräte AG	1985	1970	1965	1961	1908	1958	1911	1913	1921/22	1894
AKO-Ismet										ca.1946
Bauknecht Hausgeräte	1977	1974	1969	1958	1965	1955	1951			
Blomberg-Werke GmbH						1953				
Rob. Bosch Hausgeräte				1964		1958	1933			
Braun Aktiengesellschaft									1961	1972
Electrolux Hausgeräte				1959 (S)	1962 (S)	1950(S) 1985(D)	1925 (S) 1948(D)	1912(S) 1926(D)		
Emide-Metallindustrie										ca.1970
Fakir-Werk GmbH & Co.								1933		
Gaggenau-Werke GmbH			1961	1932			1961			
Grossag Elektro-Hausg.										ca.1950
Gutmann GmbH			1983							
Homeier Küchentechnik			ca.1985							

Produkte / Unternehmen	Mikrowellengeräte	Wäschetrockner	Dunstabzugshauben	Spülmaschinen	Elektrovollherde	Waschvollautomaten	Kühlschränke	Staubsauger	Toaster	Kaffeemaschinen
Imperial-Werke GmbH	1978		1973		1934					
Krups GmbH & Co. KG									1967	1965
Küppersbusch AG					1938/39					
Liebherr-Hausgeräte GmbH							1955			
LUXOPLAST Kunststoff									1987	1983
MELITTA Werke Bentz										1965
Miele & Cie. GmbH & Co.		1958		1960		1956		1927		
NEFF GmbH	1957		1993		1931		1955			
Rowenta-Werke GmbH								1976	1921	1928
Severin Elektrogeräte									1952	1952
Siemens Electrogeräte		1976		1965	1926	1965	1930	1924	1938	1964
Vorwerk								1930		
WAMSLER GmbH					ca.1950					
Wigo electric GmbH										ca. 1950

Tab. 2: Konzentrationsraten für Elektrowärmegeräte und -einrichtungen für den Haushalt (Güterklasse 3635)

Jahr	CR_3	CR_6	CR_{10}	CR_{25}	CR_{50}	Marktform
1978	30,2	46,9	61,4	78,8	91,3	weites Oligopol
1980	28,3	45,7	59,7	78,0	91,0	weites Oligopol
1982	31,8	46,0	57,0	77,2	90,8	weites Oligopol
1983		47,4	59,1	78,5	91,9	weites Oligopol
1984	32,6	47,5	59,9	79,3	92,5	weites Oligopol
1985		48,4	59,0	78,2	92,6	weites Oligopol
1986	36,5	50,9	60,6	80,3	93,5	weites Oligopol
1987		51,5	60,4	80,5	93,6	weites Oligopol
1988	39,6	52,7	63,2	83,2	95,0	weites Oligopol
1989		52,7	64,7	83,7	95,3	weites Oligopol
1990	35,9	50,5	60,7	82,0	94,9	weites Oligopol
1991	35,7	49,8	59,7	80,8	94,4	weites Oligopol
1992		50,3	61,1	82,8	95,3	weites Oligopol
1993	39,2	53,7	63,7	84,9	96,4	weites Oligopol

Tab. 3: Konzentrationsraten für Elektromotorische Wirtschaftsgeräte für Gewerbe und Haushalt (Güterklasse 3637)

Jahr	CR_3	CR_6	CR_{10}	CR_{25}	CR_{50}	Marktform
1978	38,6	63,4	75,6	89,6	97,8	enges Oligopol
1980	39,4	65,9	77,5	91,0	98,4	enges Oligopol
1982	42,6	68,9	78,7	91,6	98,3	enges Oligopol
1983		70,0	78,7	91,5	98,2	enges Oligopol
1984	48,2	72,0	80,3	92,1	98,5	enges Oligopol
1985		71,5	80,4	91,6	98,4	enges Oligopol
1986	47,1	71,9	81,3	91,8	98,2	enges Oligopol
1987		71,9	81,4	91,2	97,9	enges Oligopol
1988	45,6	71,3	80,8	90,8	97,9	enges Oligopol
1989		73,2	83,3	92,3	98,1	enges Oligopol
1990	47,5	72,2	82,7	91,8	98,0	enges Oligopol
1991	49,0	74,6	84,6	92,8	98,3	enges Oligopol
1992		74,8	85,0	93,7	98,7	enges Oligopol
1993	50,3	74,5	84,5	93,8	98,8	enges Oligopol

Tab. 4: Konzentrationsraten für Elektrische Haushaltskühlmöbel (Güterklasse 3638)

Jahr	CR_3	CR_6	CR_{10}	CR_{25}	CR_{50}	Marktform
1978	56,5	87,0	98,4	-	-	sehr enges Oligopol
1980	55,5	87,2	98,3	-	-	sehr enges Oligopol
1982	67,4	91,2	98,7	-	-	sehr enges Oligopol
1983		93,8	98,6	-	-	sehr enges Oligopol
1984	69,5	93,7	98,6	-	-	sehr enges Oligopol
1985		94,1	99,4	-	-	sehr enges Oligopol
1986	73,0	94,0	99,4	-	-	sehr enges Oligopol
1987		94,0	99,5	-	-	sehr enges Oligopol
1988	69,1	93,8	99,5	-	-	sehr enges Oligopol
1989		96,3	99,7	-	-	sehr enges Oligopol
1990	74,4	97,0	99,8	-	-	sehr enges Oligopol
1991	74,5	97,1	99,8	-	-	sehr enges Oligopol
1992		97,0	99,7	-	-	sehr enges Oligopol

Tab. 5: Konzentrationsraten für Elektrische Haushaltswaschmaschinen und -geräte (Güterklasse 3639)

Jahr	CR_3	CR_6	CR_{10}	CR_{25}	CR_{50}	Marktform
1978	68,7	88,3	96,7	100,0	-	sehr enges Oligopol
1980	69,9	87,8	96,9	100,0	-	sehr enges Oligopol
1982	73,8	89,1	96,6	100,0	-	sehr enges Oligopol
1983		90,7	97,3	-	-	sehr enges Oligopol
1984	77,8	91,8	97,7	-	-	sehr enges Oligopol
1985		94,5	98,6	-	-	sehr enges Oligopol
1986	79,4	94,7	98,8	-	-	sehr enges Oligopol
1987		95,0	98,6	-	-	sehr enges Oligopol
1988	81,6	96,2	99,1	-	-	sehr enges Oligopol
1989		95,8	98,8	-	-	sehr enges Oligopol
1990	81,1	95,7	98,6	-	-	sehr enges Oligopol
1991	82,2	96,2	98,7	-	-	sehr enges Oligopol
1992		96,0	98,3	-	-	sehr enges Oligopol
1993	84,3	96,8	98,9	-	-	sehr enges Oligopol

Tab. 6: Sättigungszahlen der einzelnen Produkte

Produkt / Jahr	65	66	67	68	69	70	71	72	73	74	75	76	77	78	79
Staubsauger	78	79	80	81	83	85	86	87	89	90	91	92	93	93	94
Kühlschränke	74	76	79	81	83	85	87	87	90	92	93	93	94	94	95
Waschmaschinen	51	56	61	66	69	74	77	79	81	82	84	85	86	87	88
Elektro-Herde	46	50	53	57	59	60	63	64	65	66	67	68	69	69	70
Mikrowellengeräte															
Geschirrspüler	1	1	2	2	3	4	5	6	8	10	12	14	16	18	20
Dunstabzugshauben					3	4	5	6	9	11	14	17	20	23	26
Wäschetrockner							1	1	2	3	3	4	5	6	7
Toaster	23	27	35	42	44	47	53	54	59	61	63	65	67	68	70
Kaffeemaschinen	7	8	8	9	10	12	17	21	30	41	51	60	65	70	73

Produkt / Jahr	80	81	82	83	84	85	86	87	88	89	90	91	92	93	94
Staubsauger	95	95	95	96	97	97	97	97	97	97	97	97	98	98	98
Kühlschränke	95	95	95	95	95	96	96	96	96	96	96	96	96	96	97
Waschmaschinen	88	89	90	90	90	91	91	91	91	92	92	92	93	93	94
Elektro-Herde	71	71	72	72	72	73	77	78	78	78	79	80	80	81	82
Mikrowellengeräte						4	6,5	11	19	27	34	40	46	52	55
Geschirrspüler	22	23	25	26	28	29	31	32	33	35	37	39	42	43	45
Dunstabzugshauben	29	32	34	36	39	41	43	45	47	49	50	52	55	57	58
Wäschetrockner	8	9	11	12	13	14	16	17	19	21	22	24	26	28	29
Toaster	71	74	76	79	81	83	83	84	85	86	88	90	92	93	94
Kaffeemaschinen	75	77	78	79	81	83	84	85	87	87	88	91	92	93	94

Tab. 7: Produktionskosten des Erzeugnisbereichs 3650 (Herstellung von Elektrohaushaltsgeräten)

Jahr	Vorleistungen in 1.000 DM	Personalkosten in 1.000 DM	Kostensteuern in 1.000 DM	Kapitalkosten in 1.000 DM	Gesamtkosten in 1.000 DM	Jahresüberschuß in 1.000 DM
1976	5.270.362	2.103.346	103.968	255.920	7.733.597	263.918
1977	5.768.354	2.231.489	123.482	282.244	8.405.568	414.545
1978	5.889.010	2.441.785	98.749	305.223	8.734.766	242.383
1979	6.358.902	2.695.940	97.679	351.644	9.504.165	263.733
1980	7.318.364	2.958.253	88.306	419.454	10.784.376	253.880
1981	7.482.373	3.044.244	89.209	479.496	11.095.322	55.755
1982	7.356.416	2.994.647	86.801	477.408	10.915.272	-65.101
1983	7.307.389	2.916.402	109.229	436.914	10.769.934	152.920
1984	7.958.055	2.950.870	104.558	429.851	11.443.334	174.264
1985	8.480.245	3.121.713	110.612	479.318	12.191.888	98.322
1986	8.953.839	3.316.722	104.877	524.383	12.899.821	209.753
1987	9.574.742	3.538.492	111.012	582.810	13.807.056	69.382
1988	10.166.251	3.647.890	149.504	612.965	14.576.610	373.759
1989	10.919.939	3.861.544	126.608	712.170	15.620.260	205.738
1990	12.300.236	4.652.698	142.611	820.016	17.915.561	-89.132

Jahr	Vorleistungen in 1.000 DM	Personalkosten in 1.000 DM	Kostensteuern in 1.000 DM	Kapitalkosten in 1.000 DM	Gesamtkosten in 1.000 DM	Jahresüberschuß in 1.000 DM
1991	14.397.065	5.208.350	169.377	931.575	20.706.367	465.787
1992	14.556.807	5.402.526	192.947	943.298	21.095.579	343.018
1993	13.390.924	5.352.330	141.382	949.281	19.833.918	363.554

Tab. 8: Preisbereinigte Produktivität Erzeugnisgruppe 3650 (Elektrohaushaltsgeräte)

Jahr	reale Produktivität in Mio. DM / Beschäftigte	Produktivität in DM/Beschäftigte	Veränderung gegenüber Vorjahr	Index mit Basis 1950 = 100
1950	209,1 : 15.090	13.856,86		100,0
1951	363,5 : 20.430	17.792,46	+ 28,4 %	128,4
1952	495,0 : 25.300	19.565,22	+ 10,0 %	141,2
1953	657,9 : 29.190	22.538,54	+ 15,2 %	162,7
1954	882,6 : 35.325	24.985,14	+ 10,9 %	180,3
1955	1.132,4 : 41.790	27.097,39	+ 8,5 %	195,6
1956	1.422,6 : 47.800	29.761,51	+ 9,8 %	214,8
1957	1.760,1 : 58.700	29.984,67	+ 0,7 %	216,4
1958	2.115,1 : 67.350	31.404,60	+ 4,7 %	226,6
1959	2.418,9 : 73.570	32.878,89	+ 4,7 %	237,3
1960	2.997,7 : 81.530	36.768,06	+ 11,8 %	265,3
1961	3.216,3 : 83.370	38.578,63	+ 4,9 %	278,4
1962	3.354,8 : 82.270	40.777,93	+ 5,7 %	294,3
1963	3.432,6 : 79.470	43.193,66	+ 5,9 %	311,7
1964	4.003,2 : 86.420	46.322,61	+ 7,2 %	334,3
1965	4.391,8 : 87.730	50.060,41	+ 8,1 %	361,3
1966	4.197,9 : 83.210	50.449,47	+ 0,8 %	364,1
1967	4.203,6 : 81.780	51.401,32	+ 1,9 %	370,9
1968	4.867,5 : 82.180	59.229,74	+ 15,2 %	427,4
1969	5.561,9 : 89.240	62.325,19	+ 5,2 %	449,8
1970	5.696,6 : 89.680	63.521,41	+ 1,9 %	458,4
1971	5.674,5 : 87.680	64.718,29	+ 1,9 %	467,0
1972	6.582,3 : 90.860	72.444,42	+ 11,9 %	522,8
1973	7.466,8 : 94.170	79.290,65	+ 9,5 %	572,2
1974	7.538,0 : 93.410	80.698,00	+ 1,8 %	582,4

Jahr	reale Produktivität in Mio. DM / Beschäftigte	Produktivität in DM/Beschäftigte	Veränderung gegenüber Vorjahr	Index mit Basis 1950 = 100
1975	6.454,8 : 85.440	75.547,75	- 6,4 %	545,2
1976	7.604,2 : 83.590	90.970,21	+ 20,4 %	656,5
1977	7.977,1 : 80.138	99.542,04	+ 9,4 %	718,4
1978	7.721,4 : 78.440	98.437,02	- 1,1 %	710,4
1979	8.029,5 : 77.390	103.753,72	+ 5,4 %	748,8
1980	8.225,6 : 78.980	104.147,89	+ 0,4 %	751,6
1981	7.788,6 : 75.710	102.874,13	- 1,2 %	742,4
1982	7.325,2 : 71.860	101.937,10	- 0,9 %	735,6
1983	7.301,0 : 64.550	113.106,12	+ 11,0 %	816,2
1984	7.469,6 : 62.100	120.283,41	+ 6,3 %	868,0
1985	7.976,8 : 62.940	126.736,57	+ 5,4 %	914,6
1986	8.655,3 : 64.590	134.003,72	+ 5,7 %	967,1
1987	8.854,8 : 65.620	134.940,57	+ 0,7 %	973,8
1988	9.374,4 : 67.670	138.531,11	+ 2,7 %	999,7
1989	10.128,1 : 71.360	141.929,65	+ 2,5 %	1.024,3
1990	10.627,2 : 74.324	142.984,77	+ 0,7 %	1.031,9
1991	11.638,0 : 74.746	155.700,64	+ 8,9 %	1.123,6
1992	11.068,6 : 68.370	161.892,64	+ 4,0 %	1.168,3

Tab. 9: Entwicklung der Produktivität in der Gesamtwirtschaft

Jahr	reales BIP in Mrd. DM in Preisen von 1962	abhängig Beschäftigte in 1.000	Produktivität in Preisen von 1962 BIP/Besch.	Veränderg. gegenüber Vorjahr in %	Index mit Basis 1950
1950	122,8	13.963	8.794,67		100,0
1951	135,8	14.580	9.314,13	+ 5,9	105,9
1952	147,0	15.055	9.764,20	+ 4,8	111,0
1953	158,2	15.645	10.111,86	+ 3,6	115,0
1954	170,5	16.280	10.472,97	+ 3,6	119,1
1955	190,3	17.160	11.089,74	+ 5,9	126,1
1956	203,1	17.805	11.406,91	+ 2,9	129,7
1957	214,1	19.199	11.151,62	- 2,2	126,8
1958	220,7	19.408	11.371,60	+ 2,0	129,3
1959	235,7	19.764	11.925,72	+ 4,9	135,6
1960	329,5	20.331	16.206,78	+ 35,9[1]	184,3
1961	344,7	20.730	16.628,08	+ 2,6	189,1
1962	360,8	21.032	17.154,81	+ 3,2	195,1
1963	371,0	21.261	17.449,79	+ 1,7	198,4
1964	395,7	21.484	18.418,36	+ 5,6	209,4
1965	416,9	21.758	19.160,77	+ 4,0	217,9
1966	428,5	21.765	19.687,57	+ 2,7	223,9
1967	427,2	21.054	20.290,68	+ 3,1	230,7
1968	450,5	21.183	21.267,05	+ 4,8	241,8
1969	484,1	21.752	22.255,42	+ 4,6	253,1
1970	508,5	22.246	22.858,04	+ 2,7	259,9
1971	524,0	22.415	23.377,20	+ 2,3	265,8
1972	546,3	22.438	24.347,09	+ 4,1	276,8
1973	572,3	22.565	25.362,29	+ 4,2	288,4

1 Hohe Steigerungsrate resultiert aus der erstmaligen Einbeziehung des Saarlandes und West-Berlins!

Jahr	reales BIP in Mrd. DM in Preisen von 1962	abhängig Beschäftigte in 1.000	Produktivität in Preisen von 1962 BIP/Besch.	Veränderg. gegenüber Vorjahr in %	Index mit Basis 1950
1974	573,4	22.153	25.883,63	+ 2,1	294,3
1975	566,3	21.388	26.477,46	+ 2,3	301,1
1976	596,4	21.290	28.013,15	+ 5,8	318,5
1977	613,4	21.350	28.730,68	+ 2,6	326,7
1978	631,8	21.608	29.239,17	+ 1,8	332,5
1979	658,5	22.660	29.060,02	- 0,6	330,4
1980	664,9	22.985	28.927,56	- 0,5	328,9
1981	665,6	22.848	29.131,65	+ 0,7	331,2
1982	659,3	22.393	29.442,24	+ 1,1	334,8
1983	670,9	21.965	30.544,05	+ 3,7	347,3
1984	689,8	22.098	31.215,49	+ 2,2	354,9
1985	703,8	22.275	31.595,96	+ 1,2	359,3
1986	720,3	23.910	30.125,47	- 4,7	342,5
1987	730,9	24.146	30.270,02	+ 0,5	344,2
1988	758,2	24.371	31.110,75	+ 2,8	353,7
1989	785,6	24.757	31.732,44	+ 2,0	360,8
1990	830,4	25.462	32.613,31	+ 2,8	370,8
1991	872,4	25.920	33.657,41	+ 3,2	382,7
1992	887,7	26.063	34.059,78	+ 1,2	387,3
1993	872,7	25.601	34.088,51	+ 0,1	387,6
1994	892,8	25.567	34.920,01	+ 2,4	397,1

Tab. 10: Reale Stundenproduktivität der Güterklassen 3635 - 3639 in DM/Beschäftigtenstunde

Jahr	Güterklasse 3635/3636	Güterklasse 3636	Güterklasse 3637	Güterklasse 3638	Güterklasse 3639
1950	5,51		6,84	6,74	
1951	7,43		7,99	8,62	
1952	7,36		9,57	10,10	
1953	7,73		11,09	11,63	
1954	9,15		12,08	11,96	
1955	10,06		13,19	12,83	
1956	11,70		14,28	15,24	
1957	12,08		15,17	16,97	
1958	12,43		14,53	19,97	
1959	13,74		15,86	20,28	
1960	14,82		18,46	22,11	
1961	15,50		21,08	22,12	
1962	16,74		23,91	23,07	
1963	18,00		19,96	24,94	30,27
1964	19,37		21,44	26,98	31,34
1965	21,99		22,88	28,38	34,80
1966	21,82		24,37	28,48	37,23
1967	22,79		25,55	34,84	34,76
1968	26,04		27,82	38,66	43,01
1969	28,37		31,36	38,26	45,98
1970	30,27		30,50	40,28	47,02
1971	31,60		34,07	40,86	47,13
1972	35,49		41,63	43,76	51,10
1973	37,10		47,89	47,79	58,77
1974	38,10		54,24	51,80	56,58
1975	38,32	30,17	53,87	49,95	53,65

Jahr	Güterklasse 3635/3636	Güterklasse 3636	Güterklasse 3637	Güterklasse 3638	Güterklasse 3639
1976	42,47	29,54	58,78	60,36	63,00
1977	48,09	34,35	64,78	67,71	68,06
1978	49,35	36,63	65,33	58,47	73,08
1979	51,87	38,78	70,96	61,06	75,93
1980	52,25	38,87	70,24	70,61	75,28
1981	51,14	42,61	71,24	72,00	77,25
1982	50,88	40,51	69,63	71,09	76,87
1983	55,16	47,43	74,28	77,59	87,91
1984	56,73	61,89	88,93	74,14	92,32
1985	59,97	62,37	93,02	80,05	100,97
1986	64,74	62,05	93,57	94,79	110,09
1987	65,64	62,17	92,49	97,53	113,39
1988	68,23	59,99	94,76	98,92	119,55
1989	68,79	57,12	100,78	105,53	122,59
1990	70,62	33,76	104,70	111,75	129,08
1991	75,58	37,17	111,34	128,40	146,09
1992	77,22	36,97	117,63	133,14	155,01

Tab. 11: Preiselastizität der einzelnen Produkte

Jahr	Spül-maschinen	Dunstab-zugshauben	Wäsche-trockner	Toaster	Kaffeema-schinen	Kühlschrän-ke	Elektroher-de	Wasch-maschinen	Staubsau-ger
1959				- 0,296	- 0,750	+ 6,181	+ 6,828		- 1,813
1960				- 4,339	- 0,415	+ 3,233	+ 30,384		- 0,078
1961				+ 21,996	+ 3,596	- 3,969	- 1,242		- 0,269
1962				- 1,890	+ 3,063	- 3,670	- 0,893		- 2,127
1963				+ 1,236	- 9,131	- 1,338	+ 12,660		+ 1,145
1964	- 35,477			+ 17,366	+ 2,119	+ 2,706	- 21,737	- 6,021	+ 2,673
1965	+ 22,183			- 0,988	+ 0,658	+ 73,019	- 10,470	+ 8,546	- 136,243
1966	-			-	-	-	-	-	-
1967	-			-	-	-	-	-	-
1968	+ 3,452	+ 1,394		+167,948	+ 5,624	- 0,118	+ 0,973	+ 1,842	+ 1,881
1969	-	-		-	-	-	-	-	-
1970	-	-		-	-	-	-	-	-
1971	+ 6,161	- 5,263	- 21,766	- 7,795	- 7,964	-	+ 1,979	+ 6,143	- 0,508
1972	+ 6,571	- 16,276	- 6,967	- 0,868	- 35,533	-	- 2,262	- 0,616	- 4,824
1973	+ 23,644	- 15,256	- 11,247	+ 4,669	0,450 / 0	-	- 1,233	- 4,498	- 5,218

Jahr	Spül-maschinen	Dunstab-zugshauben	Wäsche-trockner	Toaster	Kaffeema-schinen	Kühlschrän-ke	Elektroher-de	Wasch-maschinen	Staubsau-ger
1974	+ 16,473	+ 2,264	- 0,642	+ 5,660	+ 4,807	- 0,014	+ 1,601	- 1,025	+ 0,657
1975	+ 7,813	+ 0,782	- 2,279	+ 0,091	+ 1,893	+ 3,056	- 0,010	+ 2,183	+ 1,011
1976	+ 6,098	+ 78,365	- 19,233	- 2,936	+ 2,872	+ 30,095	- 7,788	+ 1,466	- 10,370
1977	+ 9,184	+ 2,230	- 5,989	+ 0,534	+ 0,142	- 4,446	- 0,073	+ 0,217	+ 0,674
1978	- 5,398	+ 1,261	- 16,205	+ 8,272	+ 0,217	- 1,823	+ 1,307	- 17,192	+ 0,990
1979	+ 5,636	+ 4,772	+ 4,354	+ 0,192	- 8,571	+ 3,147	- 0,912	- 5,699	- 0,306
1980	+ 7,118	+ 0,542	+ 42,357	- 1,941	- 0,003	+ 0,037	+ 0,821	- 0,144	- 8,006
1981	+ 1,709	- 14,013	+ 9,616	- 0,169	- 0,067	+ 0,824	+ 1,941	+ 14,546	+ 1,036
1982	+ 2,227	+ 2,104	- 7,761	- 3,121	+ 8,123	0	+ 1,276	+ 1,168	+ 8,378
1983	- 2,441	+ 2,491	- 0,220	+ 0,639	+ 5,564	- 0,076	+ 1,026	+ 1,205	+ 0,954
1984	- 4,030	- 6,573	+ 0,719	+ 19,594	- 10,136	+ 30,825	+ 0,874	+ 1,601	+ 1,714
1985	+ 2,981	- 0,960	+ 17,156	+ 6,818	+ 2,016	+ 5,619	+ 0,140	+ 2,860	+ 3,543
1986	+814,191	+ 1,405	+ 2,888	+ 3,267	+ 8,714	- 10,950	- 1,505	- 9,967	+ 12,973
1987	+ 3,037	+ 8,074	+108,407	+ 29,158	+ 0,791	- 3,539	- 3,062	- 3,006	- 0,464
1988	+ 21,597	- 1,136	+ 46,835	+ 3,844	+ 6,402	- 110,851	- 3,758	+ 37,272	- 0,907
1989	- 16,425	+ 0,305	+ 2,108	- 6,255	+ 3,525	- 9,569	- 3,743	+ 47,474	- 1,372
1990	- 4,809	+ 0,662	+ 2,543	+ 0,991	- 3,292	- 14,780	- 0,849	- 0,662	+ 2,883

Jahr	Spülmaschinen	Dunstabzugshauben	Wäschetrockner	Toaster	Kaffeemaschinen	Kühlschränke	Elektroherde	Waschmaschinen	Staubsauger
1991	- 3,133	+ 3,723	- 7,705	+ 0,242	+ 2,102	+ 0,598	- 2,091	- 13,133	- 4,091
1992	+ 1,130	- 5,874	- 1,930	+ 1,774	+ 1,901	- 0,692	+ 0,944	+ 1,414	+ 0,627
1993	+ 12,745	+ 2,884	+ 2,750	- 3,592	- 0,597	- 7,276	- 8,995	- 0,098	+ 1,171

Tab. 12: Qualitätsentwicklung Kaffeemaschine

Testurteil / Jahr	sehr gut	gut	zufrieden-stellend	mangelhaft	sehr man-gelhaft
1974; n = 29 MW = 2,6		62,1% (18)	17,2% (5)	20,7% (6)	
1977; n = 26 MW = 2,6		69,2% (18)	11,5% (3)	7,8% (2)	11,5% (3)
1981; n = 29 MW = 2,6		44,8% (13)	51,7% (15)		3,5% (1)
1983; n = 32 MW = 2,5		46,9% (15)	53,1% (17)		
1986; n = 30 MW = 2,3		73,3% (22)	26,7% (8)		
1988; n = 20 MW = 2,3		75% (15)	25% (5)		
1990; n = 24 MW = 2,2		83,3% (20)	12,5% (3)	4,2% (1)	
1995; n = 19 MW = 2,5		52,6% (10)	47,4% (9)		

Tab. 13: Qualitätsentwicklung Toaster

Testurteil Jahr	sehr gut	gut	zufrieden-stellend	mangelhaft	sehr man-gelhaft
1976; n = 19 MW = 2,7		52,6% (10)	26,3% (5)	21,1% (4)	
1980; n = 23 MW = 3,0		21,7% (5)	56,6% (13)	21,7% (5)	
1984; n = 28 MW = 3,2		7,1% (2)	67,9% (19)	25% (7)	
1990; n = 15 MW = 2,0		100% (15)			
1993; n = 26 MW = 2,7		38,5% (10)	57,7% (15)	3,8% (1)	

Tab. 14: Qualitätsentwicklung Elektroherde

Testurteil Jahr	sehr gut	gut	zufrieden- stellend	mangelhaft	sehr man- gelhaft
1974; n = 15 MW = 2,3		73,3% (11)	26,7% (4)		
1977; n = 8 MW = 2,0		100% (8)			
1981; n = 25 MW = 2,0		100% (25)			
1987; n = 20 MW = 2,0		100% (20)			
1989; n = 17 MW = 2,0		100% (17)			
1990; n = 9 MW = 2,0		100% (9)			
1993; n = 15 MW = 2,0		100% (15)			
1995; n = 12 MW = 2,2	16,7% (2)	50% (6)	33,3% (4)		

Tab. 15a: Qualitätsentwicklung Handstaubsauger

Testurteil / Jahr	sehr gut	gut	zufrieden-stellend	mangelhaft	sehr man-gelhaft
1973; n = 11 MW = 2,4	9,1% (1)	54,5% (6)	27,3% (3)	9,1% (1)	
1976; n = 20 MW = 2,2		90% (18)		10% (2)	
1978; n = 22 MW = 2,2		90,9% (20)		9,1% (2)	
1984; n = 19 MW = 2,9		26,3% (5)	57,9% (11)	15,8% (3)	
1988; n = 25 MW = 2,5		64% (16)	24% (6)	12% (3)	
1989; n = 11 MW = 2,6		54,5% (6)	27,3% (3)	18,2% (2)	
1993; n = 11 MW = 3,2		9,1% (1)	63,6% (7)	27,3% (3)	

Tab. 15b: Qualitätsentwicklung Bodenstaubsauger

Testurteil / Jahr	sehr gut	gut	zufrieden-stellend	mangelhaft	sehr man-gelhaft
1975; n = 20 MW = 2,3		80% (16)	10% (2)	10% (2)	
1976; n = 20 MW = 2,7		55% (11)	20% (4)	25% (5)	
1977; n = 24 MW = 1,9	25% (6)	66,7% (16)		8,3% (2)	
1979; n = 17 MW = 2,4		64,7% (11)	29,4% (5)	5,9% (1)	
1980; n = 16 MW = 2,3		87,5% (14)		12,5% (2)	
1983; n = 16 MW = 2,7		43,8% (7)	43,8% (7)	12,4% (2)	
1985; n = 16 MW = 2,3		68,8% (11)	31,2% (5)		
1986; n = 15 MW = 2,5		46,7% (7)	53,3% (8)		
1987; n = 25 MW = 2,5		60% (15)	28% (7)	12% (3)	
1989; n = 19 MW = 2,2		84,2% (16)	15,8% (3)		
1990; n = 17 MW = 3,0		47,1% (8)	5,8% (1)	47,1% (8)	
1991; n = 32 MW = 3,1		34,4% (11)	25% (8)	40,6% (13)	
1993; n = 19 MW = 2,6		68,4% (13)		31,6% (6)	
1994; n = 16 MW = 2,1		93,8% (15)	6,2% (1)		
1995; n = 15 MW = 2,1		93,3% (14)	6,7% (1)		

Tab. 16: Qualitätsentwicklung Waschvollautomaten

Testurteil / Jahr	sehr gut	gut	zufrieden- stellend	mangelhaft	sehr man- gelhaft
1973; n = 32 MW = 2,5	6,3% (2)	62,5% (20)	9,4% (3)	18,7% (6)	3,1% (1)
1974; n = 17 MW = 2,6		41,2% (7)	52,9% (9)	5,9% (1)	
1975; n = 53 MW = 2,1		90,6% (48)	9,4% (5)		
1976; n = 25 MW = 2,1	4% (1)	88% (22)	4% (1)	4% (1)	
1977; n = 31 MW = 2,4	3,2% (1)	77,4% (24)		19,4% (6)	
1978; n = 38 MW = 2,6		50% (19)	39,5% (15)	7,9% (3)	2,6% (1)
1979; n = 27 MW = 2,3	18,5% (5)	55,6% (15)	7,4% (2)	18,5% (5)	
1980; n = 33 MW = 2,2	3% (1)	81,8% (27)	6,1% (2)	9,1% (3)	
1981; n = 13 MW = 1,7	30,8% (4)	69,2% (9)			
1982; n = 24 MW = 3,1		41,7% (10)	16,7% (4)	33,3% (8)	8,3% (2)
1983; n = 15 MW = 1,1	93,3% (14)	6,7% (1)			
1984; n = 14 MW = 1,4	57,1% (8)	42,9% (6)			
1985; n = 15 MW = 2,1	20% (3)	60% (9)	6,7% (1)	13,3% (2)	

Testurteil Jahr	sehr gut	gut	zufrieden- stellend	mangelhaft	sehr man- gelhaft
1986; n = 18 MW = 1,1	94,4% (17)	5,6% (1)			
1987; n = 30 MW = 2,2	23,3% (7)	50% (15)	10% (3)	16,7% (5)	
1988; n = 32 MW = 1,6	62,5% (20)	18,75% (6)	18,75% (6)		
1989; n = 22 MW = 1,3	77,3% (17)	18,2% (4)	4,5% (1)		
1990; n = 16 MW = 1,5	62,5% (10)	25% (4)	12,5% (2)		
1991; n = 14 MW = 1,5	57,1% (8)	35,7% (5)	7,2% (1)		
1994; n = 36 MW = 2,3	19,4% (7)	47,2% (17)	16,7% (6)	16,7% (6)	
1995; n = 17 MW = 2,6	5,9% (1)	52,9% (9)	11,8% (2)	29,4% (5)	

Tab. 17: Qualitätsentwicklung Dunstabzugshaube

Testurteil Jahr	sehr gut	gut	zufrieden- stellend	mangelhaft	sehr man- gelhaft
1976; n = 10 MW = 2,8		50% (5)	20% (2)	30% (3)	
1984; n = 40 MW = 2,4		65% (26)	30% (12)	5% (2)	
1988; n = 26 MW = 2,2		76,9% (20)	23,1% (6)		
1991; n = 21 MW = 2,2		76,2% (16)	23,8% (5)		
1994; n = 30 MW = 2,8		30% (9)	60% (18)	10% (3)	

Tab. 18: Qualitätsentwicklung Geschirrspülmaschine

Testurteil Jahr	sehr gut	gut	zufrieden- stellend	mangelhaft	sehr man- gelhaft
1973; n = 24 MW = 2,3		66,7% (16)	33,3% (8)		
1976; n = 37 MW = 2,8		29,7% (11)	62,2% (23)	8,1% (3)	
1978; n = 17 MW = 2,7		41,2% (7)	47% (8)	11,8% (2)	
1979; n = 13 MW = 2,2		92,3% (12)		7,7% (1)	
1980; n = 17 MW = 2,5		64,7% (11)	23,5% (4)	11,8% (2)	
1981; n = 15 MW = 2,1		93,3% (14)	6,7% (1)		
1982; n = 12 MW = 2,3		66,7% (8)	33,3% (4)		
1985; n = 38 MW = 2,0		97,4% (37)	2,6% (1)		
1987; n = 14 MW = 2,1		92,9% (13)	7,1% (1)		
1989; n = 24 MW = 2,5		62,5% (15)	20,8% (5)	16,7% (4)	
1991; n = 14 MW = 2,0		100% (14)			
1993; n = 16 MW = 2,0		100% (16)			
1995; n = 14 MW = 2,1		92,9% (13)		7,1% (1)	

Tab. 19: Qualitätsentwicklung Wäschetrockner

Testurteil Jahr	sehr gut	gut	zufrieden- stellend	mangelhaft	sehr man- gelhaft
1975; n = 18 MW = 2,3		66,7% (12)	33,3% (6)		
1977; n = 8 MW = 2,4		62,5% (5)	37,5% (3)		
1979; n = 22 MW = 1,9	9,1% (2)	90,1% (20)			
1981; n = 31 MW = 1,9	25,8% (8)	64,6% (20)	3,2% (1)	3,2% (1)	3,2% (1)
1983; n = 27 MW = 2,1	7,4% (2)	74,1% (20)	14,8% (4)	3,7% (1)	
1986; n = 26 MW = 1,5	53,8% (14)	46,2% (12)			
1989; n = 26 MW = 1,6	38,5% (10)	61,5% (16)			
1990; n = 20 MW = 2,0	30% (6)	55% (11)		15% (3)	
1993; n = 25 MW = 2,1	8% (2)	76% (19)	16% (4)		
1995; n = 23 MW = 2,3		78,3% (18)	17,4% (4)	4,3% (1)	

Abb. 1: Produktivität pro Besch.

Güterklasse 3635 - 3639

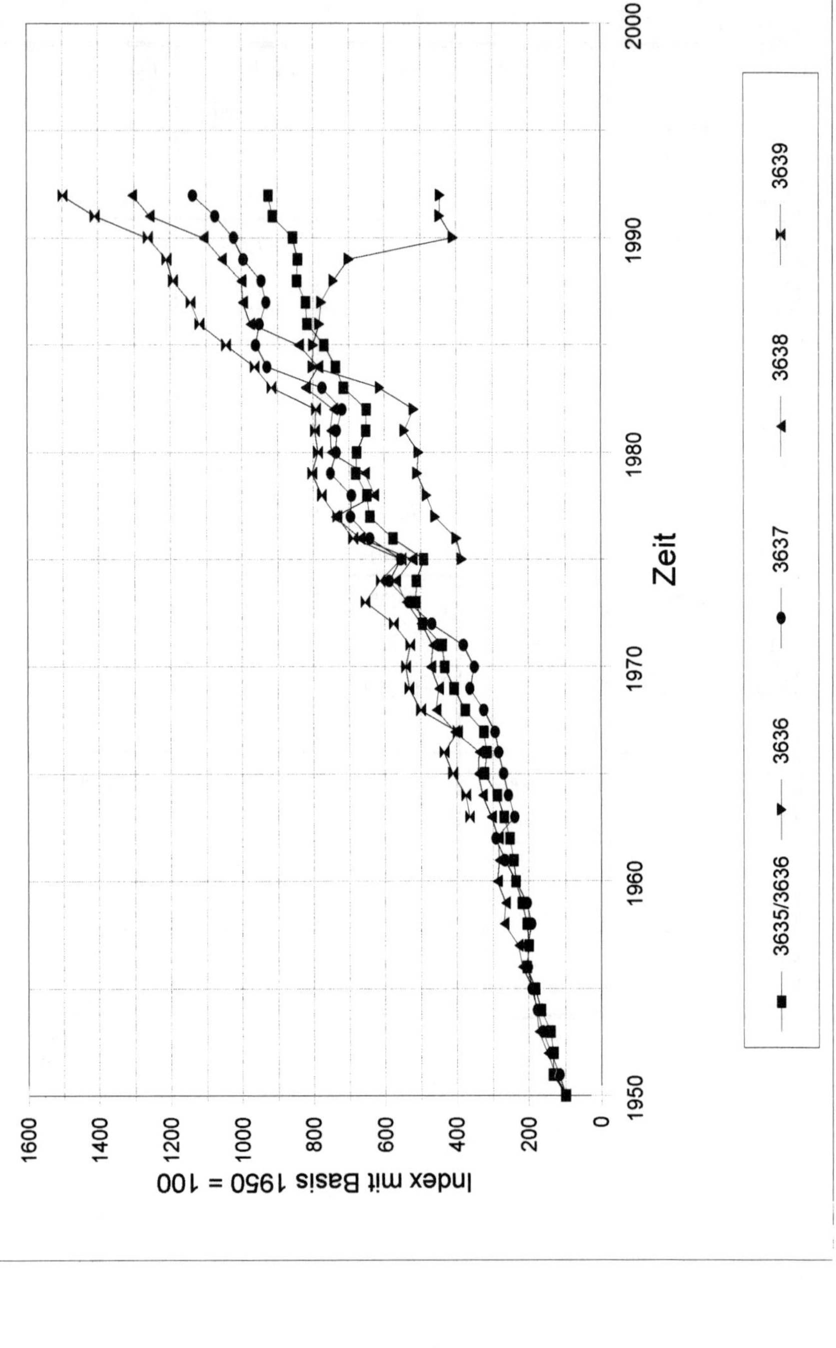

Abb. 2: Inlandsnachfrage Hausgeräte

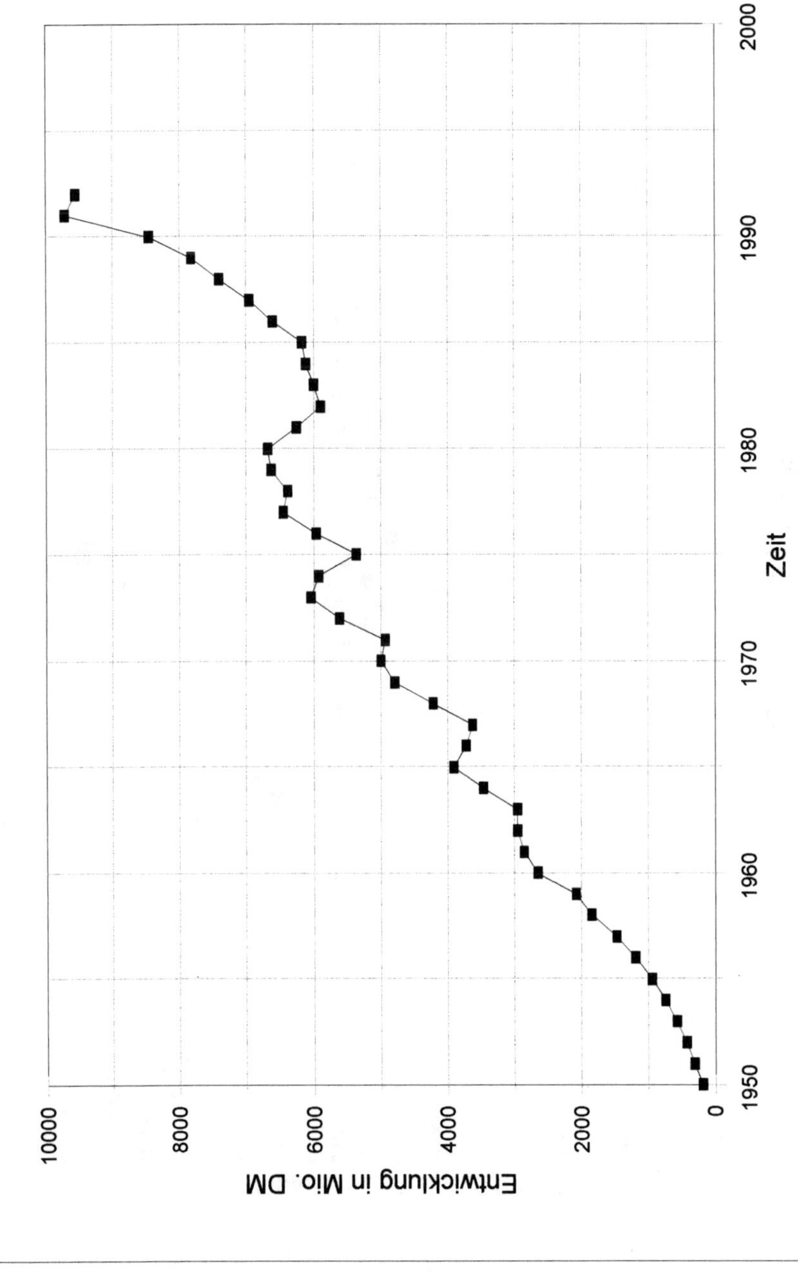

Abb. 3: Inlandsnachfrage

Kühlschränke und Toaster

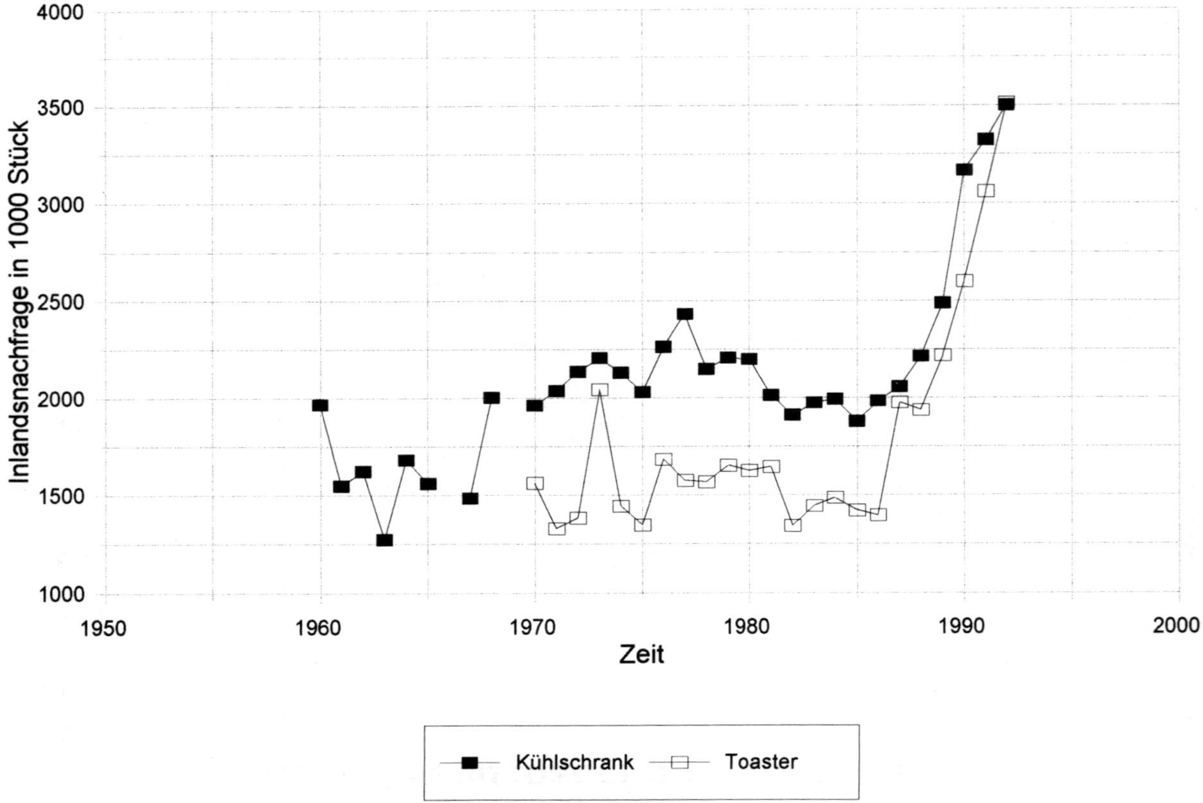

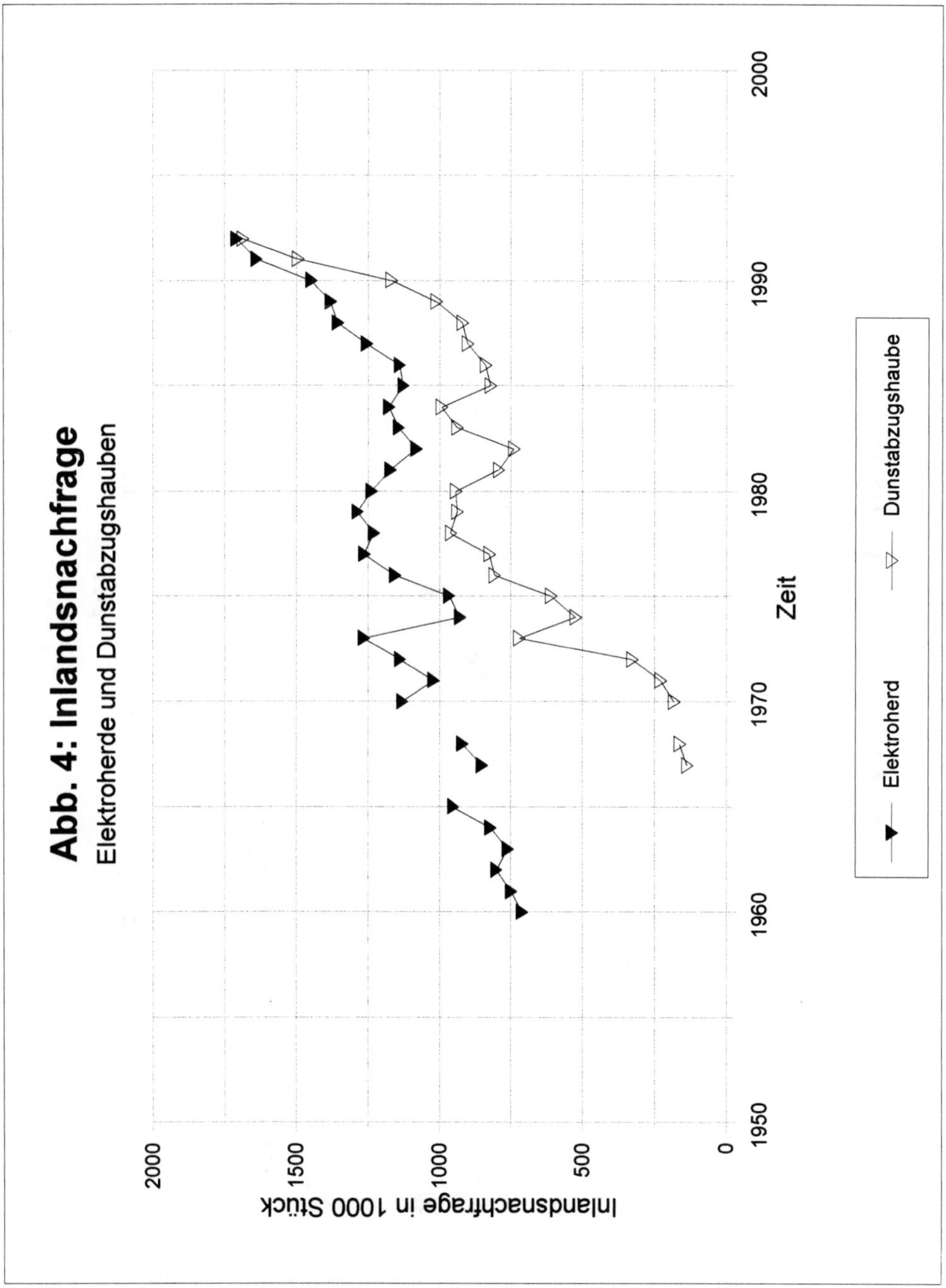

Abb. 4: Inlandsnachfrage
Elektroherde und Dunstabzugshauben

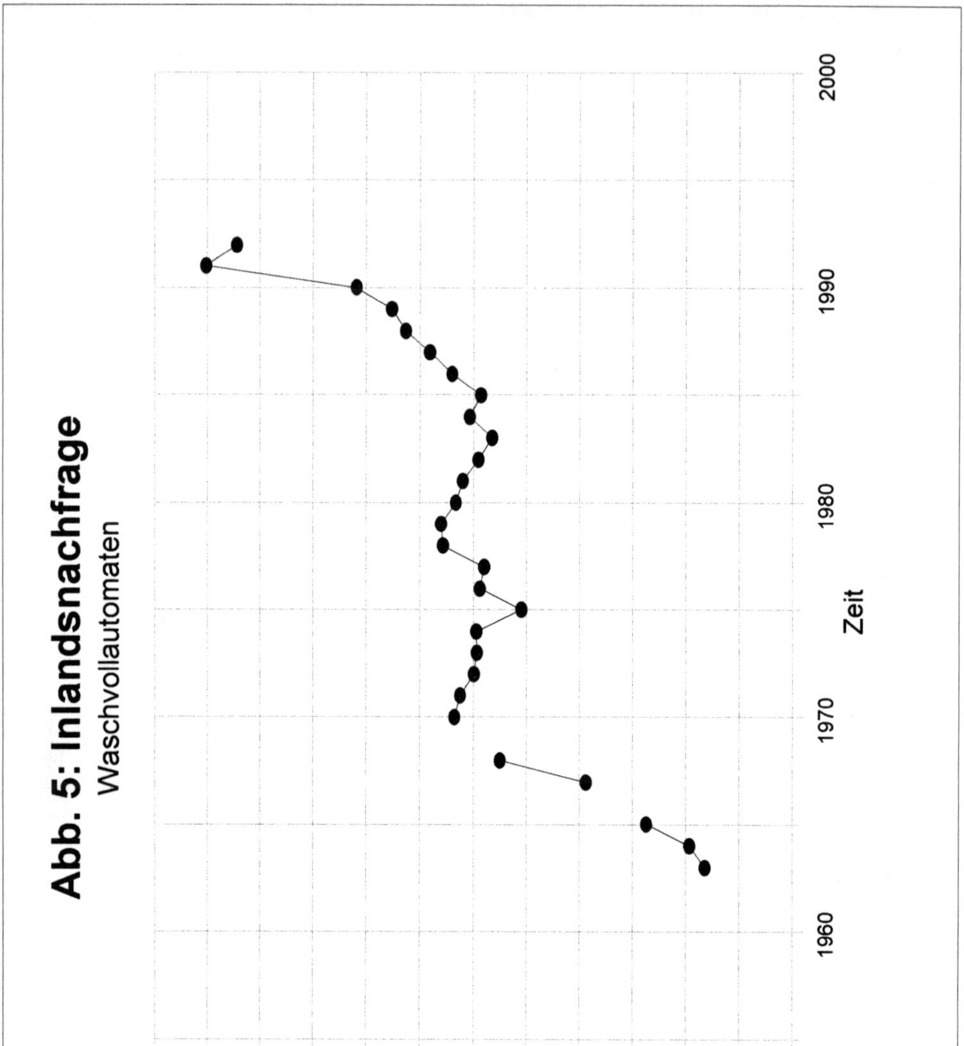

Abb. 5: Inlandsnachfrage

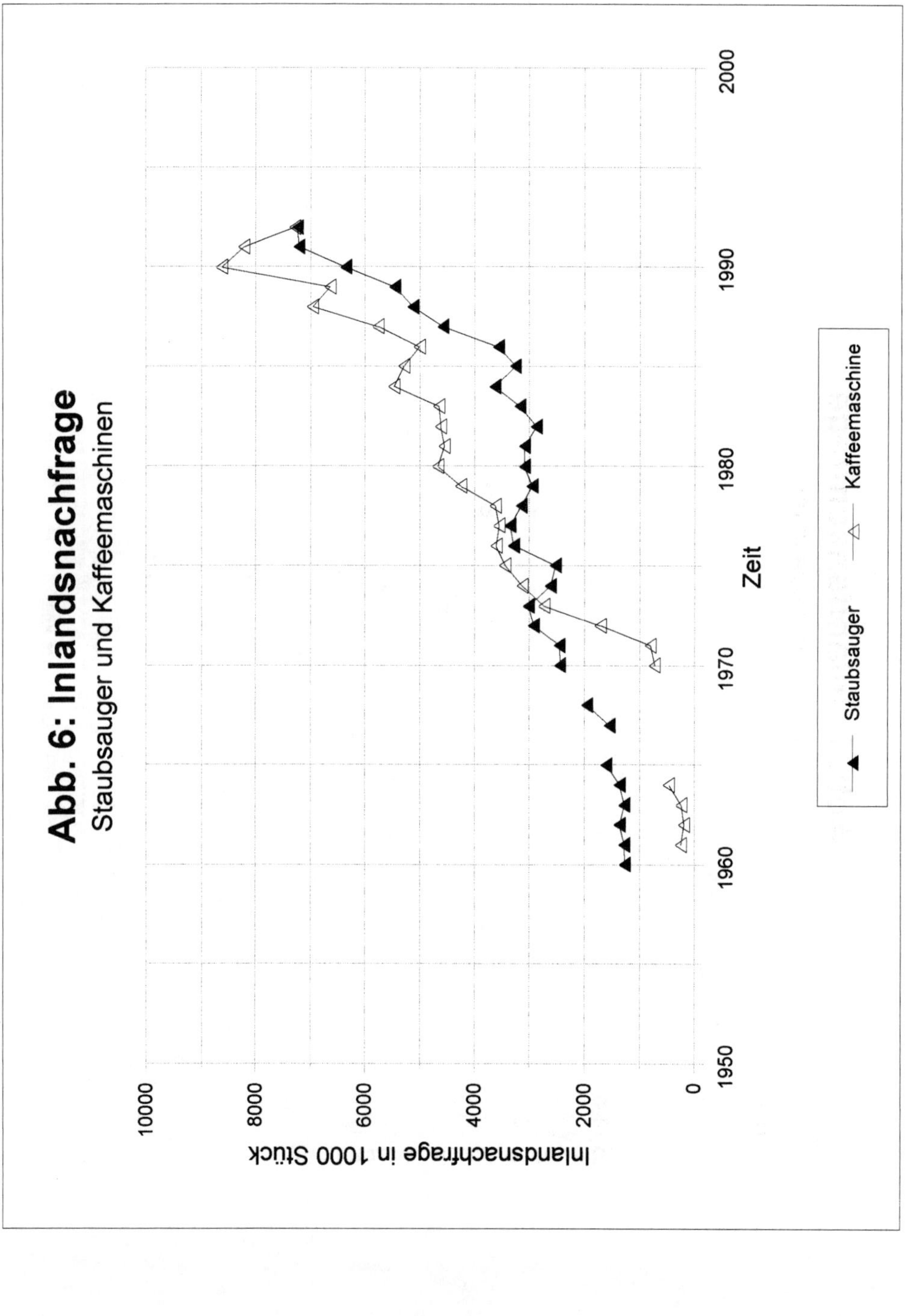

Abb. 6: Inlandsnachfrage
Staubsauger und Kaffeemaschinen

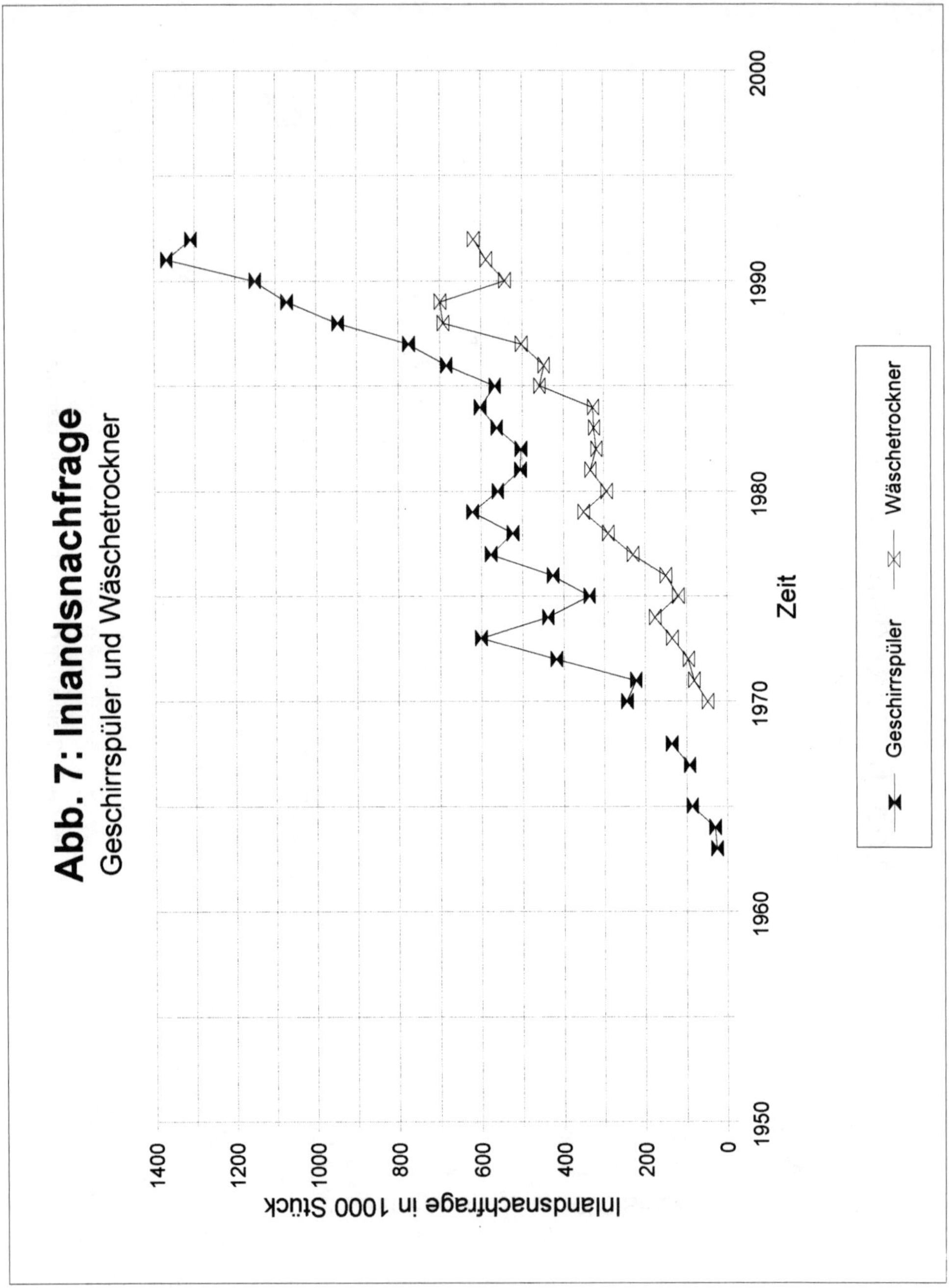

Abb. 7: Inlandsnachfrage
Geschirrspüler und Wäschetrockner

Abb. 8: Preisentwicklung
Elektroherd und Wäschetrockner

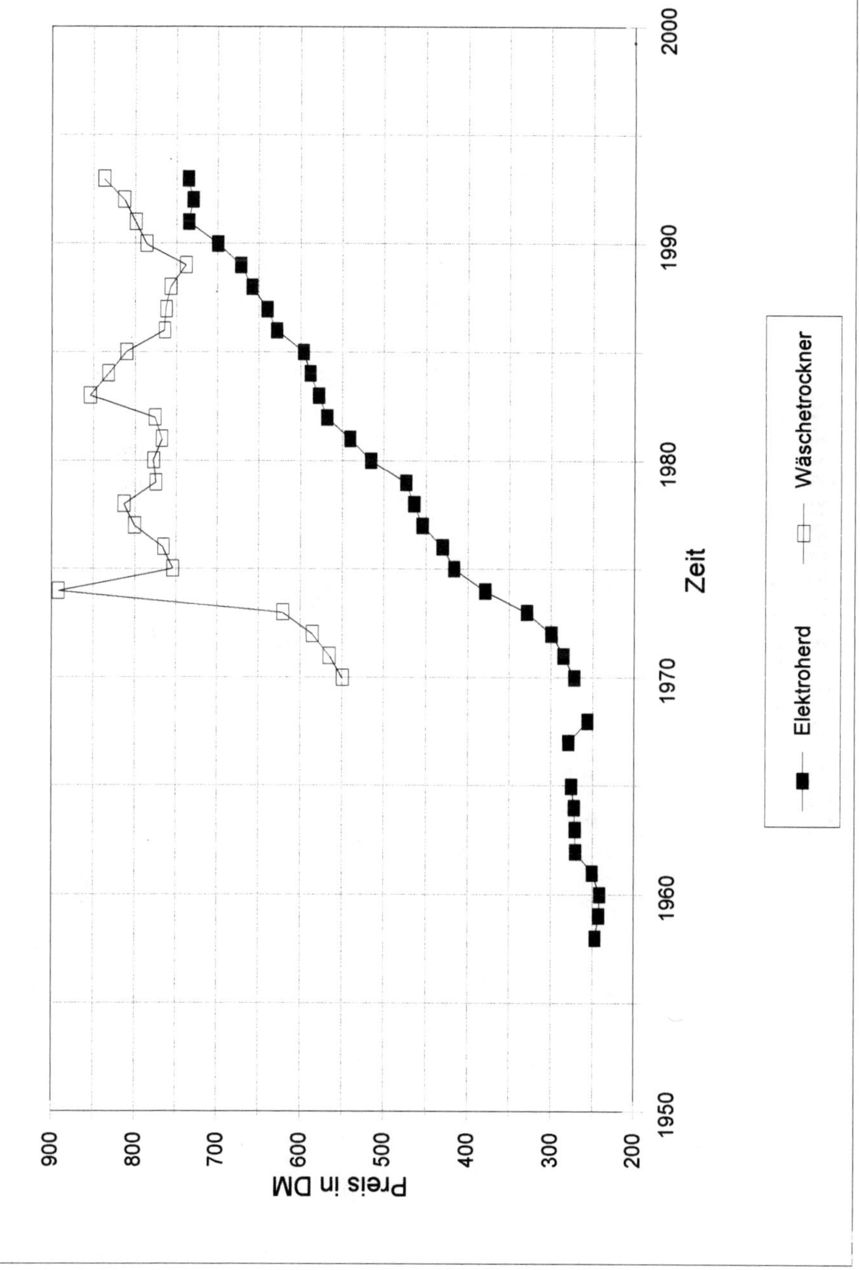

Abb. 9: Preisentwicklung
Waschvollautomaten und Geschirrspüler

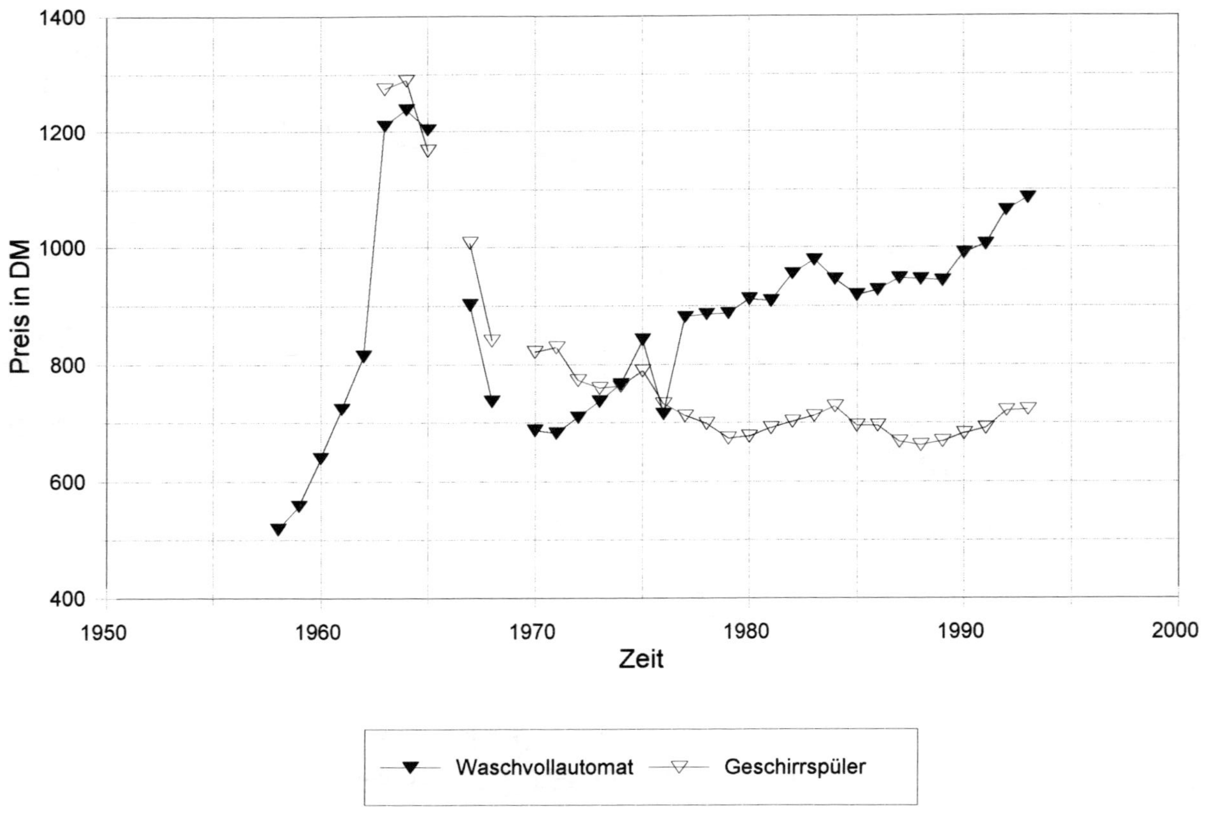

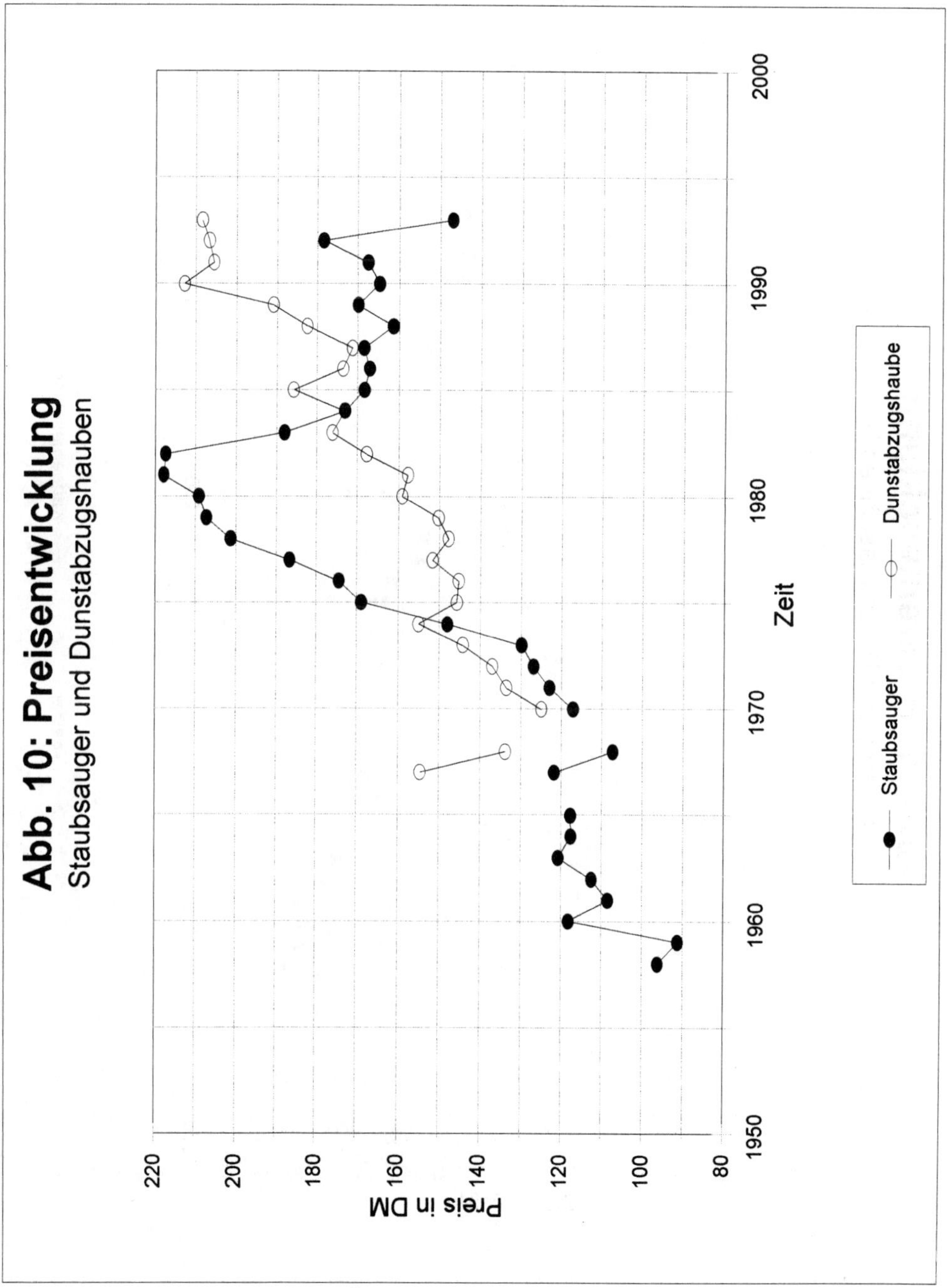
Abb. 10: Preisentwicklung
Staubsauger und Dunstabzugshauben
Preis in DM
220
200
180
160
140
120
100
80
1950
1960
1970
1980
1990
2000
Zeit
Staubsauger
Dunstabzugshaube

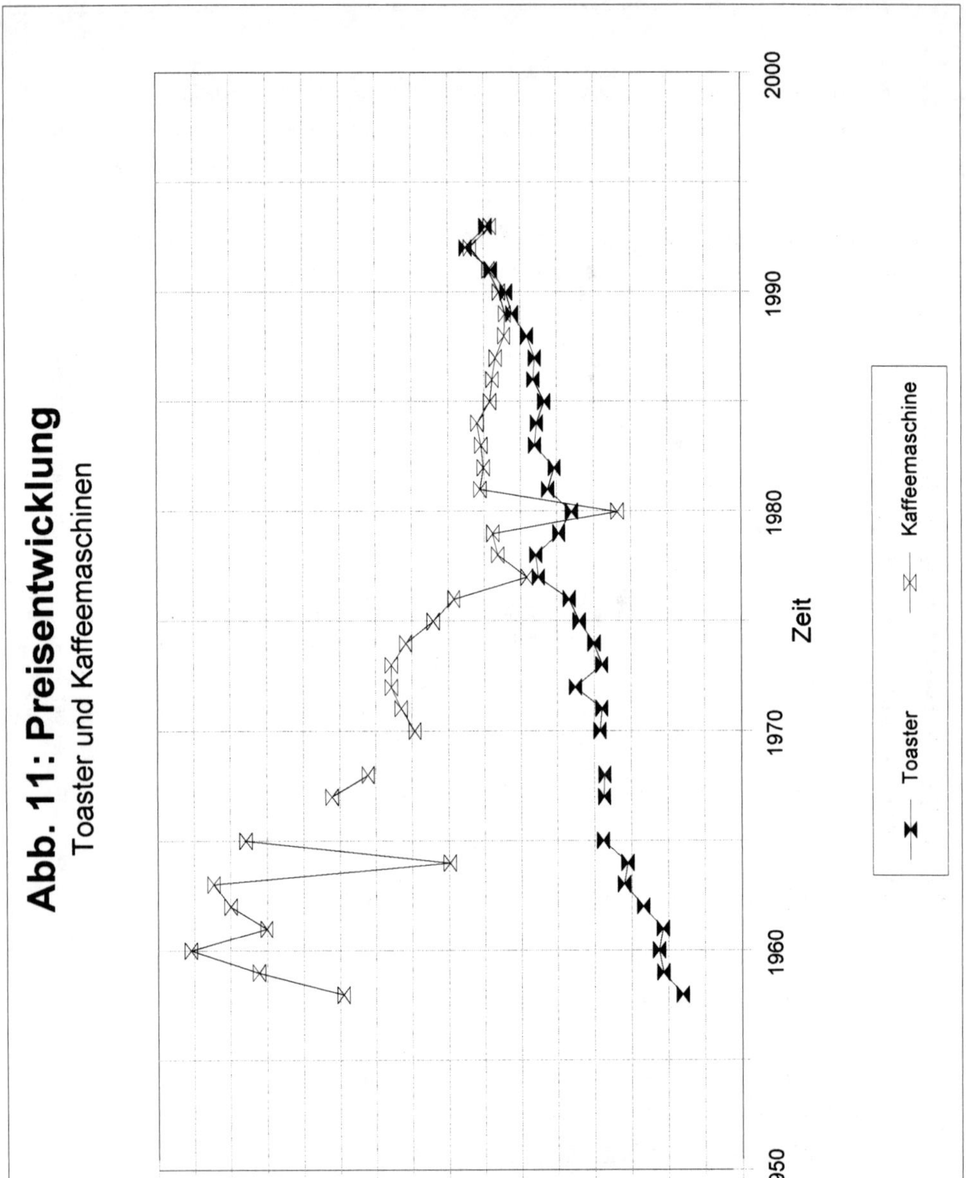

Abb. 11: Preisentwicklung
Toaster und Kaffeemaschinen

LITERATUR-VERZEICHNIS

ABBOTT, LAWRENCE: Qualität und Wettbewerb, München, Berlin 1958.

ABERNATHY, WILLIAM J. / UTTERBACK, JAMES M.: Patterns of Industrial Innovation, in: Technology Review, Vol. 80 (1978), No. 7, S. 40 - 47.

AL-LAHAM, ANDREAS / HÜTTEMANN, HERMANN: Strategische Unternehmensführung in schrumpfenden Märkten, in: Hinterhuber, Hans H. / Pieper, Rüdiger (Hrsg.): Fallstudien zum Strategischen Management, Wiesbaden 1993, S. 27 - 62.

ALBACH, HORST: Zur Wiederentdeckung des Unternehmers in der wirtschaftspolitischen Diskussion, in: Zeitschrift für die gesamte Staatswissenschaft, 135. Jg. (1979), H. 4, S. 533 - 552.

ALBACH, HORST: Innovation und Imitation als Produktionsfaktoren, in: Bombach, Gottfried / Gahlen, Bernhard / Ott, Alfred E. (Hrsg.): Technologischer Wandel - Analyse und Fakten, Tübingen 1986, S. 47 - 63.

ALBACH, HORST: Die Rolle des Schumpeter-Unternehmers heute, in: Bös, Dieter / Stolper, Hans-Dieter (Hrsg.): Schumpeter oder Keynes?, Studies in Contemporary Economics, Berlin u.a. 1984, S. 125 - 146.

ANDERSON, CARL R. / ZEITHAML, CARL P.: Stage of the Product Life Cycle, Business Strategy, and Business Performance, in: Academy of Management Journal, Vol. 27 (1984), No. 1, S. 5 - 24.

ANGEHRN, OTTO: Zum Aussagewert des Begriffs "Produktlebenszyklus", in: Jahrbuch der Absatz- und Verbrauchsforschung, 20. Jg. (1974), S. 269 - 280.

ANSOFF, HARRY I.: Implanting Strategic Management, Englewood Cliffs 1984.

ARNDT, HELMUT / OLLENBURG, GÜNTER: Begriff und Arten der Konzentration, in: Arndt, Helmut (Hrsg.): Die Konzentration in der Wirtschaft, Schriften des Vereins für Socialpolitik, NF Bd. 20/I, 2. Aufl., Berlin 1971, S. 3 - 39.

BACK-HOCK, ANDREA: Das Produktlebenszyklus-Konzept, in: Datenverarbeitung, Steuer, Wirtschaft, Recht, 16. Jg. (1987), H. 8, S. 167 - 169.

BAETGE, JÖRG: Lernprozesse, betriebliche, in: Grochla, Erwin / Wittmann, Waldemar (Hrsg.): Handwörterbuch der Betriebswirtschaft, Bd. 2, 4. Aufl., Stuttgart 1975, Sp. 2496 - 2504.

BAIN, JOE S.: Barriers to New Competition, Cambridge 1956.

BAIN, JOE S.: Industrial Organization, New York, London 1968.

BALL, LAURENCE / ROMER, DAVID: Inflation and the Informativeness of Prices, National Bureau of Economic Research, Working Paper No. 4267, Cambridge MA 1993.

BARTLING, HARTWIG: Leitbilder der Wettbewerbspolitik, München 1980.

BASS, FRANK M.: A New Product Growth Model for Consumer Durables, in: Management Science, Vol. 15 (1969), No. 5, S. 215 - 227.

BASS, FRANK M.: The Relationship between Diffusion Rates, Experience Curves, and Demand Elasticities for Consumer Durable Technological Innovations, in: Journal of Business, Vol. 53 (1980), No. 3, Pt. 2, S. S51 - S67.

BAUER, HANS H.: Das Erfahrungskurvenkonzept, in: WiSt, 15. Jg. (1986), H. 1, S. 1 - 10.

BAUM, HERBERT: Der relevante Markt als Problem der Wettbewerbspolitik, in: Wirtschaft und Wettbewerb, 30. Jg. (1980), H. 6, S. 401 - 407.

BENTZ, THOMAS: Die Gewichte verschieben sich langfristig, in: absatzwirtschaft, 38. Jg. (1995), H.1, S. 13 - 16.

BERG, HARTMUT: funktionsfähiger Wettbewerb, in: Vahlens großes Wirtschaftslexikon, Bd. 1, 2. Aufl., München 1993a, S. 746.

BERG, HARTMUT: Internationale Wettbewerbsfähigkeit und nationale Zusammenschlußkontrolle, Köln 1985.

BERG, HARTMUT: Marktergebnis, in: Vahlens großes Wirtschaftslexikon, Bd. 2, 2. Aufl., München 1993b, S. 1399 - 1400.

BERG, HARTMUT: Marktphase, in: Vahlens großes Wirtschaftslexikon, Bd. 2, 2. Aufl., München 1993c, S. 1406 - 1407.

BERG, HARTMUT: Wettbewerb, in: Vahlens großes Wirtschaftslexikon, Bd. 2, 2. Aufl., München 1993d, S. 2354 - 2355.

BERG, HARTMUT: Wettbewerbspolitik, in: Vahlens Kompendium der Wirtschaftstheorie und Wirtschaftspolitik, Bd. 2, 6. Aufl., München 1995, S. 239 - 300.

BERG, HARTMUT: Zur (Un-)Brauchbarkeit des Marktanteils als Marktmachtindikator, in: Wettbewerb in Recht und Praxis, 32. Jg. (1986), Nr. 4, S. 187 - 191.

BERGER, MANFRED: Branchenreport: Elektrische Haushaltsgeräte, in: ifo-Schnelldienst, 48. Jg. (1995b), Nr. 15, S. 13 - 19.

BERGER, MANFRED: Deutsche Elektroindustrie konnte Wettbewerbsposition insgesamt halten - Elektronik bleibt schwach, in: ifo-Schnelldienst, 48. Jg. (1995a), Nr. 12, S. 19 - 25.

BERGER, MANFRED: Elektroindustrie: Strukturwandlungen und Entwicklungsperspektiven, hrsg. vom ifo-Institut für Wirtschaftsforschung, Schriftenreihe Struktur und Wachstum, Reihe Industrie, Heft 47, Berlin, München 1993.

BERGER, MANFRED: Elektrotechnische Industrie, hrsg. vom ifo-Institut für Wirtschaftsforschung, Schriftenreihe Struktur und Wachstum, Reihe Industrie, Heft 38, Berlin, München 1984.

BIERACH, BARBARA: Ein klares Jein, in: Wirtschaftswoche, 49. Jg. (1995), Nr. 11, S. 70 - 77.

BIRKHOLZ, PETER: Wechselwirkungen zwischen Produktqualität und Prüfmethodik, dargestellt am Beispiel des Prüfprogramms Geschirrspülmaschinen der Stiftung Warentest, in: Garbe, Detlef / Grothe-Senf, Anja (Hrsg.): Bürgerbeteiligung in der Verbraucherinformationspolitik, Frankfurt a.M., New York 1986, S. 185 - 189.

BÖBEL, INGO: Wettbewerb und Industriestruktur, Studies in Contemporary Economics, Berlin u.a. 1984.

BÖCKEM, SABINE: Theorie der horizontalen Produktdifferenzierung, Bergisch Gladbach, Köln 1992.

BOHN, ANDREAS: Differenzierungsstrategien, München 1993.

BOMBACH, GOTTFRIED: Probleme der Produktivitätsmessung, in: Konjunkturpolitik, 5. Jg. (1959), H. 6, S. 321 - 343.

BOMBACH, GOTTFRIED: Wohlstandsmessung und Wohlstandsmehrung: Produktivitätsdebatte einst und heute, in: Zeitschrift für Wirtschafts- und Sozialwissenschaften, 111. Jg. (1991), S. 1 - 26.

BOULDING, WILLIAM / LEE, EUNKYU / STAELIN, RICHARD: Mastering the Mix: Do Advertising, Promotion, and Sales Force Activities Lead to Differentiation?, in: Journal of Marketing Research, Vol. 31 (1994), S. 159 - 172.

BRAUN, WOLFRAM: Wettbewerbseffekte und ordnungspolitische Konsequenzen unternehmerischer Innovationen, in: Dichtl, Erwin / Gerke, Wolfgang / Kieser, Alfred (Hrsg.): Innovation und Wettbewerbsfähigkeit, Wiesbaden 1987, S. 17 - 31.

BREITENACHER, MICHAEL / KNÖRDEL, KLAUS-DIETER / SCHEDL, HANS / SCHOLZ, LOTHAR: Elektrotechnische Industrie, hrsg. vom ifo-Institut für Wirtschaftsforschung, Schriftenreihe Struktur und Wachstum, Reihe Industrie, Heft 21, Berlin, München 1974.

BROCKHOFF, KLAUS: A Test for the Product Life Cycle, in: Econometrica, Vol. 35 (1967), No. 3-4, S. 472 - 484.

BRUHN, MANFRED: Anforderungen des Marktes, in: Masing, Walter (Hrsg.): Handbuch Qualitätsmanagement, 3. Aufl., München, Wien 1994a, S. 331 - 354.

BRUHN, MANFRED: Das Konzept des Markentypenlebenszyklus, in: Markenartikel, 56. Jg. (1994b), H. 9. S. 416 - 421.

BURNS, ARTHUR F.: Production Trends in the United States since 1870, New York 1934.

CASPERS, ROLF: Preisindex des Bruttoinlandsproduktes, in: Vahlens großes Wirtschaftslexikon, Bd. 2, 2. Aufl., München 1993a, S. 1687.

CASPERS, ROLF: Preisindex für die Lebenshaltung, in: Vahlens großes Wirtschaftslexikon, Bd. 2, 2. Aufl., München 1993b, S. 1687.

CASSON, MARK: The Entrepreneur. An Economic Theory, Oxford 1982.

CAVES, RICHARD E. / GREENE, DAVID P.: Brand's Quality Levels, Prices, and Advertising Outlays: Empirical Evidence on Signals and Information Costs, in: International Journal of Industrial Organization, Vol. 14 (1996), S. 29 - 52.

CHAMBERLIN, EDWARD H.: The Theory of Monopolistic Competition, Cambridge 1933.

COENENBERG, ADOLF G. / FISCHER, THOMAS / SCHMITZ, JOCHEN: Target Costing und Product Life Cycle Costing als Instrumente des Kostenmanagements, in: Zeitschrift für Planung, 5. Jg. (1994), H. 1, S. 1 - 38.

CONRAD, CECILIA A.: The Advantage of Being First and Competition between Firms, in: International Journal of Industrial Organization, Vol. 1 (1983), S. 353 - 364.

COX, WILLIAM E.: Product Life Cycles as Marketing Models, in: The Journal of Business, Vol. 40 (1967), No. 4, S. 375 - 384.

CRONBACH, LEE J. / MEEHL, PAUL E.: Construct Validity in Psychological Tests, in: Psychological Bulletin, Vol. 52 (1955), No. 4, S. 281 - 302.

CZERWONKA, CHRISTINE / SCHÖPPE, GÜNTER: Die Distribution Elektrotechnischer Konsumgüter in der Bundesrepublik Deutschland. Eine Untersuchung über Preise und Handelsspannen sowie die Konzentrationsentwicklung und ihre Auswirkungen auf den Wettbewerb, Untersuchung im Auftrag der Kommission der Europäischen Gemeinschaften, Frankfurt a.M. 1980.

DEATON, ANGUS: Quality, Quantity, and Spatial Variation of Price, LSMS Working Paper, No. 30, Washington D.C. 1988.

DEUTSCHE BUNDESBANK (HRSG.): Statistisches Beiheft zum Monatsbericht, Nr. 4, Saisonbereinigte Wirtschaftszahlen, verschiedene Jahre.

DHALLA, NARIMAN K. / YUSPEH, SONIA: Forget the product life cycle concept!, in: Harvard Business Review, Vol. 54 (1976), No. 1, S. 102 - 112.

DICHTL, ERWIN: Möglichkeiten einer monetären Bewertung von Produkteigenschaften, in: Marketing Zeitschrift für Forschung und Praxis, 6. Jg. (1984), H. 2, S. 121 - 128.

DICHTL, ERWIN: Weswegen im Wettbewerb Zeit zählt, in: WiSt, 24. Jg. (1995), H. 1, S. 33 - 34.

DILLER, HERMANN: Die Preis-Qualitäts-Relation von Konsumgütern im 10-Jahresvergleich, in: Die Betriebswirtschaft, 48. Jg. (1988), H. 2, S. 195 - 200.

DILLER, HERMANN: Preispolitik, Stuttgart u.a. 1985.

DILLER, HERMANN: Preisstrategie, in: Vahlens großes Wirtschaftslexikon, Bd. 2, 2. Aufl., München 1993, S. 1693 - 1694.

DIN 66052: Warentest - Begriff, Nov. 1971.

DIW (HRSG.): Produktionsvolumen und -potential, Produktionsfaktoren des Bergbaus und des Verarbeitenden Gewerbes in der Bundesrepublik Deutschland, verschiedene Folgen.

DIXON, ROBERT: Concentration Ratios and International Trade, Research Paper Number 200, Department of Economics of the University of Melbourne, Melbourne 1988.

DOCKNER, ENGELBERT J. / FEICHTINGER, GUSTAV: Oligopolistisches Preismanagement bei Lerneffekten und Überkapazitäten, in: ZfB, 60. Jg. (1990), H. 1, S. 7 - 19.

DOLAN, ROBERT J. / JEULAND, ABEL P.: Experience Curves and Dynamic Demand Models: Implications for Optimal Pricing Strategies, in: Journal of Marketing, Vol. 45 (1981), S. 52 - 62.

E DIN ISO 8402: Qualität - Begriffe, April 1989.

EATON, B. CURTIS / LIPSEY, RICHARD G.: Product Differentiation, in: Schmalensee, Richard / Willig, Robert D. (Hrsg.): Handbook of Industrial Organization, Vol. 1, Amsterdam u.a. 1989, S. 723 - 768.

ECKEL, GERNOT: Qualitätskosten - neu betrachtet, in: Wildemann, Horst (Hrsg.): Qualität und Produktivität: Erfolgsfaktoren im Wettbewerb, Frankfurt a.M. 1994, S. 183 - 197.

ECKERT, RAINER / MANGOLD, PETRA: Design von Anfang an, in: absatzwirtschaft, 37. Jg. (1994), Nr. 9, S. 66 - 70.

EHRMANN, THOMAS: Unternehmungen, Unternehmerfunktion und Transaktionskostenökonomie, in: ZfB, 60. Jg. (1990), H. 8, S. 837 - 849.

EICKHOF, NORBERT: Marktstruktur und Wettbewerbsprozeß, in: Ordo. Jahrbuch für die Ordnung von Wirtschaft und Gesellschaft, Bd. 43 (1992), S. 173 - 192.

ERBER, GEORG / HAID, ALFRED: Totale Faktorproduktivität in der Bundesrepublik Deutschland (1970 - 1989), in: Jahrbuch für Nationalökonomie und Statistik, Vol. 210 (1992), Nr. 5-6, S. 385 - 411.

ERBER, GEORG: Zur Entwicklung der Totalen Faktorproduktivität in den Wirtschaftszweigen der Bundesrepublik Deutschland, in: DIW Wochenbericht, 56. Jg. (1989), H. 8, S. 83 - 88.

FABRICANT, SOLOMON: The Output of Manufacturing Industries 1899 - 1933, New York 1940.

FEHL, ULRICH / SCHREITER, CARSTEN: Neuere Entwicklungen in der Preistheorie, in: WiSt, 22. Jg. (1993), H. 6, S. 276 - 285.

FISCHER, THOMAS M. / SCHMITZ, JOCHEN: Marktorientierte Kosten- und Qualitätsziele gleichzeitig erreichen, in: io Management Zeitschrift, 63. Jg. (1994), Nr. 10, S. 63 - 68.

FLACHSMANN, SABINE: Im Blickpunkt: Industrial Designer, in: Marketing und Kommunikation, 23. Jg. (1995), H. 6, S. 35.

FRIEDRICHS, JÜRGEN: Methoden empirischer Sozialforschung, Reinbek bei Hamburg 1973.

FRITZ, WOLFGANG / HILGER, HARALD / RAFFÉE, HANS / SILBERER, GÜNTER / FÖRSTER, FRIEDRICH: Testnutzung und Testwirkungen im Bereich der Konsumgüterindustrie, in: Raffée, Hans / Silberer, Günter (Hrsg.): Warentest und Unternehmen, Frankfurt a.M., New York 1984, S. 27 - 114.

FRITZ, WOLFGANG: Warentest und Konsumgüter-Marketing, Wiesbaden 1984.

FROMM, PETER M.: Die Produkt-Lebenskurve, in: Der Marktforscher, 13. Jg. (1969), H. 1, S. 12 - 15.

FÜRTJES, HEINZ-THEO: Das Gestaltungspotential von Instrumenten der empirischen Wirtschafts- und Sozialforschung, Berlin 1982.

GARBE, DETLEF / GROTHE-SENF, ANJA (HRSG.): Bürgerbeteiligung in der Verbraucherinformationspolitik, Frankfurt a.M., New York 1986.

GARVIN, DAVID A.: What Does "Product Quality" Really Mean?, in: Sloan Management Review, Fall 1984, S. 25 - 43.

GEDENK, KAREN / SKIERA, BERND: Marketing-Planung auf der Basis von Reaktionsfunktionen, in: WiSt, 22. Jg. (1993), H. 12, S. 637 - 641.

GERBERICH, CLAUS W. / SILBERG, IRIS B.: Stärkung der Wettbewerbsfähigkeit durch gezieltes Kostenmanagement, in: Deutsches Steuerrecht, 33. Jg. (1995), H. 20, S. 779 - 783.

GESELLSCHAFT FÜR KONSUMFORSCHUNG (HRSG.): Welchen Praxiswert hat der Produktlebenszyklus, GfK-Sonderdienst Nr. 7 (1973).

GORT, MICHAEL / KLEPPER, STEVEN: Time Paths in the Diffusion of Product Innovations, in: The Economic Journal, Vol. 92 (1982), S. 630 - 653.

GÖRZIG, BERND / PUSSE, LEO / WEIß, JÖRG-PETER: Produktion, Produktivität und Erwerbstätige in den Wirtschaftszweigen der Bundesrepublik Deutschland bis 1985, in: DIW, Vierteljahreshefte zur Wirtschaftsforschung, Jahrgang 1980, H. 2, S. 180 - 190.

GRASKAMP, RAINER / SIEBE, THOMAS: Produktivitätsrechnungen für die achtziger Jahre: Konzepte und Ergebnisse, in: RWI-Mitteilungen, 45. Jg. (1994), S. 61 - 73.

GROß, HERMANN / MEIER, JENS: Größe und Größenstruktur der Unternehmen, Köln u.a. 1964.

GÜTH, WERNER: Markt- und Preistheorie, Berlin u.a. 1994.

HANSEN, URSULA: Stilbildung als absatzwirtschaftliches Problem der Konsumgüterindustrie, Berlin 1969.

HARDES, HEINZ-DIETER: Preisverhalten im Oligopol - Ein anwendungsorientierter Überblick, in: WiSt, 21. Jg. (1992), H. 5, S. 224 - 230.

HART, DIETER: Warentest, Preisvergleich und Testwerbung. Zur neueren delikts- und wettbewerbsrechtlichen Entwicklung in der Rechtsprechung, in: Wettbewerb in Recht und Praxis, 32. Jg. (1986), Nr. 10, S. 515 - 524.

HAUBROCK, MANFRED: Konzentration und Wettbewerbspolitik, Frankfurt a.M. u.a. 1994.

HAYES, ROBERT H. / WHEELWRIGHT, STEVEN C.: Link, Manufacturing Process and Product Life Cycle, in: Harvard Business Review, Vol. 57 (1979), S. 133 - 140.

HENDERSON, BRUCE D.: Die Erfahrungskurve in der Unternehmensstrategie, Frankfurt a.M. 1974.

HERBST, MANFRED: Betriebswirtschaftliche Produktivitätsrechnung, Fuchsstadt 1993.

HERDZINA, KLAUS: Wirtschaftliches Wachstum, Strukturwandel und Wettbewerb, Berlin 1981.

HERRMANN, ANDREAS: Produktqualität, Kundenzufriedenheit und Unternehmensrentabilität, in: Bauer, Hans H. / Diller, Hermann (Hrsg.): Wege des Marketing, Berlin 1995, S. 237 - 247.

HEUß, ERNST: Grundelemente der Wirtschaftstheorie, Göttingen 1970.

HEUß, ERNST: Allgemeine Markttheorie, Tübingen 1965.

HILDEBRANDT, LUTZ: Kausalanalytische Validierung in der Marketingforschung, in: Marketing ZFP, 6. Jg. (1984), H. 1, S. 41 - 51.

HOFFMANN, KLAUS: Der Produktlebenszyklus, Freiburg i.Br. 1972.

HOFFMANN, WALTHER: Wachstum und Wachstumsformen der englischen Industriewirtschaft von 1700 bis zur Gegenwart, Jena 1940.

HOFMAIER, RICHARD: Strategische Sortimentsentscheidungen, in: Wieselhuber, Norbert / Töpfer, Armin (Hrsg.): Strategisches Management, Landsberg a.L. 1984, S. 213 - 237.

HOFMANN, HERBERT U.A.: Produktentwicklung in der britischen, irischen und deutschen Industrie, in: ifo-Schnelldienst, 49. Jg. (1996), Nr. 24, S. 11 - 19.

HÖFT, UWE: Lebenszykluskonzepte, Berlin 1992.

HOPPMANN, ERICH: Von der Preistheorie zur Wettbewerbstheorie, in: Ordo. Jahrbuch für die Ordnung von Wirtschaft und Gesellschaft, Bd. 17 (1966), S. 369 - 381.

HOTELLING, HAROLD: Stability in Competition, in: Economic Journal, Vol. 39 (1929), S. 41 - 57.

HUPPERT, WALTER: Elektroindustrie, in: Handwörterbuch der Sozialwissenschaften, Bd. 3, Stuttgart u.a. 1961, S. 189 - 198.

HÜTTEL, KLAUS: Was wird aus der Produktpolitik?, in: absatzwirtschaft, 37. Jg. (1994), Sondernr. Okt., S. 154 - 164.

HÜTTENRAUCH, ROLAND: Einige Einflüsse der Rechtsprechung auf die Arbeitsmethodik der Siftung Warentest, in: Horn, Norbert / Piepenbrock, Hartwig (Hrsg.): Vergleichender Warentest, Landsberg a.L. 1986, S. 25 - 36.

IG-METALL (HRSG.): Branchenanalyse Elektrotechnische- und EDV-Industrie, Frankfurt a.M. 1990.

JACOB, HERBERT: Preistheorie, in: Handwörterbuch der Betriebswirtschaft, Bd. 2, 5. Aufl., Stuttgart 1993, Sp. 3293 - 3308.

JAHRESSCHAU DER DEUTSCHEN INDUSTRIE: Die Elektro-Industrie, Elektronik und ihre Helfer, verschiedene Jahre.

JAIN, DIPAK C. / RAO, RAM C.: Effect of Price on the Demand for Durables: Modeling, Estimation and Findings, in: Journal of Business & Economic Statistics, Vol. 8 (1990), No. 2, S. 163 - 170.

JUDD, KENNETH L. / RIORDAN, MICHAEL H.: Price and Quality in a New Product Monopoly, in: Review of Economic Studies, Vol. 61 (1994), No. 209, S. 773 - 789.

KAAS, KLAUS P.: Diffusion und Marketing, Stuttgart 1973.

KALUZA, BERND: Erzeugniswechsel als unternehmenspolitische Aufgabe, Berlin 1989.

KAMISKE, GERD F. / BRAUER, JÖRG-PETER: Qualitätsmanagement von A bis Z: Erläuterungen moderner Begriffe des Qualitätsmanagements, 2. Aufl., München, Wien 1995.

KANTZENBACH, ERHARD / KRÜGER, REINALD: Zur Frage der richtigen Abgrenzung des sachlich relevanten Marktes bei der wettbewerbspolitischen Beurteilung von Unternehmenszusammenschlüssen, in: Wirtschaft und Wettbewerb, 40. Jg. (1990), H. 6, S. 472 - 481.

KARLÖF, BENGT / ÖSTBLOM, SVANTE: Das Benchmarking-Konzept, Wegweiser zur Spitzenleistung in Qualität und Produktivität, München 1994.

KAUFER, ERICH: Industrieökonomik, München 1980.

KAUFER, ERICH: Neue Wettbewerbstheorie, in: Bombach, Gottfried / Gahlen, Bernhard / Ott, Alfred E. (Hrsg.): Probleme der Wettbewerbstheorie und -politik, Tübingen 1976, S. 199 - 222.

KAUFER, ERICH: Nochmals: Von der Preistheorie zur Wettbewerbstheorie, in: Ordo. Jahrbuch für die Ordnung von Wirtschaft und Gesellschaft, Bd. 18 (1967), S. 95 - 114.

KAYSEN, CARL: Industrial Concentration in the United States, in: Arnd, Helmut (Hrsg.): Die Konzentration in der Wirtschaft, Schriften des Vereins für Socialpolitik, NF Bd. 20/I, Berlin 1960.

KELLERER, HANS / SCHAICH, EBERHARD: Statistische Probleme der Erfassung von Konzentrationsphänomenen, in: Arndt, Helmut (Hrsg.): Die Konzentration in der Wirtschaft, Schriften des Vereins für Socialpolitik, NF Bd. 20/I, 2. Aufl., Berlin 1971, S. 41 - 74.

KIESER, ALFRED: Unternehmungswachstum und Produktinnovation, Berlin 1970.

KILGER, WOLFGANG / KARL, OTFRIED: Industrie und Konzentration, in: Arndt, Helmut (Hrsg.): Die Konzentration in der Wirtschaft, Schriften des Vereins für Socialpolitik, NF Bd. 20/II, 2. Aufl., Berlin 1971, S. 401 - 434.

KING, ALGIN B. / KING, JOYCE P.: The Theoretical Product Life Cycle: The Case of the Automobile, in: Atlantic Economic Society (ed.): Best Papers Proceedings, Vol. 2 (1992), No. 1, S. 123 - 127.

KIRZNER, ISRAEL M.: Equilibrium versus Market Process, in: Dolan, E. G. (ed.): The Foundations of Modern Austrian Economics, Kansas City 1976, S. 115 - 125.

KIRZNER, ISRAEL M.: Wettbewerb und Unternehmertum, Tübingen 1978.

KNIGHT, FRANK H.: Risk, Uncertainty and Profit, Chicago, London 1971.

KOLARIK, WILLIAM J.: Creating Quality: Concepts, Systems, Strategies, and Tools, New York u.a. 1995.

KONERT, FRANZ-JOSEF: Vermittlung emotionaler Erlebniswerte, Heidelberg, Wien 1986.

KOOPMANS, TJALLING C. / UZAWA, HIROFUMI: Constancy and Constant Differences of Price Elasticities of Demand, in: Chipman, John S. / McFadden, Daniel / Richter, Marcel K. (eds.): Preferences, Uncertainty, and Optimality, Boulder u.a. 1990, S. 3 - 43.

KOPPELMANN, UDO: Produktmarketing, 4. Aufl., Berlin u.a. 1993.

KORTMANN, WALTER: Diffusion, Marktentwicklung und Wettbewerb, Frankfurt a.M. u.a. 1995a.

KORTMANN, WALTER: Zusammenhänge zwischen Gesamt-, Grenz- und Durchschnittskosten, in: WISU, 24. Jg. (1995b), H. 4, S. 287 - 292.

KOTLER, PHILIP: Marketing-Management, 4. Aufl., Stuttgart 1982.

KRAMER, FRIEDHELM: Innovative Produktpolitik, Berlin u.a. 1987.

KRUSE, ALBRECHT: Die Produktdifferenzierung in Theorie und Praxis, Freiburg i.Br. 1960.

KRÜSSELBERG, HANS-GÜNTER: Organisationstheorie, Theorie der Unternehmung und Oligopol, Berlin 1965.

KUZNETS, SIMON S.: Secular Movements in Production and Prices, New York 1967 (Nachdruck der Ausgabe von 1930).

LADEMANN, RAINER P.: Methodologische und erfahrungswissenschaftliche Probleme bei der Abgrenzung des relevanten Marktes, in: Wirtschaft und Wettbewerb, 38. Jg. (1988), H. 7+8, S. 575 - 586.

LAMPE, HANS-ECKHARD: Wettbewerb, Wettbewerbsbeziehungen, Wettbewerbsintensität, Baden-Baden 1979.

LANGE, BERND: Die Erfahrungskurve: Eine kritische Beurteilung, in: ZfbF, 36. Jg. (1984), H. 3, S. 229 - 245.

LAßMANN, GERT: Produktivität, in: Grochla, Erwin / Wittmann, Waldemar (Hrsg.): Handwörterbuch der Betriebswirtschaft, Bd. 2, 4. Aufl., Stuttgart 1975, Sp. 3164 - 3169.

LAUNHARDT, WILHELM: Mathematische Begründung der Volkswirtschaftslehre, Leipzig 1885.

LEVITT, THEODORE: Innovative Imitation, in: Harvard Business Review, Vol. 44 (1966), S. 63 - 70.

LINK, ULRICH: Strategische Konkurrenzanalyse im Konsumgütermarketing, Idstein 1988.

LOO, KAI VAN DE: Marktstruktur und Wettbewerbsbeschränkung, Frankfurt a.M. 1993.

LÖSENBECK, IMKE / REITER, GERHARD: Die Wirkung des vergleichenden Warentests auf die Produktentwicklung, in: Jahrbuch der Absatz- und Verbrauchsforschung, 38. Jg. (1992), H. 1, S. 54 - 67.

MARN, MICHAEL V. / ROSIELLO, ROBERT L.: Balanceakt auf der Preistreppe, in: Harvard manager, Vol. 15 (1993), No. 2, S. 46 - 56.

MASING, WALTER: Das Unternehmen im Wettbewerb, in: Masing, Walter (Hrsg.): Handbuch Qualitätsmanagement, 3. Aufl., München, Wien 1994, S. 3 - 16.

MEFFERT, HERIBERT: Interpretation und Aussagewert des Produktlebenszyklus-Konzeptes, in: Hammann, Peter / Kroeber-Riel, Werner / Meyer, Carl W. (Hrsg.): Neuere Ansätze der Marketing-Theorie, Berlin 1974, S. 85 - 134.

MEINHOLD, HELMUT: Wirtschaftspolitik und Konzentration in der BRD, in: Arndt, Helmut (Hrsg.): Die Konzentration in der Wirtschaft, Schriften des Vereins für Socialpolitik, NF Bd 20/II, 2. Aufl., Berlin 1971, S. 65 - 75.

MENSCH, GERHARD: Das technologische Patt, Frankfurt a.M. 1975.

MEYER, BERND: Aggregation von Portfoliopositionen, in: Zeitschrift für Planung, 6. Jg. (1995) H. 2, S. 141 - 154.

MICKWITZ, GÖSTA: Marketing and Competition, Helsingfors 1959.

MONOPOLKOMMISSION: Hauptgutachten 1973/1975: Mehr Wettbewerb ist möglich, 2. Aufl. Baden-Baden 1977.

MONOPOLKOMMISSION: Hauptgutachten 1976/1977: Fortschreitende Konzentration bei Großunternehmen, Baden-Baden 1978.

MONOPOLKOMMISSION: Hauptgutachten 1978/1979: Fusionskontrolle bleibt vorrangig, Baden-Baden 1980.

MONOPOLKOMMISSION: Hauptgutachten 1980/1981: Fortschritte bei der Konzentrationserfassung, Baden-Baden 1982.

MONOPOLKOMMISSION: Hauptgutachten 1982/1983: Ökonomische Kriterien für die Rechtsanwendung, Baden-Baden 1984.

MONOPOLKOMMISSION: Hauptgutachten 1984/1985: Gesamtwirtschaftliche Chancen und Risiken wachsender Unternehmensgrößen, Baden-Baden 1986.

MONOPOLKOMMISSION: Hauptgutachten 1986/87: Die Wettbewerbsordnung erweitern, Baden-Baden 1988.

MONOPOLKOMMISSION: Hauptgutachten 1988/89: Wettbewerbspolitik vor neuen Herausforderungen, Baden-Baden 1990.

MONOPOLKOMMISSION: Hauptgutachten 1990/1991: Wettbewerbspolitik oder Industriepolitik, Baden-Baden 1992.

MONOPOLKOMMISSION: Hauptgutachten 1992/1993: Mehr Wettbewerb auf allen Märkten, Baden-Baden 1994.

MONOPOLKOMMISSION: Hauptgutachten 1994/1995: Wettbewerbspolitik in Zeiten des Umbruchs, Baden-Baden 1996.

MORTON, JOHN / DEVINE JR., HUGH J.: Commonly Observed Price Curves, in: Business Marketing, Vol. 72 (1987a), No. 5, S. 97 - 98.

MORTON, JOHN / DEVINE JR., HUGH J.: Price Measurements That Hit or Miss, in: Business Marketing, Vol. 72 (1987b), No. 5, S. 104 - 107.

MOSER, KLAUS / DONAT, MICHAEL / SCHULER, HEINZ / FUNKE, UWE: Gütekriterien von Arbeitsanalyseverfahren, in: Zeitschrift für Arbeitswissenschaft, 43. Jg. (1989), S. 65 - 72.

MÜLLER, HELMUT: Service-Differenzierung: Was nimmt der Kunde wahr?, in: absatzwirtschaft, 38. Jg. (1995), Sondernr. Okt., S. 184 - 190.

MÜLLER, JÜRGEN / HOCHREITER, ROLF: Stand und Entwicklungstendenzen der Konzentration in der Bundesrepublik Deutschland, Göttingen 1975.

MÜLLER, UDO: Wettbewerb, Unternehmenskonzentration und Innovation, Göttingen 1975.

MÜLLER-HAGEDORN, LOTHAR: Das Konsumentenverhalten, Wiesbaden 1986.

MÜLLER-HAGEDORN, LOTHAR / SEWING, EVA / TOPOROWSKI, WALDEMAR: Zur Validität von Conjoint-Analysen, in: Zeitschrift für betriebswirtschaftliche Forschung, 45. Jg. (1993), H. 2, S. 123 - 148.

NESTLER, HERMANN / SCHMISSRAUTER, WALTER: Methoden und Erfahrungen zur vorbeugenden Qualitätssicherung im F&E-Prozeß in der Bosch-Siemens-Hausgeräte GmbH, in: Wildemann, Horst (Hrsg.): Qualität und Produktivität: Erfolgsfaktoren im Wettbewerb, Frankfurt a.M. 1994, S. 57 - 67.

NETT, LORENZ: Preisindices, in: WISU, 24. Jg. (1995), H. 1, S. 38 - 40.

NEUMANN, CARL WOLFGANG: Allgemeine Wettbewerbstheorie und Preismißbrauchsaufsicht, Darmstadt 1983.

OBERENDER, PETER: Marktdynamik und internationaler Handel, Tübingen 1988.

OBERENDER, PETER: Marktformen, in: Vahlens großes Wirtschaftslexikon, Bd. 2, 2. Aufl., München 1993a, S. 1400.

OBERENDER, PETER: Preisbildung, in: Vahlens großes Wirtschaftslexikon, Bd. 2, 2. Aufl., München 1993b, S. 1681 - 1682.

OBERENDER, PETER: Unternehmer, in: Vahlens großes Wirtschaftslexikon, Bd. 2, 2. Aufl., München 1993c, S. 2172.

ODENWALD, GERHARD: Bilanzanalysen - branchenbezogen, Wiesbaden 1976, S. 26 - 33.

OPPENLÄNDER, KARL HEINRICH: Zur empirischen Überprüfung der Ansporwirkung des Patentwesens, in: Bombach, Gottfried / Gahlen, Bernhard / Ott, Alfred E. (Hrsg.): Industrieökonomik: Theorie und Empirie, Schriftenreihe des Wirtschaftswissenschaftlichen Seminars Ottobeuren, Bd. 14, Tübingen 1985, S. 193 - 205.

OTT, ALFRED E.: Grundzüge der Preistheorie, 3. Aufl., Göttingen 1984.

O.V.: Die Kühlschrankindustrie, in: WZB-Mitteilungen, 1994a, Nr. 66, S. 50 - 53.

O.V.: Kaufkraft der Lohnminute: Größte Vorteile bei Industriegütern, in: Institut der deutschen Wirtschaft (Hrsg.): Informationsdienst des iwd, 20. Jg. (1994b), Nr. 26, S. 2.

O.V.: Preis, in: Vahlens großes Wirtschaftslexikon, Bd. 2, 2. Aufl., München 1993, S. 1678.

PACK, LUDWIG: Elastizität, in: Grochla, Erwin / Wittmann, Waldemar (Hrsg.): Handwörterbuch der Betriebswirtschaftslehre, Bd. 1, 4. Aufl., Stuttgart 1976, Sp. 1251 - 1259.

PATTON, ARCH: Top Management's Stake in the Product Life Cycle, in: Britt, Stuart H. / Boyd, Harper W. (eds.): Marketing-Management and Administrative Action, 2nd ed., New York u.a. 1968, S. 321 - 331.

PAUNIO, JOUKO: Verlangsamte Produktivitätsentwicklung in Europa, in: Unitas, 58. Jg. (1986), H. 3, S. 63 - 67.

PAYSON, STEVEN: Quality Measurement in Economics, Aldershot, Brookfield 1994.

PENROSE, EDITH T.: The Theory of the Growth of the Firm, 2nd ed., London, Worcester 1980.

PENZKOFER, HORST / SCHMALHOLZ, HEINZ / SCHOLZ, LOTHAR: Innovation, Wachstum und Beschäftigung, Berlin, New York 1989.

PETER, J. PAUL: Construct Validity: A Review of Basic Issues and Marketing Practices, in: Journal of Marketing Research, Vol. 18 (1981), No. 5, S. 133 - 145.

PETER, J. PAUL: Reliability: A Review of Psychometric Basics and Recent Marketing Practices, in: Journal of Marketing Research, Vol. 16 (1979), No. 2, S. 6 - 17.

PETERMANN, GÜNTER: Warentest, vergleichender, in: Grochla, Erwin / Wittmann, Waldemar (Hrsg.): Handwörterbuch der Betriebswirtschaftslehre, Bd. 3, 4. Aufl., Stuttgart 1976, Sp. 4347 - 4354.

PFÄHLER, WILHELM / WIESE, HARALD: Produktdifferenzierung im Oligopol, in: WISU, 20. Jg. (1991), Nr. 6, S. 459 - 463.

PFÄHLER, WILHELM / WIESE, HARALD: Qualitätswettbewerb im Oligopol - Vertikale Produktdifferenzierung, in: WISU, 21. Jg. (1992), Nr. 10, S. 792 - 803.

PFEFFER, JOACHIM: Berücksichtigung des internationalen Wettbewerbs bei der räumlichen Abgrenzung des relevanten Marktes, in: Wirtschaft und Wettbewerb, 36. Jg. (1986), H. 11, S. 853 - 861.

POHMER, DIETER / BEA, FRANZ XAVER: Konzentration, in: Handwörterbuch der Betriebswirtschaft, Bd. 2, 4. Aufl., Stuttgart 1975, Sp. 2220 - 2234.

POLLI, ROLANDO / COOK, VICTOR: Validity of the Product Life Cycle, in: The Journal of Business, Vol. 42 (1969), No. 4, S. 385 - 400.

POLSTER, REGINA: Absatzanalyse bei der Produktinnovation, Wiesbaden 1994.

PORTER, MICHAEL E.: Competitive Strategy, New York, London 1980.

PORTER, MICHAEL E.: Wettbewerbsstrategie, 7. Aufl., Frankfurt a.M., New York 1992.

PUSSE, LEO: Arbeitsproduktivität und Beschäftigung, Freiburg i.B. 1984.

RAFFÉE, HANS / FRITZ, WOLFGANG: Warentest: Beschleunigtes Verfahren, in: Wirtschaftswoche, 39. Jg. (1985), Nr. 16, S. 78 - 86.

RECKTENWALD, HORST CLAUS / SCHERER, FREDERIC M. / STOLPER, WOLFGANG F.: Schumpeters monumentales Werk - Wegweiser für eine dynamische Analyse, Düsseldorf 1988.

REUSS, GERHART E.: Produktivitätsanalyse, Tübingen 1960.

RIEZLER, STEPHAN: Lebenszyklusrechnung, Wiesbaden 1996.

ROBINSON, WILLIAM T. / FORNELL, CLAES: Sources of Market Pioneer Advantages in Consumer Goods Industries, in: Journal of Marketing Research, Vol. 22 (1985), S. 305 - 317.

ROGERS, EVERETT M.: Diffusion of Innovations, 3rd ed., New York 1983.

SANDER, MATHIAS: Ein Ansatz zur Bewertung von Marken - Theoretische Fundierung und empirische Umsetzung, in: Werbeforschung & Praxis, 38. Jg. (1993), H. 5, S. 163 - 171.

SAWALL, EDMUND: Die Unternehmenskonzentration in der Elektroindustrie, Diss. Karlsruhe 1963.

SCHÄFER, ERICH: Grundlagen der Marktforschung, 4. Aufl., Köln, Opladen 1966.

SCHEDL, HANS: Herstellung von elektrischen Hausgeräten, hrsg. vom ifo-Institut für Wirtschaftsforschung, Reihe: Entwicklung der Konzentration in ausgewählten Fachzweigen der Elektroindustrie der Bundesrepublik Deutschland von 1962 bis 1969, Gutachten im Auftrag der Kommission der Europäischen Gemeinschaften, München 1973.

SCHEUING, EBERHARD E.: Das Marketing neuer Produkte, Wiesbaden 1971.

SCHEWE, GERHARD: Die Innovation im Wettbewerb, in: ZfB, 62. Jg. (1992), H. 9, S. 967 - 988.

SCHEWE, GERHARD: Erfolg im Technologiemanagement, in: ZfB, 64. Jg. (1994), H. 8, S. 999 - 1026.

SCHLÖGL, HERWIG: Mehrproduktunternehmung, Marktentwicklung, Wettbewerb, Frankfurt a.M. 1972.

SCHMALEN, HELMUT: Das Bass-Modell zur Diffusionsforschung - Darstellung, Kritik und Modifikation, in: ZfbF, 41. Jg. (1989), Nr. 3, S. 210 - 226.

SCHMALEN, HELMUT: Marktöffnungsstrategien für Neuheiten, in: ZfB, 54. Jg. (1984), H. 12, S. 1191 - 1209.

SCHMID, STEFAN: Lernkurve, in: WISU, 24. Jg. (1995), H. 11, S. 917.

SCHMIDT, INGO / RITTALER, JAN B.: Marktphasen und Wettbewerb, in: WiSt, 16. Jg. (1987), H. 12, S. 597 - 602.

SCHMIDT, INGO / ELßER, STEFAN: Die Rolle des Markenartikels im marktwirtschaftlichen System, in: Dichtl, Erwin / Eggers, Walter (Hrsg.): Marke und Markenartikel als Instrumente des Wettbewerbs, München 1992, S. 47 - 69.

SCHMIDT, KUNIBERT: Marktstruktur und wirtschaftliche Entwicklung, Berlin 1972.

SCHMITT-RINK, GERHARD: Konsum-Dynamik, Göttingen 1967.

SCHMITZ, HORST: Mit Blick auf fremde Zahlen, in: absatzwirtschaft, 6. Jg. (1963), S. 234 - 236.

SCHNAARS, STEVEN P.: When Entering Growth Markets, Are Pioneers better than Proachers?, in: Business Horizons, Vol. 28 (1986), S. 27 - 36.

SCHNEIDER, DIETER: Allgemeine Betriebswirtschaftslehre, 3. Aufl., München, Wien 1987.

SCHNEIDER, DIETER: Unternehmerfunktionen oder Transaktionskostenökonomie als Grundlage für die Erklärung von Institutionen?, in: ZfB, 61. Jg. (1991), H. 3, S. 371 - 377.

SCHNELL, RAINER / HILL, PAUL B. / ESSER, ELKE: Methoden der empirischen Sozialforschung, 2. Aufl., München, Wien 1989.

SCHOENFELD, HANNS-MARTIN / MÖLLER, HANS PETER: Kostenrechnung, 8. Aufl., Stuttgart 1995.

SCHULER, WILMAR: Die Organisation der Forschung und Entwicklung in Großbetrieben der Elektrotechnik, Berlin 1970.

SCHUMPETER, JOSEPH ALOIS: Kapitalismus, Sozialismus und Demokratie, 3. Aufl., München 1972.

SCHUMPETER, JOSEPH ALOIS: Theorie der wirtschaftlichen Entwicklung, Leipzig 1912.

SCHUMPETER, JOSEPH ALOIS: Unternehmer, in: Handwörterbuch der Staatswissenschaften, Bd. 8, 4. Aufl., Jena 1928, S. 476 - 487.

SCHWARTAU, CORD: Phasenkonzepte, Unternehmensverhalten, Wettbewerb, Berlin 1977.

SEGHEZZI, HANS DIETER: Qualitätsmanagement, Schriften des Instituts für Betriebswirtschaft der Hochschule St. Gallen, Entwicklungstendenzen im Management, Bd. 10, Stuttgart, Zürich 1994.

SEIFRIED, DIETER: Umweltverträglichkeit von Geschirrspülmaschinen, in: Garbe, etlef / Grothe-Senf, Anja (Hrsg.): Bürgerbeteiligung in der Verbraucherinformationspolitik, Frankfurt a.M., New York 1986, S. 191 - 201.

SEITZ, TYCHO: Innovation, Marktdynamik und Preisbildung, in: Seitz, Tycho (Hrsg.): Wirtschaftliche Dynamik und Technischer Wandel, Stuttgart, New York 1989, S. 35 - 52.

SIEBER, GÜNTER: Betriebskonzentration, Unternehmenskonzentration und Konzernierung, Köln 1962.

SIEGWART, HANS / SENTI, RICHARD: Product Life Cycle Management, Stuttgart 1995.

SILBERER, GÜNTER / FÖRSTER, FRIEDRICH / RAFFÉE, HANS / FRITZ, WOLFGANG / HILGER, HARALD: Kontakte mit Testergebnissen der Stiftung Warentest und deren Verwendung im Konsumentenbereich - Ergebnisse verschiedener Umfragen, in: Silberer, Günter / Raffée, Hans (Hrsg.): Warentest und Konsument, Frankfurt a.M., New York 1984, S. 25 - 106.

SILBERER, GÜNTER: Pragmatische Qualitätsbeurteilung: Gesamtnoten in vergleichenden Warentestberichten vor dem Hintergrund empirischer Studien, in: Die Betriebswirtschaft, 45. Jg. (1985), Nr. 1, S. 62 - 76.

SIMON, HERMANN: Preismanagement, Wiesbaden 1982.

SIMON, HERMANN: Dynamics of Price Elasticity and Brand Life Cycles: An Empirical Study, in: Journal of Marketing Research, Vol. 16 (1979), S. 439 - 452.

SIMON, HERMANN: Preisstrategien für neue Produkte, Opladen 1976.

SIMON, HERMANN: Produktlebenszyklus und Preisstrategie, in: WiSt, 7. Jg. (1978), H. 3, S. 116 - 123.

SIMONIS, BERND: Die Aussagen der neueren Oligopolpreistheorie und ihre Bedeutung für die Wettbewerbspolitik, Meisenheim am Glan 1971.

SOBOTSCHINSKI, ARNIM: Zur Messung der Arbeitsproduktivität in der Wirtschaftsstatistik, in: Krengel, Rolf (Hrsg.): Neuere Methoden der Produktivitätsmessung, Göttingen 1973, S. 9 - 32.

STADLER, MANFRED: Die Bedeutung der Marktstruktur im Innovationsprozeß - Eine spieltheoretische Analyse des Schumpeterschen Wettbewerbs, in: Gahlen, Bernhard (Hrsg.): Strukturtheorie und Strukturforschung, Tübingen 1992, S. 187 - 237.

STATISTISCHES BUNDESAMT (HRSG.): Fachserie 4, Reihe 4.2.3., Konzentrationsstatistische Daten für den Bergbau und das Verarbeitende Gewerbe sowie das Baugewerbe, Stuttgart und Mainz, verschiedene Jahrgänge.

STATISTISCHES BUNDESAMT (HRSG.): Fachserie 4, Reihe S.9, Konzentrationsstatistische Daten für den Bergbau und das Verarbeitende Gewerbe, verschiedene Jahrgänge.

STATISTISCHES BUNDESAMT (HRSG.): Fachserie 4, Reihe 4.3.2., Kostenstruktur der Unternehmen im Investitionsgüter produzierenden Gewerbe, verschiedene Jahrgänge.

STATISTISCHES BUNDESAMT (HRSG.): Statistisches Jahrbuch für die Bundesrepublik Deutschland, verschiedene Jahre.

STATISTISCHES BUNDESAMT (HRSG.): Systematisches Güterverzeichnis für Produktionsstatistiken, Stuttgart, Mainz 1995, 1989, 1982.

STATISTISCHES BUNDESAMT (HRSG.): Systematisches Warenverzeichnis für die Industriestatistik, Stuttgart, Mainz 1975, 1970, 1967, 1963, 1957, 1952.

STEINBACH, WALTER: Qualitätsbezogene Kosten, in: Masing, Walter (Hrsg.): Handbuch Qualitätsmanagement, 3. Aufl., München, Wien 1994, S. 65 - 88.

STIFTUNG WARENTEST (HRSG.): test-Jahrbücher, verschiedene Jahre.

THÖRNER, HEINZ: Die volkswirtschaftliche Bedeutung der Elektroindustrie, in: Elektrotechnische Zeitschrift, 80. Jg. (1959), H. 1, S. 1 - 6.

TICHY, GUNTHER: The Product-Cycle revisited: Some Extensions and Clarifications, in: Zeitschrift für Wirtschafts- und Sozialwissenschaften (ZWS), 111. Jg. (1991), S. 27 - 54.

TÖRNQUIST, LARS: The Bank of Finland's Consumption Price Index, in: Bank of Finland Monthly Bulletin, Vol. 10 (1936), S. 1 - 8.

UNGER, RALPH: Messung und Analyse der Totalen Faktorproduktivität für 28 Sektoren der Bundesrepublik Deutschland, 1960 bis 1981, Frankfurt a.M., Bern, New York 1986.

UTTERBACK, JAMES M. / ABERNATHY, WILLIAM J.: A Dynamic Model of Process and Product Innovation, in: The International Journal of Management Science, Vol. 3 (1975), No. 6, S. 639 - 656.

VERSHOFEN, WILHELM: Zum Problem der Qualität, in: Markt und Verbrauch, 15. Jg. (1943), H. 1/2, S. 7 - 16.

VIDAL, MIGUEL: Erfahrungskurve und Technologiediffusion, in: WiSt, 25. Jg. (1996), H. 1, S. 43 - 46.

WABER, URS: Wie Jungunternehmen zu Erfolg kommen, in: io Management Zeitschrift, 58. Jg. (1989), Nr. 5, S. 76 - 80.

WEBER, MANFRED: Der Marktwert von Produkteigenschaften, Berlin 1986.

WEINHOLD-STÜNZI, HEINZ: Grundlagen wirtschaftlicher Absatzführung, Bern 1964.

WEISER, CHRISTOPH: Preisstrategien unter Berücksichtigung von Kapazitätsrestriktionen, Lagerhaltung und Investition, in: ZfB, 62. Jg. (1992), H. 5, S. 599 - 615.

WEISS, CHRISTOPH R.: Preisrigidität und Marktstruktur, Frankfurt a.M. u.a. 1993.

WELZEL, FALK: Die Elektroindustrie in der Bundesrepublik Deutschland, Köln 1974.

WIEANDT, AXEL: Die Theorie der dynamischen Unternehmerfunktionen, in: WiSt, 24. Jg. (1994a), H. 1, S. 20 - 24.

WIEANDT, AXEL: Versunkene Kosten und strategische Unternehmensführung, in: ZfB, 64. Jg. (1994b), H. 8, S. 1027 - 1044.

WIED-NEBBELING, SUSANNE: Markt- und Preistheorie, Heidelberg 1993.

WILDEMANN, HORST: Qualität steigern - Kosten senken, Aufgaben einer wirksamen Qualitätspolitik, in: Wildemann, Horst (Hrsg.): Rechnerunterstützte Informationssysteme in der Qualitätssicherung, München 1984, S. 5 - 16.

WILDEMANN, HORST: Qualität und Produktivität - Erfolgsfaktoren im Wettbewerb, in: Wildemann, Horst (Hrsg.): Qualität und Produktivität, Frankfurt a.M. 1994, S. 15 - 25.

WINDSPERGER, JOSEF: Der Unternehmer als Koordinator, in: ZfB, 61. Jg. (1991), H. 12, S. 1413 - 1429.

WINKLER, JÖRG: Kundendienst, in: Masing, Walter (Hrsg.): Handbuch Qualitätsmanagement, 3. Aufl., München, Wien 1994, S. 653 - 680.

WINTERLING, KLAUS: Marketingstrategien in stagnierenden Märkten, in: Wieselhuber, Norbert / Töpfer, Armin (Hrsg.): Strategisches Marketing, Landsberg a.L. 1984, S. 319 - 330.

WISSING, FRANZ-JOSEF: Elektroindustrie - Wege aus der Rezession, in: Wirtschaftsdienst, 73. Jg. (1993), Nr. 12, S. 620 - 622.

WISWEDE, GÜNTER: Die Psychologie des Markenartikels, in: Dichtl, Erwin / Eggers, Walter (Hrsg.): Marke und Markenartikel als Instrumente des Wettbewerbs, München 1992, S. 71 - 95.

WITT, ULRICH: Individualistische Grundlagen der evolutorischen Ökonomik, Tübingen 1987.

WITTIG, KLAUS-JÜRGEN: Qualitätsmanagement in der Praxis, 2. Aufl., Stuttgart 1994.

WURM, BRUNO: Arbeitsproduktivität und Einkommensverteilung in der Automobilindustrie, Frankfurt a.M. 1990.

ZEHBOLD, CORNELIA: Lebenszykluskostenrechnung, Wiesbaden 1996.

ZELLER, RICHARD A. / CARMINES, EDWARD G.: Measurement in the Social Sciences, Cambridge u.a. 1980.

ZIMMERMANN, KLAUS F.: Innovationsaktivität, Preisinflexibilität, Nachfragedruck und Marktstruktur, in: Bombach, Gottfried / Gahlen, Bernhard / Ott, Alfred E. (Hrsg.): Industrieökonomik: Theorie und Empirie, Schriftenreihe des Wirtschaftswissenschaftlichen Seminars Ottobeuren, Bd. 14, Tübingen 1985, S. 67 - 84.

ZIMMERMANN, LOUIS J.: The Propensity to Monopolize, Contributions to Economic Analysis II, Amsterdam 1952.

ZIMMERMANN, WERNER / FRIES, HANS-PETER: Betriebliches Rechnungswesen, 6. Aufl., München, Wien 1995.

ZOHLNHÖFER, WERNER: Marktstruktur und funktionsfähiger Wettbewerb - Versuch einer Erweiterung des Konzepts von Kantzenbach, in: Hamburger Jahrbuch für Wirtschafts- und Gesellschaftspolitik, 36. Jg. (1991), S. 71 - 85.

ZUBERBÜHLER, MAX: So entwickeln wir Erfolgsstrategien, in: io Management Zeitschrift, 56. Jg. (1987), Nr. 2, S. 97 - 100.

ZUBERBÜHLER, MAX: Wer sind die erfolgreichen Unternehmer?, in: io Management Zeitschrift, 58. Jg. (1989), Nr. 4, S. 31 - 34.

ZVEI (HRSG.): Die Elektrotechnische Industrie, Statistische Berichte, Frankfurt a.M., verschiedene Jahre.

ZVEI (HRSG.): Elektroeinkaufsführer, Mindelheim, verschiedene Jahre.

ZVEI (HRSG.): Statistische Mitteilungen, Produktions-Bericht, verschiedene Jahre.

ZVEI (HRSG.): Zahlenspiegel der deutschen Hausgeräteindustrie, verschiedene Jahre.

ZVEI (HRSG.): Zur Absatzentwicklung der elektrotechnischen Erzeugnisse, Berlin 1962.

DUV DeutscherUniversitätsVerlag
GABLER · VIEWEG · WESTDEUTSCHER VERLAG

Aus unserem Programm

Torsten George
Das Ladenschlußgesetz auf dem Prüfstand
Beschäftigungseffekte einer Flexibilisierung der Ladenöffnungszeiten
1996. XVIII, 261 Seiten, Broschur DM 98,-/ ÖS 715,-/ SFr 89,-
GABLER EDITION WISSENSCHAFT
ISBN 3-8244-6317-2
Im Mittelpunkt der Untersuchung steht die Beschäftigungswirkung einer Flexibilisierung der zeitlichen Betriebsbereitschaft. Bei den gegenwärtig diskutierten Modellen ist zu befürchten, daß es zu einem Beschäftigungsrückgang kommt. Der Autor zeigt Alternativen.

Stefan Huckemann
Finanzhilfen im kooperativen Föderalismus
1997. XIII, 268 Seiten, Broschur DM 98,-/ ÖS 715,-/ SFr 89,-
GABLER EDITION WISSENSCHAFT
ISBN 3-8244-6484-5
In einer finanztheoretischen und finanzpolitischen geht der Autor der Frage nach, welche Anforderungen an ein „Strukturhilfeprogramm" zu stellen sind, damit es sachadäquat ausgestaltet ist.

Sabine Krug
Korruption in verschiedenen Wirtschaftssystemen
Eine komparatorische Analyse
1997. XIV, 187 Seiten, Broschur DM 89,-/ ÖS 650,-/ SFr 81,-
GABLER EDITION WISSENSCHAFT
ISBN 3-8244-6446-2
Sabine Krug zeigt, daß Korruption in jedem Wirtschaftssystem vorkommt und sich lediglich nach Art und Umfang unterscheidet..

Volker Letzner
Integrationstheorie und monopolistische Konkurrenz
1997. XXI, 211 Seiten, Broschur DM 89,-/ ÖS 650,-/ SFr 81,-
GABLER EDITION WISSENSCHAFT
ISBN 3-8244-6506-X
Anhand von Modellen der neuen Handelstheorie und der neuen Wachstumstheorie arbeitet Volker Letzner Vor- und Nachteile der wirtschaftlichen Integrationsprozesse heraus.

DUV Deutscher Universitäts Verlag
GABLER · VIEWEG · WESTDEUTSCHER VERLAG

Frank Linde
Virtualisierung von Unternehmen
Wettbewerbspolitische Implikationen
1997. XV, 247 Seiten, Broschur DM 98,-/ ÖS 715,-/ SFr 89,-
GABLER EDITION WISSENSCHAFT
ISBN 3-8244-6528-0
Der Autor geht der Frage nach, ob Virtualisierung das Ende jeglicher wirtschaftlicher Ordnung bedeutet. Um handlungsfähig zu bleiben, muß sich die Wettbewerbspolitik künftig an einem modifizierten Konzept der Wettbewerbsfreiheit ausrichten.

Richard Reuter
Dumping aus marktökonomischer Sicht
1996. XX, 287 Seiten, Broschur DM 98,-/ ÖS 715,-/ SFr 89,-
GABLER EDITION WISSENSCHAFT
ISBN 3-8244-6329-6
Kern der Arbeit ist die Klärung des Phänomens "Dumping" mit umfassenden marktökonomischen Argumenten. Die Bedingungen für Dumping werden herausgearbeitet, so daß sein Auftreten auf bestimmten Märkten prognostiziert werden kann.

Arndt Rölike
Das Produktverbot
Eine ökonomische Analyse von § 17 ChemG und § 16 PflSchG
1997. XIX, 261 Seiten, Broschur DM 98,-/ ÖS 715,-/ SFr 89,-
GABLER EDITION WISSENSCHAFT
ISBN 3-8244-6478-0
Anhand zwei zentraler Anwendungsbereiche des Produktverbotes geht der Autor der Frage nach, unter welchen Voraussetzungen Verbote effizienzsteigernd und schadensmindernd sind und ob sie rechtspolitisch gerechtfertigt werden können.

Die Bücher erhalten Sie in Ihrer Buchhandlung!
Unser Verlagsverzeichnis können Sie anfordern bei:

Deutscher Universitäts-Verlag
Postfach 30 09 44
51338 Leverkusen